家庭辅导的方向与细节

徐俊海 著

中国矿业大学出版社
· 徐州 ·

图书在版编目(CIP)数据

家庭辅导的方向与细节 / 徐俊海著. —徐州：中国矿业大学出版社，2021.11(2025.7 重印)

ISBN 978 - 7 - 5646 - 5154 - 1

Ⅰ.①家… Ⅱ.①徐… Ⅲ.①家庭教育②学习方法—教学辅导 Ⅳ.①G78②G791

中国版本图书馆 CIP 数据核字(2021)第 237946 号

书　　名	家庭辅导的方向与细节
著　　者	徐俊海
责任编辑	徐　玮
出版发行	中国矿业大学出版社有限责任公司 (江苏省徐州市解放南路　邮编 221008)
营销热线	(0516)83885370　83884103
出版服务	(0516)83995789　83884920
网　　址	http://www.cumtp.com　**E-mail**:cumtpvip@cumtp.com
印　　刷	江苏苏中印刷有限公司
开　　本	880 mm×1230 mm　1/32　**印张** 11.625　**字数** 233 千字
版次印次	2021 年 11 月第 1 版　2025 年 7 月第 7 次印刷
定　　价	60.00 元

前　言

在这个信息泛滥的时代，大家可以轻易在书店买到很多教育类畅销书，打开手机随手就能关注很多教育公众号，各种“鸡娃”群更是在传播海量的教育资讯。家长们已经被淹没在信息的海洋中。然而，这些信息非但对培养孩子帮助不大，反而会引起无端的焦虑。由于从事教育工作已久，这种把自己和孩子都逼到不行，可非但没什么成效反而引起各种问题的案例实在是太多了。究其原因，无非有以下两点。

首先，在万事追求“速度”的当下环境中，市面上传播效果好、受大家追捧的教育方法，都天然有点竭泽而渔的隐患。大家过于在意短期效果，总想要快速见效，因此就只关注那些有快速反馈的行为，甚至不惜以牺牲孩子长期的成长为代价。不幸的是，多数家长是意识不到这一点的，他们看似非常努力地安排孩子的学习，很早就把孩子的时间占满，可即便短期能收获一点成绩，却因为忽视学习和成长规律，最终搞得亲子关系恶化，孩子的学习动机丧失，效率低下，失去了长远的成长潜力。

其次，每个孩子都有其独特性，非但先天性格与禀赋不同，学习时所展现出的优势和劣势也不同。因此适合一个人的学习方法,很可能并不适合另一个人。两千多年前孔子就意识到了这一点,提出要“因材施教”,我们现代人更没有理由无视这种差异。因此,适用于别人的“鸡娃”路线、“鸡娃”方法,仅有一定的参考意义,很难直接套用到自家孩子身上。

带了这么多的学生,在看了这么多成功经验和失败教训后,我认为,家长真的没有必要关注那么多教育公众号,加入那么多教育交流群,那只会让你被迫接受过多无效信息,浪费时间和精力,扰乱你的思想和行为,对培养孩子却没有实质的帮助。反之,大家应该精简自己的信息输入,别把时间都放在那些说不清道不明的花里胡哨的东西上,专注于把最基础、最核心的学习常识搞懂,像是基本的学习规律、学习方法、学习习惯,尽可能帮助孩子把这些底层素养培养起来。

因此,我特意编写本书,挑选了近几年公众号里的精华文章,并重新进行编排。每篇文章或源于对一线教学的思考,或源于与家长沟通中涉及的有价值的问题。希望能用最接地气的文字把有关教育常识的方方面面聊透,为大家提供详细的教育指引。书中有部分涉及“双减”政策的文章,其写作时间均以国家发布“双减”政策的时间为准。

可以肯定的是,只要大家能把这些理念融入养育孩子的过程,尽心耐心地引导帮助孩子建立基础的学习认知、学习方法和学习习惯,就已经是给孩子的学业帮了大忙了,这远比东一榔头西一棒地瞎折腾有意义得多。

教育,是一门长期实践的功夫。知道再多、突击再猛,都不如专注几点，长期坚持。愿大家共勉，在真正有用的地方帮孩子一把。

最后，如果大家觉得本书不错，想要第一时间阅读更多的最新文章，欢迎关注公众号“引光小站”，这里会记录小海老师有关教育思考的点点滴滴。

目　　录

第三部分　环境与动机

第四部分　学习方法与细节

第五部分　给孩子和家长的信

第六部分　教育随笔

第七部分　常见问题回答

第一部分

基础学习习惯

第一时间完成学校作业

对于刚入学的一年级小学生来讲，刷题数量不是最重要的，养成良好的学习习惯至关重要。第一时间完成作业，无疑是诸多初始习惯中最重要的。它包含两个方面内容：

其一，这是放学之后的第一件事，应排在首位，这意味着重视程度。其二，需要尽快完成，这意味着效率。

效率，对于高年级学生学习极为重要，因为拖拉的习惯一旦养成，会严重影响孩子的作息，甚至连充足的睡眠都保证不了。

如何才能帮助孩子养成良好的学习习惯呢？孩子毕竟不是机器，需要长期的行为引导和环境影响来帮助他们。以下是具体的操作方法。

奖励模式

低年级时，放学后应给孩子营造安静的环境，引导他们快速进入写作业状态。需要注意的是，孩子完成作业后，如果时间还早，切勿无休止地增加课外习题量。长期接受负反馈，会摧毁孩子及早做完作业的动机，最终导致他们不再给家长增加课外习题量的机会。

相反，家长应该让孩子在完成作业后，获得明确的正反馈。如组织有趣的活动，外出游玩或运动，至少让孩子有舒适的自由时间，让孩子慢慢意识到，做完作业节省出的时间，是属于自己的快乐时光。

想做到这点，需要秉持“养成长期的良好习惯，比短期多做题更有用”的基本思想。家长不能一看到孩子闲下来就焦虑，总想给他们安排新任务。

倒逼模式

在奖励模式的基础上，还可以增加兜底的惩戒行为。如在低年级时规定，超过 9 点就不允许继续做作业，即便没有做完也要乖乖洗漱睡觉，剩余的部分作业可预估时间，定下闹钟早起完成。

对孩子来讲，早起是极为难受的，通过一两次的糟糕体验，他们会意识到拖延带来的严重后果，以后会极力避免这种自找麻烦的行为。

小　结

习惯养成后并不会觉得很难，但若中途想改并非易事。家长尽可能在孩子学习生涯开始的时候（一、二年级），帮助他们把“第一时间完成作业”的良好习惯建立起来。

影响学习的因素很多，每章只能专注于一点来讲解，但事实上很多因素是存在交叉影响的，如：

(1) 课后真的不该增加习题量吗？那孩子的学习水平怎么提升？

（2）孩子很多知识不会，做作业效率低怎么办？

（3）孩子只注重速度，不注重正确率怎么办？

在这些问题上，需要结合孩子本身的特征，综合考虑解决方法。但应遵循基本的顺序：动机第一、习惯第二、方法第三、知识最后。后面的文章，也会针对相关细节问题展开来讲，希望能带给大家切实的帮助。

培养孩子自己对作业负责

凡事都靠别人催促和提醒的人，很难真正把事情做好，这也是家长需要从小培养孩子自主性的根本原因。培养孩子的学习自主性主要依靠课后作业的完成。

作业的价值不同于上课。上课是由大人安排好时间地点、由老师负责讲述，孩子只需被动参与即可。而作业需要他们自己安排时间和场所来完成，有了相当大的自由度。那么，以何种态度对待这种有自由度的作业，如何合理安排这种自由度，比短期作业完成的质量更加重要。从长远角度来看，学习的主要决定因素之一，就是自由度的安排问题，即自觉、自律、计划性等。

目前，最大的问题是，作业中包含的种种自由度都被家长一手包办了，孩子缺少锻炼自主性的机会。这主要体现在以下几个方面。

(1) 孩子不记作业，都在家长手机里。

(2) 孩子没有规划，都是家长给安排。

(3) 孩子不管时间，都是家长在催促。

(4) 孩子不管对错，都是家长给检查。

记录、安排、执行、核查，这本是独立做事的基本步骤，但从目前的情况来看，做作业变成了家长的事情，孩子只是替家长完成任务的操作工。

形成这种问题的原因有很多，如老师都把作业布置在App里，或者直接发在微信家长群里。不过只要动脑筋，还是可以通过一定的方法，把责任重新还给孩子。下面简单列举几个方法。

(1) 模拟老师布置作业的环境，在家里设置一个小黑板，把手机 App 里的作业抄到黑板上。

(2) 开始就跟孩子明确，有问题家长可以协助，但作业是自己的事情。

(3) 提供一些技术和环境方面的辅助。

技术方面的辅助：一开始要教孩子如何根据黑板内容找到作业，如何一条条对照完成，以及做完之后如何核查。这些都是简单的操作流程，一旦习惯就很简单。

环境方面的辅助：书桌旁提供有助于规划的用具，如可定时的闹钟、进度板之类的反馈工具。另外，尽量把书桌杂物收拾整齐只留作业，这样不容易分心。家长尽量不要干扰，可以陪着孩子学习看书，也可以去做自己的事，但需对其状态有觉察。

(4) 配合奖惩反馈，让孩子明白做规划的好处及拖拉的坏处(参考上一篇)。

(5) 检查作业和收拾书包这类事情尽量让孩子自己做。当然，这里不是对孩子不管不问，在类似的独立性培养方面，家长应遵循"提供指导下的循序渐进"原则。

(6) 出现问题(少带作业、作业做错、老师批评)，家长要有稳定的心理素质，切忌将怒气撒到孩子身上。家长培养孩子能力的过程，一定是要付出代价的，这也是家长应该承担的责任。

遵循以上原则，在低年级把孩子的自主意识培养起来，从长远来看对学习的帮助特别大。当然，在孩子可以独立自主完成作业后，家长虽然表面上可以适当放手，但仍需对孩子的学习成果和心理状态方面保持觉察之心。

科学的作业辅导方法

辅导作业，是家长无论如何也绕不过去的阶段性任务。可它又极其重要，孩子今后的良好习惯来源于此，诸多学习问题也来源于此。

辅导作业的第一个现象：过于急躁

首先要理解作业的目的，才能从根本上缓解急躁问题。本质上课后作业是为了巩固和检验学习效果，但这并不意味着上课认真听，作业就一定会做。上课是输入，做题是输出，中间存在一条鸿沟，还需付出很多努力才能跨越。做作业时发现不会，愿意花时间琢磨研究，这就是很好的努力，是值得鼓励的行为。

不少习题考察的内容比课上内容更深一些，需要孩子去揣摩思考、举一反三，真正的数学能力，恰恰是在这种思考过程中被慢慢锤炼出来的。如果上课讲什么，课后题就做什么，一点变化都没有，根本无法锻炼核心能力。

基于以上种种，作业里出现一些无法直接写出答案、需要思考甚至反复揣摩不得解的问题是正常的，并不是孩子不努力。

如果家长对学习科学有一定理解，就会进一步明白，这种“目前不太会而去思考研究”的过程,才是进步的源泉,是学习中最有价值的部分。从微观上来说,这是大脑在构建新的神经连接;从宏观上来说,这种思考过程锻炼的正是数学的核心能力,即“利用基本知识解决未知问题”的能力。

做得较好的家长会给孩子时间,让他耐心去思考。当孩子求助时,家长与他们共同讨论,给他们启发,引导他们自己解决问题,事后还不忘鼓励,培养孩子的自信以及对数学的兴趣。

做得不好的家长会训斥孩子听课不认真,贬低孩子智商,强行给他讲、讲之后要求他立刻会,这些行为违背客观规律,令辅导现场形如“战场”。长期处于这种环境中,孩子会被恐惧、自卑、愤怒、伤心等情绪裹挟,理性思考能力得不到发展。

辅导作业的第二个现象:有问必答

有些家长辅导作业时态度很好,但属于保姆式辅导,这会造成另外的问题。

数学学习归根结底考察的是孩子独立分析和解决问题的能力,如果家长能够以终为始,就不难明白最关键的不是孩子能否第一时间把题目做出来,而是能否具备独立思考解决问题的能力。在学习的前期,这种能力会以比较初级的形式体现,比如独立思考的意愿以及“我能靠自己把问题解决掉”的信心,相比这些底层能力的培养,某一题的答案也就没有那么重要了。

如何培养这种意愿和信心呢？没有“假大空”的指导方针，只能通过一题题反馈强化，慢慢塑造。不要看到孩子不会就第一时间给讲解，不要孩子一问就直接给答案。建议边讨论边引导，尽量营造出一种“孩子是靠自己思考解决了问题”的表象，这是建立意愿和信心的基石。

辅导作业的第三个现象：不管不问

前文提到保姆式辅导并不好，立刻就会有家长喜上眉梢：我们从没有管过孩子做作业的问题，都是靠他自己！然而这又走上了另一个极端。

思考并不是人的自然属性，如果把孩子从小扔在野外独自生活，他也许一辈子只会吃喝拉撒，很难学会思考。想让孩子依靠自己走上这条路，概率实在有些低。

例如前文中提到的，在小学低年级，养成独立完成作业和思考问题的良好学习习惯，需要家长投入相当大的精力。当孩子已经具备这些能力，家长确实该慢慢放手引导他们自立自主，但在此之前，家长有义务帮助孩子慢慢塑造这些品质。如果从一开始就不管不问，就有点推卸责任的嫌疑，而孩子也很难依靠自己的能力，养成这些良好的行为习惯。

小　　结

(1) 理解“作业题需要思考是正常的，更是必要的”。

(2) 不要过于急躁向孩子要答案，给孩子思考的时间。

(3) 不要遇到问题就否定孩子。

(4) 家长不要有问必答，可以参与讨论，启发、引导孩子自主思考。

(5) 在培养孩子良好学习习惯的早期，需要家长的参与。

(6) 习惯培养好，家长可逐渐放手。

(7) 辅导作业的关键，不在于某一道题的快速解决，而在于培养孩子思考的习惯和独立的精神。

做作业的其他注意事项

预备阶段:作业的难度

关于作业难度,通常认为,80%的基础内容+20%的提升内容,能让人以最快的速度进步(简称“二八法则”)。题目过于简单孩子会觉得无聊,收获很少;过于困难,孩子会力不从心,即便勉强攻克,也会因疑难点太多无法聚焦,很难有效吸收。

掌握这一点,就可以通过一些方法预先调整孩子水平与作业匹配,以尽可能接近二八法则。具体来说,如果孩子基础较差,可以先复习课堂内容和例题,通过二次吸收提升水平,达到可以完成作业的程度。如果孩子水平相对高一些,感觉作业比较简单,可以适当补充一些提升问题,以激发20%的思维潜力。

家长在选择教辅书籍时,需要特别注意这个问题,切忌盲目跟风。

作业第一阶段:独立限时

在确认难度匹配后,要求孩子独立限时完成。这样做有以下几点好处:

（1）可以节约做作业的时间，避免养成拖延的习惯。（详见《第一时间完成学校作业》）

（2）营造独立思考的环境，避免形成习惯性依赖。（详见《培养孩子自己对作业负责》）

（3）充分模拟考试环境，为应试做好充足准备。

多数孩子在家的作业环境较宽松，做几题就休息，无法保证强度。以至于切换到高强度的考试环境，他们就很难适应，各种失误就会出现，影响临场发挥。

宽松环境下做题与紧张压迫环境下做题，效果是截然不同的。前者好似一天做 30 个引体向上，好像并不难；但后者相当于一口气要做 30 个，这要求的能力就高多了。如孩子考试出现各种问题，回家一看就会，家长往往归结为粗心，这就过于武断，没有考虑到考试环境和平时作业环境的差异。

如果平常做题环境比较轻松，通常只能考察他会不会，层次相对较低。真正的考试，考察的是“能否在紧张压迫的环境下独立正确完成 30 道习题”，即便每一道都会，如果平时的训练强度不够，也达不到要求，容易出现各种失误。

作业第二阶段：批改查错

规定时间内做完还不够。因为有些孩子只追求速度，忽视正确率，这显然是捡了芝麻，丢了西瓜。做完作业之后的反馈、改错和总结环节，是必不可少的。

在低年级，这种反馈需要老师和家长协助完成。如第一时间批改作业、指出错误、评价本次作业的效果。进入高年级后，孩子需要自己学会做这件事（正确使用答案），结合时间、正确率、错误类型，评判作业的发挥水平。如果存在明显问题，需要在今后的习题训练中反复调整优化，找到适合自己的做题方法。

作业第三阶段：难题思考

如果在试卷中，遇到了一些难题，还需要额外的时间去揣摩复习。可以与家长或同学交流，也可以求助老师。如果实在不懂，还可以把题目贴在醒目的位置，时常思考思考。

值得注意的是，这部分是在“独立限时”要求之外的。对于新问题的揣摩和学习，当然要给予足够的时间与耐心，家长不要催促批评。能发现问题，愿意花时间思考，就已经走在了进步的大道上。

小结

以上几方面，需要相互配合使用。具体方法包括以下几点。

难度和独立限时：难度适当，才能做到限时独立完成。如果难度过高，就无法保证速度，强行要求只会适得其反。

独立限时与批改查错：如果只关注独立限时，孩子容易草草应付，缺乏实质的反馈，这就走上了重视速度而忽视质量的极端，速度与稳定性之间的平衡就被打破。

批改查错与难题思考：批改查错，只是提供了反馈，但反馈之后的跟进，才是决定数学水平提升的关键。这时反而不能要求速度，要让孩子充分思考，理解透彻。

各种操作之间，犹如互相咬合的齿轮，共同保障一次完美作业流程的运转。在日复一日的标准化运行中，孩子的数学能力得到发展。但如果只关注其中某个齿轮，而不关注整个系统的配合，就容易走上极端，达不到理想的效果。

课外作业的完成方法

写作业时间的选择，在一定程度上决定了学习效率。因为学校作业必须当天完成，选择的空间较小，本文主要讨论课外作业。

不论是何种方式的学习，都需要一定的作业提供反馈，这些作业一般有以下特点：一般每周一个新主题；作业基本会围绕这个主题；作业时间可选的范围大；重复练习的频率远低于课内。正因为重复练习频率低（本周学完该主题，一段时间都不会再练习），对方法的科学性就要求很高。否则，学得快忘得也快，浪费时间而无收获。

下面根据艾宾浩斯遗忘曲线（图 1-1），一边解释原理，一边讲解方法。

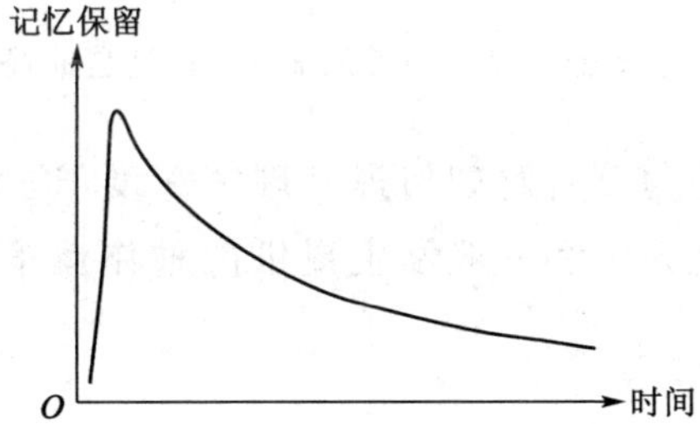

图 1-1　艾宾浩斯遗忘曲线

艾宾浩斯遗忘曲线，展示了有关遗忘的基本规律。从图1中可以看出，初次学习新知识后，短期内会迅速遗忘。但这条曲线是在“无意义字符记忆”实验中总结出来的，也就是说，测的是死记硬背的遗忘规律，一旦学习自己可以理解的东西，曲线就会有明显改善趋势。

由图1-2不难看出，如果学习的知识可理解，从一开始便掌握得较好，后期的遗忘速度会明显变慢。本质上，这就是优秀学生和一般学生的差异，前者学习的都是可理解的知识，因此遗忘慢；而后者死记硬背的知识较多，因此遗忘较快。

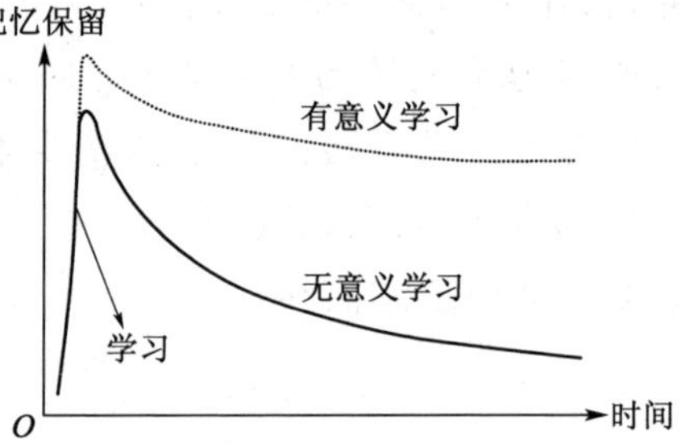

图1-2　有意义学习与无意义学习的遗忘曲线对比

本文不是为了讲解如何提升理解深度（这个涉及因素太多），而是对优秀生和一般学生提供两种作业策略，以优化学习成果。

对于优秀学生

对于优秀学生，不建议课后立刻把作业完成，它会造成这种结果：刚上完课，内容记得较清晰，有的孩子甚至能背下例题的详细解法，此时写作业，很大程度上会直接调用记忆惯性来完成，而无法训练到分析能力和推理能力，这是在牢记区做作业的弊端（图 1-3）。如果能适当遗忘一些，记忆到达临界区再写作业，短期记忆已经消退，动用分析和推理能力的比率就会提升。有些内容甚至稍有遗忘，二次复习对长期的理解记忆帮助很大。

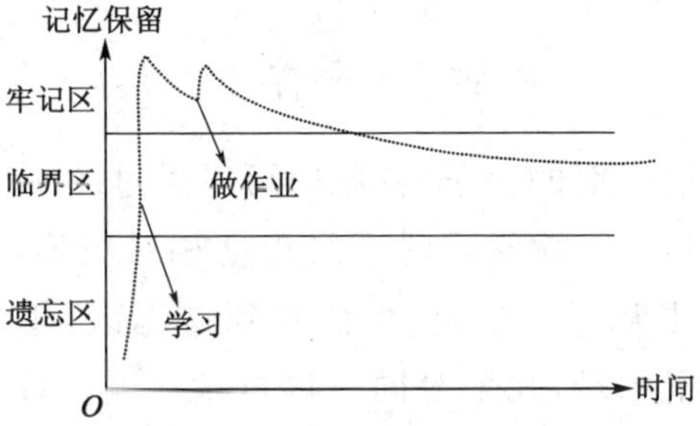

图 1-3　在牢记区做作业的弊端

这里涉及脑科学，尤其是记忆和遗忘理论。每当知识的掌握程度从临界区提升到牢记区一次，能够显著提升长期掌握程度，降低后期的遗忘速度。因此，优秀学生的最佳作业曲线见图 1-4。

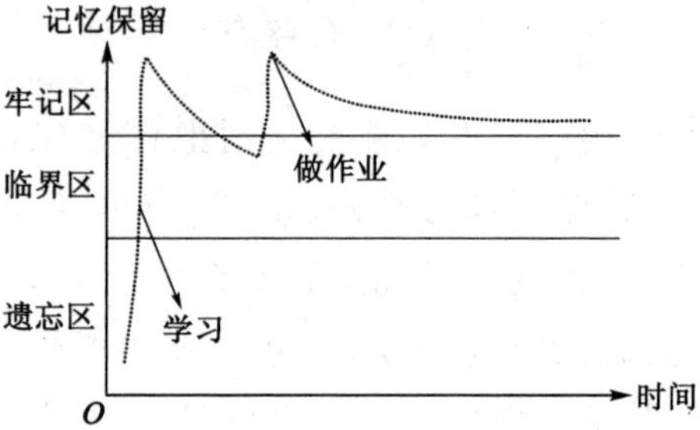

图 1-4　建议适当遗忘后再做作业

建议优秀学生，课后可以隔几天再做习题，以检验自己的薄弱点，早发现早提升。

对于一般学生

多数成绩一般的孩子，其原因可以通过图 1-5 进行说明。

一般学生在初次学习时理解程度相对较低，遗忘速度就快。如果隔几天不写作业，很快就到遗忘区，想要再提升到牢记区就会很困难，几乎等同于再重学一遍。以这种状态写作业，会有大量不会的，如果不认真复习随便写写就交，提升就会很有限，仍停留在遗忘区范围，几周之后这部分内容就遗忘了。

对于一般学生，应增加复习频次，尽量别让自己掉落到遗忘区，最优做法见图 1-6。

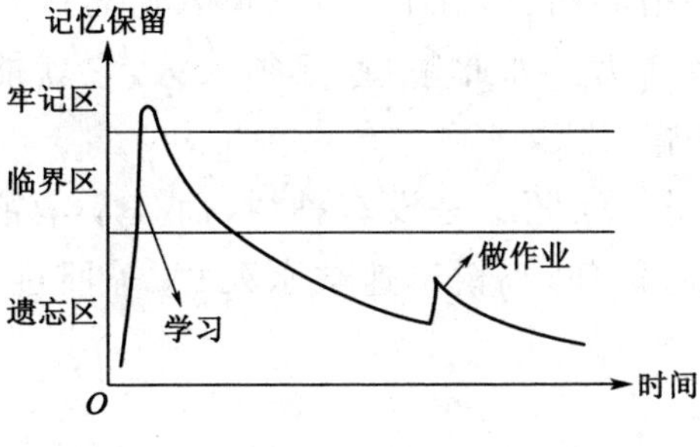

图 1-5　过度遗忘再做作业的弊端

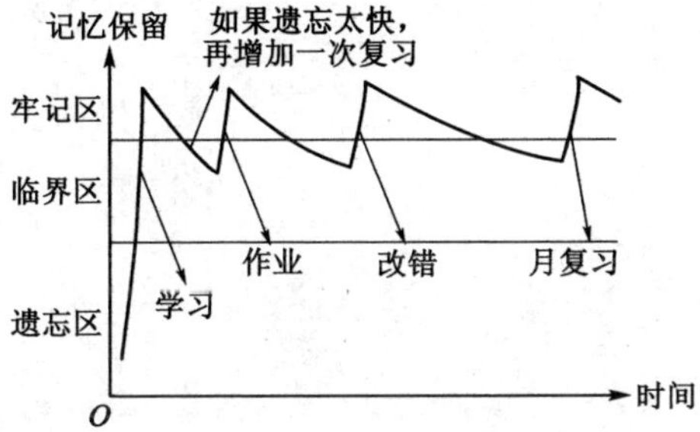

图 1 6　适合一般学生的最优学习节奏

以上是我们一直提倡和执行的学习方法：听课、课后复习、作业、改错、重点错题讲解、长期复习。如果能坚持做到，孩子在两周内应该会有四次左右的临界区拉升，能够避免快速掉落到遗忘区，显著降低长期的遗忘速度。

小　结

每学一个知识点都很像种一棵小树苗：前期，小树苗非常娇嫩,需要精心呵护,在它缺水(掉入遗忘区)前一定要频繁浇水,保持活力。如此坚持,无须太久,它就能生根发芽,自给自足,慢慢长大。

多数孩子的问题不是没有种树,而是辛辛苦苦种下,却不知道该如何护理,小树迅速缺水死亡,等回过头来想救也来不及了。

整理错题的方法

改错，无疑是整个学习过程中至关重要的一环，因为错题里高度集中了个人知识体系的漏洞。相比在漫漫题海里游荡，这种集中于自己弱点的针对性修正，无疑会高效很多。因此，错题本应运而生。

需要注意的是，错题本的出现，本意是为了帮助孩子养成改错复习的习惯。但随着流传开来，错题本的定位有了变化，在不少家长甚至老师眼中，它变成了一种形式，实质的意义反而无人重视了。

如解方程，验算可以核实答案是否正确，是非常有用的一步。但在一些强制要求下，学生解方程后要写出很长的规范验算过程，增加了书写量，引起孩子厌烦。时间长了，验算就成为一种形式，如：

$x+4=2x-1$（解题过程省略）

检验：把答案 $x=4$ 代入方程，左边 $=4+4$，右边 $=2\times4-1$，因为左边等于右边，所以 $x=4$ 是原方程的解。

是的，这里有问题。如果真的带入验算，会发现 $x=4$ 根本不是方程的解，但孩子因为要反复书写一长串的验算形式，早已自动忽略了验算过程，只是走流程而已。这就是典型的注重外在形式而忽视实质过程的例子。

目前，错题本就处在这种尴尬的境地。对多数孩子来讲，错题本就是一个形式，只是用来应付家长和老师检查的工具。这不能只怪孩子，因为整理错题的工作量较大，需要抄写错题，抄写错解，改正题目，分析错误原因，涉及不懂的知识点，还要提取整理。

这一系列步骤很多是重复的抄写工作，而且以小学生的认知能力，很难自查到“错题原因”，因此都形式化地写“粗心”“看错”“没认真审题”之类，几乎没有任何意义。

回归错题本的实质，其初衷不是弄一个好看整洁的本子，而是帮助孩子建立定期复习的习惯，规范的错题本由于额外负担太重，确实很少有人能作为长期习惯坚持使用。

相反，一种更为精简的错题标注法，可以重点推荐。其目的和错题本一致，但因为额外负担极少而容易长期坚持。具体来讲，它分为以下几个步骤：

(1) 错题后反思一下，如果感觉确实不太懂，做个标记(可以标★)。

(2) 每周选取固定时间，把本周标★问题，盖住答案重做一遍，如果能独立做对(判断选择题要能说清原因，大题要推理全部过程)，就把★划掉。

(3) 如果还是不熟练或不会，就再标记一个★，然后耐心把问题搞懂。

(4) 每隔一个月，把本月还剩★的问题，重复上述过程。

(5) 期中或期末考试之前，把本学期曾经标记★的问题(不管有没有划掉)，都列入复习计划，在考试前 1～2 周时间内,系统过一遍。

(6) 练习册可直接用红笔画★,试卷画好★后单独使用文件夹整理好,用于后期复习。

这个方法只需要一支醒目的红笔和一个试卷夹。每次改完错题,只需多花几秒钟,留下醒目的痕迹,就完成了错题标注工作。虽然没有漂亮的本子,但正是因为精简,使它有了可以被长期坚持的可能,最终所有练习本和试卷上,都会留有显著的标记,见图 1-7。

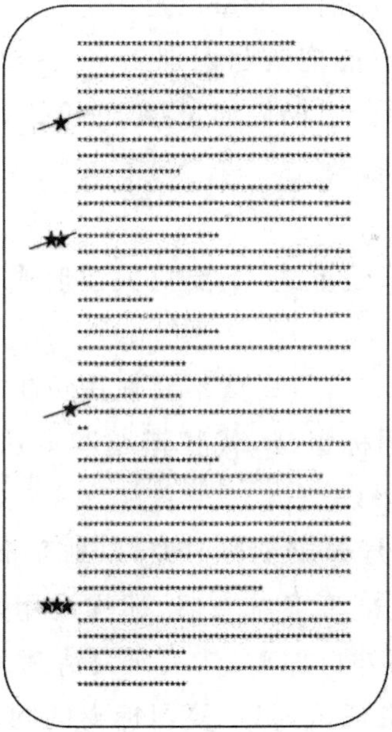

图 1-7　用星号来标记错题

图 1-7 中虽然题目很多，但在总复习的时候只有 4 道题有复习价值，大大减少了复习的工作量，关键是这 4 道题的价值级别还能进一步区分。

第 1 题、第 3 题：这两题只错 1 次，第 2 次复习就直接会了，证明只是简单遗忘，问题不大。

第 2 题：画了 2 个星，但最终被解决，证明这题有一定难度，值得关注。

第 4 题：重做 3 次都还没能独立完成，证明难度较高，是目前的薄弱点，考试前应该重点复习。

没有错题本也能把错题识别出来，甚至连它们的重要程度都能辨别，还不会增加任何负担，性价比远高于错题本。

小　结

（1）错题本只是形式，不要只关注形式，应关注改错习惯的培养。

（2）培养长期习惯，尽量不要使用负担太重的方法。

（3）推荐使用标星法，代替错题本方法。此方法对孩子来讲，负担小、效果好。

（4）每周、每月养成复习习惯，以独立推理出全部解题过程为标准（不能只把答案看一遍，那样没用）。做出来就把★划掉，做不出来额外再加★，然后研究清楚。

（5）期中期末考试，统一复习标★的问题，并按照★的个数评判重要程度，合理分配复习精力。

以上这些习惯，建议在小学中高年级开始重点培养。因为在初中、高中，除了个别错题较少的优秀学生，一般孩子的错题量都极多，很难再有时间单独整理错题本。但高效的改错习惯，会有超强的学习竞争力。家长要分清什么是最重要的，整天盯着错题本整不整齐、漂不漂亮，就本末倒置了。

改错题的方法

前一篇文章讲述了整理错题的方法，本文详细讲解改错题的具体细节，先讲两个案例。

之前给六年级学生测了一张×市某重点中学的分班考试真题卷，难度较高，学生普遍会扣二三十分。但普通班里有一位同学，只扣了 9 分(其中还有 6 分是粗心造成的)，周围同学很诧异，询问原因得知，之前每张试卷的错题她都反复订正了 3 遍，效果显著。

另一位五年级同学，表面来看她并不是反应极快的孩子，课上常有小疑惑，课后作业也常有不会的，但学习能力较强。她有个特点，每隔一段时间，就会带着很久之前的错题请教老师。

这两个案例里均涉及错题改正的诀窍，也恰是大部分孩子没有意识去做的事情。而能做到这一点的孩子，成绩一般不会差。

先说说一般同学的改错方法：

(1) 老师在讲台上讲，学生在下面听，认为自己听懂了。

(2) 老师在讲台上讲，学生抄写下来正确步骤和答案。

(3) 考试之前，将之前的错题和笔记看一遍。

但即便上述内容都做到了，距离真正的改错吸收，都还有很大的距离。改错的最终目标，不是听懂、不是记下、不是复习看一遍，而是“能独立输出”，即能把错题的所有步骤完整推理出来，并得到正确答案。这是考试的要求，也是修改错题的要求。

如何才能做到这一点呢？听、记、看都是不行的，都属于被动接受。真正的做题是主动输出，是在没有任何提示的前提下，在一张白纸上从头构建整个解题思路并推理出答案。想判定自己能不能做到这一点，只有一个方法，那就是重新做一遍，能做出就证明是真会了，就这么简单。

在重做的过程中，有的孩子会发现原本以为的懂是假象，还会有各种各样的细节阻碍。重做，发现不会，花时间考虑，还是不会就看答案琢磨，终于迈过了一个障碍，继续做，又遇到新的问题，再花时间考虑，不会再看答案琢磨，直到真正理解，如此反复这一过程，最终做到能独立顺畅推理完毕，这才是真正的改好一题。

除此之外还应考虑时间的影响，也许在刚听完老师讲解的时候，这道题是可以重做出来的，但隔一段时间就无法做出来。因此，需要隔段时间再测试，以判定是短期记住还是长期理解。这也是需要有周复习、月复习和考前复习的原因。

小　结

改错题的细节，决定了对知识点的吸收率，这是影响学习瓶颈的关键点，做到了就会有碾压优势。

不能满足于课上听懂、记下答案、用眼复习，应抓住改错题的核心：

(1) 遮住答案，尝试独立把错题完整过程推理出来。

(2) 遇到的问题就是该题的关键，好好思考吸收。

(3) 反复独立做直到能做出来，才算真的吸收。

(4) 注意时间影响，周考、月考前定期改错复习。

如何使用答案

小学低年级的时候，孩子作业主要依靠老师和家长批改，此种做法有两个优点：一是节约时间，提升批改效率；二是防止孩子拿到答案直接抄。

从小学高年级起，要逐渐培养孩子独立使用答案改错的习惯，这样能够显著提升他们的自主学习能力，对中学学习相当重要。

家长应改变对答案的偏见。比如不少家长拿到习题册的第一件事就是把答案撕掉，认为有答案孩子就会抄，影响做题效果。明智的做法，应该是从少量试卷开始，培养孩子独立使用答案查错的能力。通过循序渐进的训练，让孩子明白答案不是用来偷懒的，而是自查自纠的工具，具有非常重要的正面意义。

具体如何使用答案，现总结以下几点。

1. 独立做完习题后，对照答案批改

谨记，答案应在独立完成试卷之后才能使用，切不可在做题的时候偷偷使用。不管是直接抄，还是看提示思路，都不可以。如果真的不会，应先尽量写一个答案或答题思路，错了再用红笔改，这有助于后期的错题整理工作。

2. 发现错误,独立检查错误点

对照答案时,第一遍只改对错,不看具体过程。如此批改完毕后,针对错误的地方,先自己去修正,看是否可以找到计算或思路的谬误点。这是一种相当重要的查错训练,与考试检查类似。在反复的自我查错过程中,可以发现大量的知识点理解偏误、审题偏误、做题习惯的漏洞等,通过修正这些薄弱点,应试水平能够得到快速提高。

3. 找不到错误点,深究答案过程

如果一道错题,无论怎么检查都找不到原因,这类题的价值就相当大,其原因多是遇到了知识体系的盲区。此时,应深究答案的细节与步骤,一步步研究,和自己的思路做对比,争取在某一步骤发现自己思路和答案思路的偏差,即可找到该题考察的重点。

答案为什么这么做?自己的做法为什么不同?彼此的核心分歧点究竟在哪里?下一步就是耐心考虑这些问题,掌握该题的考点。

4. 完全不会做的题,学习答案的解题思路

当然,还有一种情况,自己明明已经花了足够多的时间,投入了足够多的脑力,还是得不出解题方法。这种情况下,可以直接参考答案,但不要忙着照抄到题上,应一步一步揣摩答案的解题思路。

当看到第一个提示点(答案帮你理解了原来不懂的地方),可以试着盖住答案,继续往下做;还被卡住,可以继续翻

看答案，一小步一小步看，一旦解开当下的疑惑，就盖住后面的答案尝试自己继续做。如此往复循环，直到在答案的提示下，把这道题做出来。可以再试一下，此时能否再独立、从头到尾把整个题目推理出来，或者隔两天、隔一周再试一试。应该多思考，究竟是哪里没懂，导致这题卡壳，把这个点找出来，理解透彻，争取下次遇到类似问题可以独立完成。

小　结

如果非要总结一个基础原则，就是尽可能增加参照答案使用过程中的“阻力”。

比如，先独立做再对答案（阻力：不能直接看提示），发现错误后先努力自查错误点（阻力：不要直接对答案细节），不会的题也要参照答案一步一步思考（阻力：不能直接抄全部步骤），充分理解答案思路后要独立输出（阻力：不能只是看懂，要试着自己推理出来）。

答案是一种训练辅助，是相当重要的自学材料，尤其是标注了详细解题步骤的答案。孩子能否从答案中吸收知识，在很大程度上决定了自学效率。

网课的基本保障

很多家长认为，网课的效果不好，效率特别低，究竟有没有好办法？显然，在“拖拽力度”（指孩子不想学，而通过各种外界强力方式，拖着拽着必须学）层面，网课的效果肯定不如线下课。

在线下课，孩子只要坐在教室里，就不可能长时间走神。因为老师可以提醒直至惩戒，保证孩子的专注力不过度分散。

而上网课，即便在有摄像头监控的情况下，在“拖拽力度”层面，也肯定远不如线下。孩子可能偷偷看其他书或者做其他事，老师很难通过摄像第一时间发现。如果有同学直接把摄像头关掉，谎称设备有问题，或在提问的环节，装作网络故障不说话，老师是没有任何办法的。

可以肯定的是，在“双减”和疫情的影响之下，唯一有可能的课后补充形式，只有周中的直播网课或录播自助网课了。但想把网课上好很不容易，如何尽可能提升网课效率，一定会是广大家长重点关心的问题。

关于提升网课效率的方法，将通过以下 3 个层次来讲述：硬件、软环境、主观能动性。

第一部分：硬件方面

硬件是家长最应该保障也是最容易保障的部分。个别家长抱怨孩子听课质量不高、注意力不集中，询问之后才发现，孩子居然用手机在听课，而且从后台监控看到，网络经常卡顿掉线。

中国有句古话："工欲善其事，必先利其器"。家长评判孩子各种听课问题之前，建议先把必要的硬件保障做好，这样虽然不能保证孩子一定能听好，至少可以避免外界干扰。具体来说，家长需要保障的硬件部分有以下几点。

1. 网络不卡顿

网络卡顿的原因很多，可以逐一排查，具体梳理原因和解决方法见表1-1。

表1-1　网络卡顿问题解决方法

排查角度	解决方法
设备是否过于陈旧	更换新设备
无线信号强度是否达到要求	在无线信号强的地方学习或者更换有线
路由器有无故障	重启路由器或者更换路由器
宽带信号是否稳定	更换宽带服务商
其他	可致电宽带服务商清理一下后台缓存

2. 屏幕大小

用手机上网课容易造成视疲劳，专注力极受影响。屏幕问题的解决方法见表1-2。

表1-2　屏幕问题解决方法

屏幕问题	解决方法
手机屏幕太小	最好使用台式电脑，平板、笔记本电脑次之，如果有外接投屏之类的更好

3．音响效果

声音质量对网课的影响至关重要。如果有杂音，会明显影响听课效果。声音问题的解决方法见表1-3。

表1-3　音响效果解决方法

声音问题	解决方法
声音质量不好	使用听课专用耳机； 注意：不建议使用功放，与语音输入混一起，易产生回音； 连接电脑用USB接口耳机，尤其是台式机，输入和输出分离，一般耳机插入会有问题

流畅网络、舒适大屏、清晰音效，以上三点是网课的基础。

第二部分：软环境方面

线上的教学软件，相当于线下教学的教室，其功能的多样性和稳定性会直接决定教学效果。

(1) 多路摄像头功能极其重要。

面对空教室讲课与面对着满教室的学生讲课，老师的体验是完全不同的。老师讲课时，需要大量的学生反馈来判定孩子对当下问题的理解程度，以微调教学的进度和难度。如果老师只能看到自己，或者只能看到个别学生，这种反馈大大减少，课程效果会有明显折扣。

通过摄像头看到所有学生还有一个好处，就是可以第一时间发现走神的孩子，通过提问等方式及时提醒他们。当然，老师不可能同时提问很多人，但只要维持这种监控和提问的可能性，就已经能让相当一部分孩子保持专注。

(2) 回答问题时的图像、声音、操作等要顺畅。

(3) 要有大块清晰的书写区域。

(4) 多种教学工具的交替使用，保证提问的频度。

以上四点都是网课平台的技术细节，付费的专业教学软件，不管是在体验感上，还是在通信的稳定度上，都要比免费通信软件好很多。

有了好的教室（软件平台），接下来就要考察课程本身了。

(5) 课程的设计思路与连贯性较好。

(6) 主讲老师的授课水平较高。

设计精良的课程，会有明显的逻辑性和线索感，孩子因为某些疑问，带着线索去寻找知识的真谛，这样的课自然容易获取孩子的关注。相反，如果课程仅仅是毫无设计地平铺知识点，就很容易让孩子失去兴趣。

主讲老师的教学水平也很重要。有的老师不但能把课程线索和推理过程讲清楚，还能深入浅出地举出一些合适的案例配合阐述核心概念。当然,优秀的教师还能够在互动提问当中春风化雨般化解学生的问题。“好课程+好老师”是课堂环节的灵魂。

(7) 课程是否有回放。

网课课程回放有很多好处。首先,个别学生偶有缺席或迟到,有复习视频可以轻松自助补课。其次,一些学生在听完课程后,会有多多少少的遗忘,有复习视频可以自助调取某个核心概念与例题的精讲部分,有助于课后巩固复习。

(8) 是否有作业、监督、批改、反馈。

网课中老师和学生的交流与沟通,不像线下课那么紧密,操作不好很容易变成单向讲课,非但老师不知道孩子掌握情况,家长甚至孩子自己都不知道目前的问题所在。因此,课后作业的反馈应予以重视。老师可以通过作业了解课程整体的接受程度,也能了解个体学生的关键性问题;家长和孩子也能第一时间找到自己的薄弱点,通过改错复习进行完善。

(9) 是否有习题讲解课。

在线下课的时候,老师通常会抽一些重点问题,在新课的开始带着学生复习。但在保证相同课程质量和进度的前提下,网课做不到这一点。通常来讲,网课的课堂效率会略低于线下课,以至于很难再抽出时间单独讲解习题,必须额外增加课时来完成这个工作。

考虑到网课学习的效果不易监控,学生的水平差异可能也会较大,最好单独提供详细的习题课。有需求的学生可以全程跟听，水平相对较高的学生可以自主调取难题重点来听。

（10）是否有独立安静的听课环境。

有些孩子上网课环境不好。比如，在汽车上听课；拿着手机或者平板电脑移动着听，一会儿床上一会儿沙发上，一会儿坐着一会儿躺着；没有独立空间，时常有人走动经过，环境嘈杂。学习需要有安静独立的环境，以上各种问题，都会对听课效果有明显的负面影响。

第三部分：主观能动性方面

主观能动性	孩子是不是有主观的学习欲望？ 还是被逼着来应付任务的？ 能否按照要求完成作业？改错题？复习？

从家长角度来讲，环境因素大致在可控区内，也是我们最该投入精力的地方。但从根本上来讲，学习是孩子的事，环境营造得再好，也只能是锦上添花。孩子有没有主观能动性，才是核心变量。

文章开始已经说了，网课的拖拽力度是明显低于线下课的，这会造成两极分化。对于主观能动性强，能按照要求完成学习任务的孩子，网课和线下课的区别不会太大，毕竟内容基本一样，只要愿意学，不难突破载体的限制，学到该学的内容。而主观能动性弱的孩子，就会遭遇很大的麻烦。他们特别容易受到外界环境影响，哪怕环境稍微松一点，都会把精力放到别的地方，导致成绩的明显下降。

网课时代，或者更进一步说，无辅导时代，将是一个比拼主观能动性的时代。改革的初衷，就是要把那些拖拽的强力慢慢消除，让孩子靠自己的学习节奏来公平竞争。培养孩子学习的主观能动性，将是比单纯灌输知识更高维度的竞争力塑造。

考试之前和之后该做的事

对于学习来讲，考试是极为重要的一环，这里的重要并不单指分数，而是指考前和考后的一系列工作，能够提升学习的长期效果。但部分家长往往关心表面的分数，以至于在行为上和心态上都产生了很大偏离，无法发挥考试的真正价值。如考前没有准备，老师通知本周考试，除了给孩子施加压力没有什么其他帮助行为；如考后紧盯分数，分数不理想就生气训斥，只顾着发泄情绪。在如此的恐吓和训斥中，孩子会遭遇相当负面的反馈，渐渐对考试产生心理阴影，进而影响学习。

从学习的角度来讲，考试的核心作用包括以下两点：

（1）设置一个节点，以督促孩子对这一阶段的学习做好扎实的巩固工作。

（2）给孩子真实的反馈，以发现自己在本阶段学习中的漏洞，便于后期的针对性提升。

因此，想要真正发挥考试的实际作用，考前需要做充足的准备，考后也需要跟进。

考试之前

不管是期中考试还是期末考试，时间都是基本确定的。在新学期的开始，建议做个日程表，在相应日期做标记。有了明确的时间节点，复习工作就可以按照倒排计划的方式有条不紊地推进。

复习的表层目的是为了取得好成绩，但实质目的是为了帮助孩子做好知识巩固，养成遇事有规划有执行的良好习惯，至于成绩只是这些工作的自然结果。

复习的方法之前也提到过，可以把错题整理好，根据错题总数量在 1～2 周内慢慢梳理一遍。一个小细节是，梳理的时候切忌只是看题看答案，而是要盖住一切提示重新独立做一遍，以能顺利推理全部过程并得到正确答案为最终目标。这是第一轮复习，建议在考前1～2 周的时间内完成。

第二轮复习是指在完成错题回顾后，在临近考试的前几天做几套模拟卷练一练，做的时候严格模拟正规考试的要求，并对照答案批改得分。这项工作一方面是为了核查复习的成果，另一方面是为了提前进入考试状态，对考试时的稳定发挥会有很大帮助。

如果是大考，在考前 1 天，还可以重点巩固需要短期记忆的或者屡次失分的重难点内容，以强化短期记忆，在考试中获得更好发挥。

考试之后

考试过后，最重要的并不是已成事实的分数，而是试卷里的错题。错题是极有价值的，如果只盯着分数却丢了试卷，无疑是买椟还珠。有些家长连错题都没有仔细看，就盲目归结为孩子不认真、态度不好等虚无缥缈的主观问题，仿佛只是为了训斥孩子而贴的标签。

家长对考试分数的态度对孩子的影响较大，应淡化对考试分数的关注，只有做到这一点，才能心平气和地把目光聚焦在试卷中的问题上，在每次考试中吸收营养，获得真实的进步。

第二部分

底 层 能 力

走向举一反三的道路

人人都希望孩子能够举一反三，做一题就能领会精髓，同类的题都会做。但是很少有人能说清楚：举一反三究竟是一种怎样的能力？如何培养举一反三的能力？

部分家长甚至没有朝这个方向去想，直接把问题的根源归结为“孩子不爱动脑”，这显然是一种不负责任的归因方式。只不过，它同时满足了“逃避责任”“发泄怒火”“避免为进一步深究付出额外努力”的三重需求，因此成为标配答案。不妨以走迷宫为例简单说明举一反三（图 2-1）。

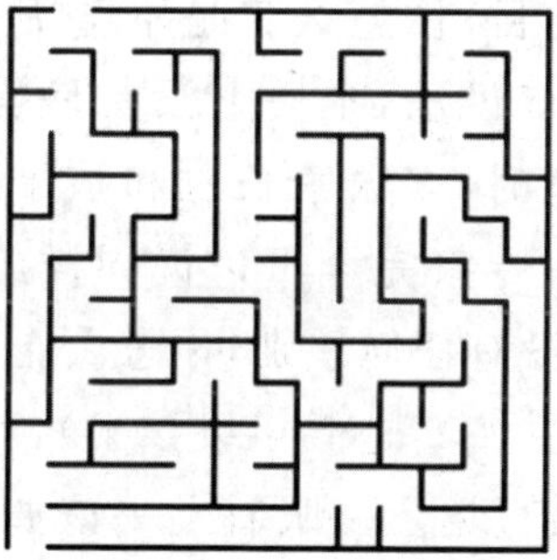

图 2-1　简单迷宫

对于成年人来讲，这个迷宫非常简单，可以说“会”做这一题。

那这一题呢(图 2-2)?从题型角度看,完全没有任何区别,只是稍微复杂了一些。90%的成年人也许会直接放弃,剩下的10%也许找了几分钟也会头脑混乱、愤然放弃。

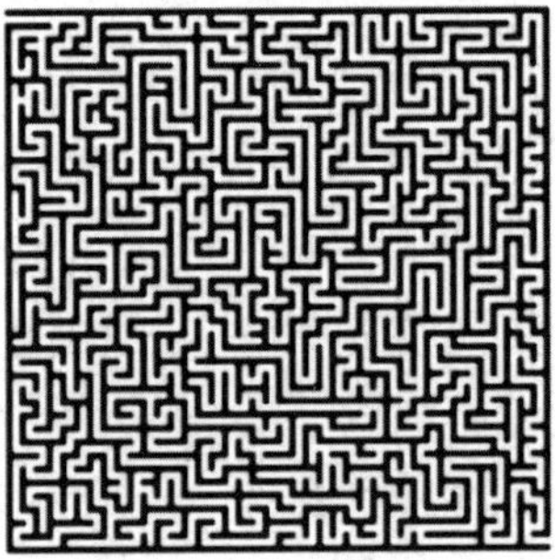

图 2-2　复杂迷宫

面对小学层次的举一反三时,家长通常会对孩子说:"这是同一种类型的题目,你怎么就是不会呢?"确实,在家长看来,无非是稍微改变说法,本质上没有任何变化。但面对成年层次的举一反三时,多数家长也和孩子一样无助。此时,真正的计算机算法专家完全可以说同样的话:"无非就是复杂一点而已,本质没有任何差别,你怎么能做不出来呢?"

很多孩子做题(尤其是低年级孩子),就如同走第一个迷宫,只靠一种能力:直觉。一眼看上去该如何,若试探一下就走通了,解题结束。一旦情况稍微复杂一点,就无法解决,只想放弃。

这类孩子在小学高年级会遇到很大的障碍,因为他们在低年级时,压根没有锻炼真正的思维能力,只是依靠直觉上的小聪明挥霍着时间，而真正的高手却不是这样考虑问题的。以迷宫为例，当我们靠直觉用 5 秒钟找出答案的时候，高手们在静静地思考。他们思考的根本不是简单问题的路线问题，而是“有没有一种方法，可以解决同类的所有问题”。

因此，有人花费了百倍、千倍甚至更多的时间，总结出了“右手法则”“带绳子法”“放豆子法”“回溯法”……甚至想到可以把这种算法编程化，就能一次性解决所有同类问题，不管多复杂，理论上方法都是一样的。

我们做第一题时看似速度比他们快很多。可一旦他们想明白了根本原理，解决第二题的速度就会大大反超，至于更复杂的题，我们早就无能为力了，但他们依靠核心原理仍可以轻松求解，差距就这样慢慢被拉开了。

面对一个未知问题，犹如面对一个未知迷宫。教学者应该思考真正重要的能力究竟是什么？是让孩子依照指示快速走到出口的能力？还是分辨每个路口该向左还是该向右的能力？

不妨把两种教学法简单做个对比。如果用第一种教法，孩子们遇到一个迷宫（问题）时，老师会直接告诉他：“你应该左、左、右、左，这不就出去了吗？”孩子们也听得明白，很快就能走通。然后，老师再拿几个相似的迷宫（练习题）让孩子练一练，这种类型的迷宫（某个知识点）就算教完了。

如果用第二种教法，老师讲述的重点就不是路线本身，而是选择路线的能力。让孩子们在每个分叉路口停下来，自己动脑想想以下问题：该向左还是该向右？如何判定有没有选错？如果选错了怎么办？有没有什么不重复不遗漏的排查法？

表面看来，第一种教法的效率高，直奔主题，立竿见影。而第二种教法，非但显得模糊、间接、费时间，反而不能保证每个孩子一开始能完成。第一种方法锻炼的仅仅是孩子遵照指示行动的能力，一旦迷宫发生变化或复杂一些，就很容易束手无策。而第二种方法，锻炼的却是孩子的独立思考能力。孩子学习的并不是路线本身，而是判断路线的能力。这样，无论迷宫如何变化，都可以根据所学知识扎实地走到出口。

举一反三更多是教育的结果，而不仅是孩子先天的禀赋。尽管家长都想让孩子具备此素质，但因为方法不得当，反而挫伤了孩子的学习主动性。看到孩子做不出题的时候，家长多会有两种反应，要么责怪孩子课上没有好好听，要么迫不及待把正确答案告诉他，让他赶快学会。就相当于一个人在迷宫的某个路口卡住，身后的人要么责怪你笨、催促你赶快走，要么直接通过喇叭告诉你正确路线。

无论选择什么，都是下策。如果真的想让孩子学会思考、学会选择、学会底层的举一反三能力，家长就首先要用截然不同的方法，对待这些珍贵的犹豫时刻。

发问和思考，本是孩子的天性。只是天性中的思考很浅显，需要成年人给予恰到好处的指引，既不替代孩子的思维过程，又能让他进行更深层次探索。

学好数学的底层能力:思维力

从事不同的行业需要不同的基础素质。譬如,如果去当运动员,不管从事哪个项目,都要有非常好的身体素质。而数学是一门依靠脑力解决未知问题的学科,因此思维能力是它的基础。

就像不能强求普通人通过“专注！努力！坚持!”去战胜专业运动员一样,如果一个孩子缺乏基本的思维力,就很难有机会在数学上展现出优势,这不是靠打骂、逼迫能解决的问题,即便依靠鼓励也不行。

什么是思维力呢?我想应该从以下几个层面去理解。

思维力是不是天赋

我承认智商确实有先天差异。在高等数学专业领域,见过异常厉害的天才级选手,真是可望而不可即。但如果说多数孩子学不好小学数学都是因为智商不够,这显然是荒谬的。

拿运动领域来类比,能把百米跑进 10 秒确实需要卓绝的天赋;但如果无法把百米跑进一分钟,就很难以天赋作为借口。更主要的原因,应该是长期缺乏锻炼导致的身体机能退化吧。

尽管进入教育领域的时间不长，但我发现大部分孩子空有一个正常的大脑硬件，却从未在数学方向进行过任何开发。这导致即便大脑正常，但因为从小到大的长期荒废，孩子在思维力的培养上几乎没有任何建树。

什么是思维力

很多家长会反驳，孩子从小上幼教看绘本，3 岁就识字，4 岁会背唐诗，上学之前就能从 1 数到 100，做 20 以内加减法，怎么能说没有培养思维力呢？

这就需要辨析一下，何为思维力。它是一种能沉浸在未知问题中，主动思考并寻求解决之道的脑力活动。

幼教阶段，锻炼的是大脑和肌体的协调关系，以及简单的人际交往能力。看绘本是所见即所得，更多在于培养孩子的阅读趣味和习惯。识字、背诗是在锻炼孩子的记忆力。至于学数数、简单加减法，看似是数学，但由于教授方法不当，一般孩子基本也是在用记忆力学习符号和规则，并未涉及对问题的真正思考。

而上学后，孩子就真的在数学学习中提升了思维力吗？这依然要打一个问号。因为不少课堂是直接把知识灌输给孩子，再配合大量的习题巩固已学的内容，除此以外很少解释原因，更不要说引导孩子探索和思考新的问题。在家里，多数家长也看不得孩子瞎琢磨，总想第一时间把正确答案传授给他并让他记住，下次遇到相似的题就用这种方法。他们哪里有思考的余地？

思维力缺失的后果

在极端的个例中,有的孩子到了三四年级却没有培养出任何思维力。这种孩子的典型特征是,只要这道题老师没教过标准方法,就几乎不可能会做,甚至连想都不愿意去想一下。

在他们的人生经历中,所有问题都是在老师给的套路、家长给的指导下解决的。他们甚至不知道,自己的大脑除了用来记忆和执行,居然还有思考推理的能力。可悲的事情就这样发生了,虽然他们看似学过好几年数学,做过无数道习题,但大脑的思维功能,从未被真正运用过一次,这就是传说中的用记忆力学数学,因此才会有"学过但是忘了"这种说法。但对真正理解了数学原理,有强大思维力的孩子而言,根本无须强行记忆什么东西,又何谈忘记呢?

数学能力的成长,至少有两个主要层面,底层是思维力,上层是知识量。只要底层在持续生长,上层快一点或者慢一点都关系不大,那终究只是时间问题。怕就怕底层毫无建树,只在上层叠加越来越多的知识,这样迟早会因知识量的增多而崩塌。数不清的孩子,在不同年级因为这种崩塌而被淘汰,那时就真是无能为力了。

现实里真有不少孩子只愿意直接接受"知识"和"套路",而放弃一切质疑、思考、探索。对他们而言,就算眼前学了很多,也很难有光明的前景。

思维力的体现

评估一个孩子的思维力，可以简单从这几个方面进行观察。

(1) 是否愿意思考没见过的问题。

只要有意愿，即便现在思维力还不是很强，毕竟还是一直有提升的，长期的积累下最终总会有所建树。相反如果连意愿都没有，就真是完全止步不前了，即便在低年级靠记忆力学得不错，在未来也终究会掉队。

(2) 能否经常提出自己独到的见解。

会另辟蹊径提出问题或发表自己的见解，证明他在使用自己的大脑，还在知识和套路层面以下进行着挖掘。这种探索是可贵的种子，即便当下常有可笑的结果，但对未来的成长帮助巨大，应好好呵护。

(3) 能否长时间钻研一个陌生的问题。

第一条里提到的只是思考的意愿，而如果真能长时间钻研一个陌生的问题，往往证明孩子已经在思维领域走到了一定深度，有了一些特殊的收获：比如趣味、自信心、成就感等。

(4) 能否严谨、深入地思考问题、提出见解。

一些思维力已经很强的孩子，表现出与一般孩子截然不同的素质，例如：

① 能认真挖掘题目的陷阱、揣摩出题人的意图。

② 算出答案也不着急回答，而要谨慎自查是否有漏洞。

③ 面对一般孩子很难解决的多步问题，思维线可以延伸

很长，且一步步扎实地向前推进，不会自乱阵脚。

④ 保持自己独立的思考，不轻易接受现成的答案，有时能发现答案的错误，或者发现比答案更精巧的解法。

⑤ 常能提出非常底层的问题，让家长和老师都无法轻易回答。

一旦孩子兼具这些素质，基本已经有了较强的思维力。对他们而言，越到高年级优势会越大。

思维力的培养

前面提到，多数家长喜欢在孩子幼年时期教他识字、识数、背古诗、背单词，但这些活动都偏重记忆力的训练。而常给孩子报的绘画、表演、创作、音乐等课程，偏重培养的是感性方面的能力。唯独理性思维能力，孩子们锻炼很少，可这恰恰是数学学科的核心。正是因为这种能力的缺失，导致孩子们到了高年级（无法再用记忆力学数学时）纷纷遭遇滑铁卢，被残酷地淘汰下来。

为了培养孩子的思维力，不建议在三年级以前给孩子灌输过多知识结论或者满是套路的技法。相反，应该想办法给孩子创造一种基于明确规则、需用脑力解决问题的环境，包括但不限于以下几点。

(1) 下棋。棋类游戏是锻炼思维力当仁不让的首选。品类多、复杂度可调、规则明确、趣味性强，还能兼顾锻炼孩子的推演能力、心理素质、逆商等，这些对今后的数学学习帮助都很大。

(2) 讲道理。如果父母属于强势命令型的,孩子就只能接受指令,长此以往孩子就只会执行而不再会思考。相反,一个宽松、民主的家庭环境对孩子思维力的帮助是巨大的。在和父母阐明原因、讨论问题、辨析是非的过程中,孩子需要搜索海量的素材,并把它们有机组合在一起,以论证自己的论点。这种工作对思维力的锻炼,效果绝不亚于做数学题。

(3) 读文字书。读书(最好不要只是散文、小说类)是一个主动提取文字信息并用大脑抽象为直观的过程,如果读的书稍复杂些,还需要运用一些方法,把信息合理地组织到一起。而看电视这种活动,则无须使用任何脑力,躺着被动享用就可以,只能起到麻痹大脑的作用。对比从小读书长大与从小看电视长大的孩子,我们很容易感受到这种差异在时间累积下产生的思维力鸿沟。

(4) 不要着急给答案,给孩子思考的时间。当孩子紧锁眉头思考的时候,底层思维力得到锻炼。直接把解题方法告诉他,看似学得更快却只是在做表面功夫。就算想给他们一些指导,也要用提问和引导的方式来代替灌输,始终让他们的思考占据主导地位。

(5) 玩数字类游戏。数独、24 点、扑克牌以及各种新式的数字类棋牌游戏。

(6) 玩迷宫、积木、魔方、建模、地图等。

(7) 做各种小发明、小创造。

小　结

与其推卸责任，家长不妨反思一下在孩子成长过程中，你给了孩子多少思维力的培养。不要总把智商这种无能为力的借口挂在嘴边，要把努力放到实实在在的行动中。

学好数学的底层能力:趣味感

刚接到一位家长的电话,提及孩子小小年纪已极度排斥数学。家长竭尽全力却已无能为力。这位家长所面临的问题,以及更多家长的问题,都在于这三个字:趣味感。

在任何一门学科里,如果想用最简单的方法评判学生的长久学习能力,那么看他能否在学习中感受到趣味感,应该是不二标准。

- 爱因斯坦从中学开始,就沉浸在"以光追光"的问题中不能自拔。
- 牛顿为了解开光的谜题,做了无数次实验。
- 贝多芬失聪后,依然靠感受声音的震动来谱曲。

所谓天才,或许智商等硬件确实优于常人,但他们往往也是这个世界上,心甘情愿花费最长时间思考某个问题的人,这一点是常常被我们忽略的。

厌恶感来源于何处?

不妨先从趣味感的反面来分析,厌恶感来源于何处?就近些年所接触到的案例中,凡是在中低年级就对数学产生明显排斥的,都曾受到过显著的环境因素的刺激。

比如,曾被数学老师严厉地训斥,产生心理阴影;从未在数学上取得好成绩感受到过成就感；过早承受过重的课业负担以至于排斥厌恶；在数学领域经常被家长训斥乃至危及亲子关系……

在他们的成长过程中，都遭遇过某种长期的挫折，并把这种刺痛感与数学联系在了一起。久而久之，条件反射就被建立起来，孩子一提起数学就反感。那些排斥数学的孩子跟不喜欢吃苹果的孩子并没有本质的区别。只是不吃苹果还可以吃别的水果，家长也不会太在意；但不喜欢数学就成了一种过错，家长想方设法也要把它扭转过来。

如何培养兴趣感?

很多家长问：该怎样做，才能让孩子喜欢数学呢？

如果去观察婴幼儿，会发现他们几乎对一切新鲜事物充满好奇，不知疲倦地去探索。而四五岁的孩子会把无数的“为什么”挂在嘴边，也会尝试去探索各种稀奇古怪的事物，这甚至会让很多家长抓狂。由此可见，孩子们的好奇、探索、学习之欲望是与生俱来的。

像是植物新长出的触角一样，孩子的好奇无所顾忌地窥探生活的方方面面，然而最终只能在特定的方向得以延伸。对植物来讲，一个小小的支点供它抓住就足以向上生长。对孩子来讲，这个小小的支点就是正面反馈，让他切身感受到自己每努力一点，就可以得到一些舒服的体验。

凡是孩子们容易着迷的东西，在这一点上都做得特别好。比如游戏，每按一个键就会产生某种效果，而且多数还是奖励性质的。

但学习数学呢？据观察，喜欢数学的孩子，多数会有明确的正面反馈（智力优越感、家长的认可、老师的表扬、优秀成绩的鼓舞）。而厌恶数学的孩子，在他们长久的学习过程中，通常没有得到过正面反馈。不仅如此，他们还时刻被否定着（成绩差、家长的不满、老师的批评、在班级环境里的自我挫败感）。不管从什么角度看，都看不到这种孩子有喜欢数学的可能，他们只是迫于环境的压力，硬逼着自己学数学而已。

因此，那些问“我该做些什么，才能让孩子喜欢数学”的家长，建议先设身处地想想孩子的处境，除了大喊学数学很重要之外，先给他一个爱上数学的理由。

浅趣味与深趣味

当然，学好数学需要很多因素的共同作用，趣味感只是其中之一，切不可盲目迷信，以为有了兴趣就万事俱备。况且，就趣味本身而言，其品质也是有优劣之分的。孩童时代那种见什么都很好奇的趣味，是标准的浅趣味。浅趣味有以下缺点。

（1）难以持久，过一段时间就不喜欢了。

（2）难以深入，很难把任何一项趣味变成专业强项。

（3）只在意表面形式，体会不到真正的价值。

很多孩子，见到什么都感兴趣，但只有三分钟热度，新鲜感过了就丢到一边。这虽是孩子的天性，但如果不能及时帮助他们从浅趣味过渡到深趣味，对数学学习，乃至对一切学习都是一件有害无益的事。

那么，什么是深趣味呢？深趣味也有以下几个特征。

(1) 愿意花时间反复研究琢磨。

(2) 能有足够的深度供其探索。

(3) 表面形式不再是最重要的吸引点。

值得一说的是，数学是极好的可供深趣味扎根的学科，既有足够的深度，又有足够的广度，还有足够的趣味。因此，那些打破了数学坚硬外壳品味过香甜内核的数学爱好者们，一生都会对数学有种深深的爱慕情愫，很难被磨灭。

建立数学的深趣味

在小学中低年级，需要多让孩子感受到数学的良性反馈，用浅趣味来搭建桥梁。

对于家长的建议是：多鼓励，多在生活中向孩子展示有趣的数学应用；以培养兴趣与良好习惯为主，少在成绩上给予过大压力；以无形的帮助让孩子在班级里取得领先优势，获得学校的激励资源……

对于老师的建议是：用各种方法丰富课堂体验；用生活中直观的素材，阐述数学的有趣应用；最好能从故事角度传授数学……

但到了小学中高年级，如果在课堂上还一味地通过多媒体、动画、各种游戏来吸引孩子，显然就有些止步不前，非但无法让孩子养成良好的学习和思维习惯，对培养数学的深层趣味也无益。

比如长期看多媒体演示的孩子，其抽象思维的连续性和深度都得不到锻炼，对未知问题的思维力就显得很弱。又比如长期用平板电脑做题的孩子，习惯了其缤纷的界面，不习惯使用纸、笔这两种工具，对画图、演算等辅助方法的建立极为不利，以至于到高年级仍然纯靠脑算，对学习造成很大的障碍。

到了中高年级，数学应该逐渐回归到其本质。多媒体的使用应更加慎重，黑板和粉笔要渐渐发挥功效，思考和推演过程应慢慢成为教学主体，孩子们在课堂上也要开始学习用纸笔进行演算。讲课方式和内容应脱掉华而不实的外衣，更多地切入数学的基本原理中去，引导他们发问、质疑、辨析、推导，在深层思维中，感受数学本真的趣味。

有些人也许会质疑：这种数学会有趣味吗？

对于小学低年级的孩子不敢说，但一旦到了中高年级（抽象思维能力发展到了一定层次），深度思维天然带有的趣味感，会让体验过它的人感到惊喜。在此基础上，如果老师能联系数学史，讲述数学家们曾在这些问题里投入的心血；能联系生活，告诉孩子们这些问题在哪些地方有重要的应用；能联系未来，告诉孩子们以此为基础，将来对哪些更有意思的学科学习有帮助……如能给孩子营造出这种教学环境，经过长时间的熏陶，他们定可以慢慢从浅趣味过渡到深趣味。在真正体会过数学趣味的人看来，世界上很难有其他趣味可以超越这种体验。

学好数学的底层能力:独立性

一个孩子,如果能在生活中愿意、敢于并能够独自处理好个人事务,大人会说孩子的独立性很强。大家通常以为这只是一种生活能力,和孩子的学习没有任何关系。大家有时甚至并不喜欢独立性太强的孩子,因为他们有想法、有决断,不容易妥协,时常与家长产生矛盾。

某种程度上,家长们更喜欢乖孩子,衣食住行家长全部包办,只要听话好好学习就行了。

独立不是任性

在正式讨论独立性之前,有必要先拎出一些形似独立却完全不同的特质来单独讨论一下。“任性”就是其中一种。

孩子多有任性的一面,尤其在年幼的时候,很容易一言不合就脾气大作。这种习性,如果延续到小学中高年级而没有任何改观,就形成了大家常挂在嘴边的逆反。孩子一旦逆反起来,不愿听大人的指导,只剩下强烈的执念。表面看来与独立好像有些类似,但其实不同。

(1) 独立是一种日常状态,而逆反是一种情绪结果。

(2) 独立的孩子能规划处理好自己的事务,而逆反的孩子多在冲动时做出无法自己收场的选择。

（3）独立的孩子有自己理性的规划，他们的决定是建设性的；而逆反的孩子缺少理性，单纯因为情绪排斥一切合理的建议。

因此，勿把情绪化的逆反与理性的独立相提并论，认为孩子很难对付就是独立性强。相反，他们可能只是情绪上难以自控，真正到了考验独立性的时候，就会败下阵去。

数学与独立精神

小学中高年级的数学，恰是真正考验思维独立性的领域，当然初中高中更是如此。具体来说，三年级之前，仅凭记忆力和模仿力也可以把数学学得很好，考100分不在话下。可一旦步入中高年级，数学开始在各个维度上变得复杂起来。多数题目已不再是凭借一个公式、一个套路就能直接获取答案的。这个时候，思维的独立性就显现出重要的意义，孩子也开始分化为两种截然不同的状态。

一类孩子，从小只会根据老师的讲解、家长的辅导做题，他们几乎从未独立思考过一个未知的问题。这类孩子学习数学，纯靠记忆公式和套路，并通过大量刷题掌握尽可能多的题型。这种学习方法有两大弊端。

（1）需要记忆的东西很多，且需要反复刷题来保持对套路的纯熟度，不然就会忘。

（2）很难根据已有的知识，通过思维的独立推导，摸索出从未见过的新题解法。

然而，随着所学知识的增多，他们需要记忆的东西会越来越多,数学渐渐变成了一堆公式和定义组成的乱麻,大脑终会不堪重负。

而另一类孩子,不靠记忆学数学,他们走了另一条路。他们培育出一种叫作独立思维的东西,在每遇到一个新题的时候,思维像是被放出笼的小狗,四处奔跑寻觅,有种思维在自由驰骋的快感。在我所见到的数学学霸里,都是靠第二种方法独步天下的。

抹杀思维独立性的两大利器

尽管独立思考能力对数学学习极为重要,但在目前的教育环境下,多数孩子本就纤弱的独立思维仍被不断蚕食。

(1) 套路化、公式化的数学课堂。

尽管学校与校外辅导班已经在提升数学趣味性上下了不少功夫,但如上篇文章所言,它们所提供的依然是依托于多媒体、游戏、动画的浅趣味。如此,在看似活跃丰富的课堂表面之下,埋藏的仍然是靠记忆力学习数学的本质。

至于为什么这种问题需要这么解?如何能从基本定义推导出这种公式?在这些真正能培养独立思维能力的地方,仍缺乏足够的深耕。

(2) 简单粗暴的辅导方式。

陪孩子写作业已经成为全民吐槽的问题,可见家长们距离真正理解孩子们的“不懂”,还有相当长的路要走。可惜的是,家长们并不认为这是自己的问题,反而苛求孩子必须在短时间内搞懂新学的知识。为了达到这一目的,强行以大人的视角,把自己的思路灌输给孩子，心情不好的时候，甚至不允许他们发出一声疑问。

“不懂”变成了一种过错，探索和思考也就顺势成为“罪大恶极”的行为，因为它是需要耗费时间的。在这种环境下，孩子们显然只能屈服于大人的强势，把别人的思维当成自己的思维，拿来就用。但是，孩子们进步最大的时候，恰恰是对着问题、紧锁眉头、拼命思考的时候。如果能够发明一台人脑透视仪，你会发现此时无数血液涌上大脑、数不清的脑细胞在被电流刺激、神经元伸展着突触想要建立新的连接。

培养独立思维的方法

人生而有好奇心。但独立思维的能力需要后天的精心培养。至于方法，可以简单地总结为一句话：不要粗暴地灌输任何类似于标准答案的东西，引导并给予他们思考和讨论的自由。

在数学领域，每当孩子遇到不太清楚的问题，都是一次天赐良机。如果运用得好，都可以成为培养孩子独立思维能力切入点，比起粗暴地、不耐烦地告诉他们标准答案，家长应该朝着下面这些方向努力。其一，适当引导，勾起他对这个问题的兴趣。其二，营造一种轻松民主的氛围，自由思考和讨论。其三，看中过程而不是答案，如偏差太多再适当引导总结。

生活充满如此多的细节，数学里也有如此多的新问题，只要有心，可供思考的支点是无限的。在一次又一次的独立探索和思考之后，孩子才有可能把这种做法融入血液，成为他的一种习惯。今后遇到未知问题时，才能不因没有答案而气馁，不因没有学过而退缩，独立勇敢地去探索答案。

家庭是教育第一线

我们之前观察过一些优秀孩子的家庭，发现两个必备的因素：读书氛围和民主氛围。

前者不多说。至于后者，正是以一种极佳的家庭氛围，给孩子独立思维的“小种子”以最好的生长空间。在这种环境中长大的孩子，成熟稳重，凡事有自己的想法，考虑问题理性全面，俨然一副小大人模样。在这样的独立素养之上，小学层次的数学问题，就显得容易多了。

现实中更多的家庭是命令式的强权家庭。大人们以为孩子小，一边包办所有生活问题，一边命令孩子按照自己的意志行事，浪费了宝贵的培养独立思维的机会。如此孩子变得凡事依赖却又脾气十足，也就不足为奇了。

思维独立性完全取决于孩子成长过程中的细节引导，不同的家庭环境差别极大（图 2-3 和图 2-4）。

我们所能看到的，往往只是优秀的孩子本身，却看不到为了培养他们，父母在无数细节上的苦心孤诣。

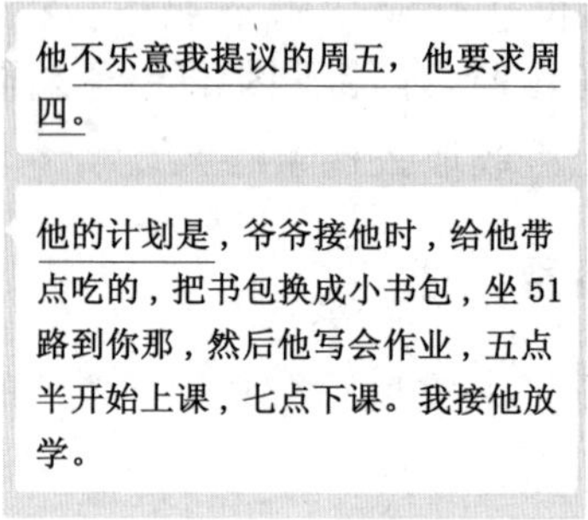

图 2-3　五年级孩子独立制订学习计划

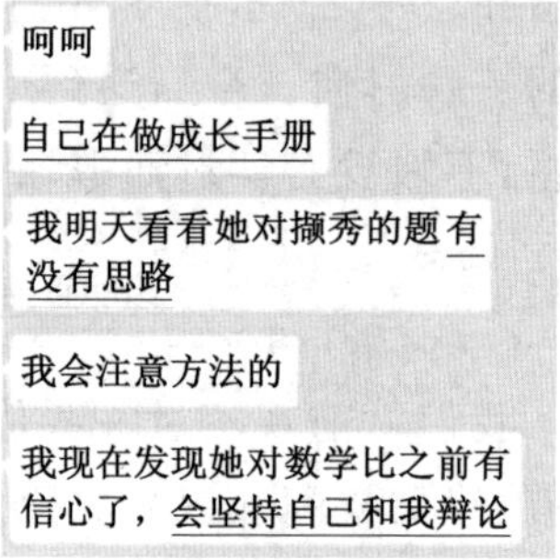

图 2-4　四年级的孩子捍卫自己的思维独立性

小　　结

数学学习看似学的是知识，实则不尽然，拼的是诸多底层能力，独立性显然是极为重要的一环。

如果把数学学习比作一场探险，孩子要学会的定然不能只是听着指令迈步，只在自己熟悉的领域逛游。他们终究要远离一切辅助，独自一人到未知世界里探索。他们要学会完全靠自己做决定，并为自己每一个决定亲自涉险，唯有如此才有机会触碰到真正的宝藏。

独立性是孩子在数学世界里得以生存的重要保障，譬如质疑发问、譬如批判性思维、譬如创新，没有一条不是建立在强大的独立思维能力的基础上的。

学好数学的底层能力:好习惯

我曾在朋友圈做了一个小调查,有没有人仅依靠按摩就把颈椎病治好的。普遍的回答是不可能。按摩只能短时间缓解,但想要根治,只能靠自己养成良好的生活习惯。

我的颈椎虽然没有什么大问题,但由于长期伏案,也常有些酸痛的感觉。轻微的时候就做些舒展颈椎的运动,严重的时候也去按摩一下,或依靠拔罐缓解。然而就像大家普遍反馈的,这些努力都只能缓解却无法根除,过一阵子不舒服的感觉就会再次袭来。

我好奇地观察着身边很多的人,发现一个小小的规律。以颈椎这个维度来区分的话,世界上大致存在两种人。一种是用各种方法在治疗颈椎问题,却无论如何也治不好的人。另一种是压根就没有颈椎病的人。

至于从严重的颈椎病,通过被动治疗变成一个完全健康人的案例,我是一例都没有见过。

根 本 原 因

网上有各种各样缓解颈椎问题的运动,在病痛在身的时候,我几乎一一尝试过,很快可以得出短期结论:根本没有用嘛。

最直接的证据就是，我都坚持做 3 天了，为什么还是这么酸痛？反观那些压根就没有颈椎病的人，他们也从来不做这些运动。

那么究竟什么才是真正的原因？对于颈椎病而言，这个问题貌似不难回答：骨子里的生活习惯。对我来说，无论是看书、写文章、看手机，始终都让颈椎处在一种被消耗的状态，直到消耗殆尽了，才会想起来运动、按摩补充一下。而另一类人，他们在生活中就没有过多消耗颈椎，也就根本不需要运动、按摩来去补充，反而比前者更加健康。

根本的差距，并不在看得见的治疗手段，而在于虽然看不见却至关重要的习惯上。

颈椎与学习

就像从未见过一个颈椎重症患者被按摩到完全健康一样，也很少有孩子通过上辅导班一跃成为学霸的案例。学习之所以出现问题，其根本原因不是缺少额外的知识补充，而在于没有养成好的学习习惯。

他们一直以不好的习惯在生活学习，随着时间的累积，看似微小习惯的差别，将会形成巨大的差距。不妨举一个小例子来说明好习惯的巨大力量(图 2-5)。

这两个孩子，居然已经到了为了看书而舍不得睡觉的境界，显然已经养成了睡前阅读习惯。这样，即便每天睡前只看 30 分钟，10 年之后，他们和没有该习惯的孩子的差距，将是 $0.5\times365\times10=1\ 825$ 小时的阅读时间。到了小学高年级

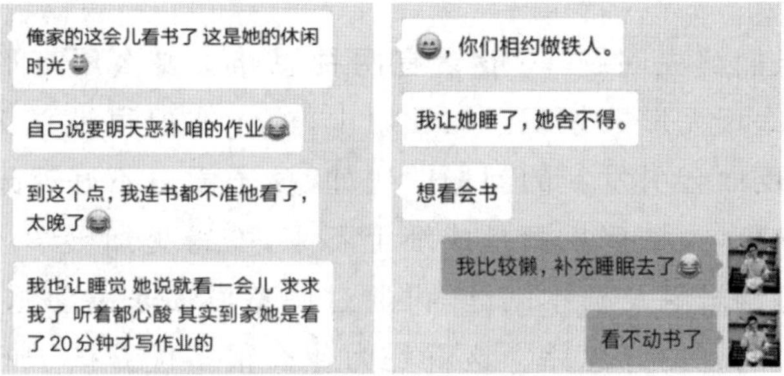

图 2-5　养成良好学习习惯的孩子

阶段，他们的阅读速度更快、理解更深入，写作定会游刃有余，这岂是上一个阅读写作班就能追赶上的？

有形与无形

目前市场上的辅导班种类繁多，各家都有自己宣扬的特色，但在作用时间这个维度上，不可能与良好的学习习惯匹敌。

学习很像水滴石穿，比的是长久的作用效果。在此前提下，种种在水滴形状、水滴速度、水滴流量方面的努力，看似立竿见影，可如果没有时间的累积，一切都是徒劳。

一滴、一滴、一滴……真正造成最终差距的，是这种稳定节奏保持的时间。

很多孩子已经出现了各种问题，这有可能是某种错误习惯的累积效应。家长们不应该期望通过参加某个辅导班就把问题解决，相反，应该去反思孩子在日常生活学习的种种习惯。

人们解决问题，一般会有两种思路。要么用有形的强力，要么用无形的累积。在学习上，前者非但很难真正解决问题，反而会引发新的问题。比如，孩子学习不好就逼着多报辅导班，大概率反而是成绩上不来，变得更加厌学。而只有通过反思触及根本问题，再通过调整习惯来撼动源头，才是解决问题的好思路。这就是为什么很多优秀孩子的家长反而很少直接控制孩子的行为，但在看似放养的过程中帮助他们潜移默化地调整习惯。

真正的春意，都是在润物细无声中展现的，至于浩荡的洪水，多只会带来灾难。

好习惯的养成

学习力的培养需要通过长久规范自己的行为，来提升自控力。在小学中低年级，与其不遵守儿童脑神经发育曲线，直接灌输高级知识，不如把重点放在培养孩子的学习习惯上。看似简单的行为，实则是在雕琢他的身心，为高年级的发力储存潜力，主要包括：① 足睡眠，吃早饭。② 上课专心听讲。③ 认真记作业。④ 回家先写作业再玩。⑤ 每天运动。⑥ 自己收拾书包。⑦ 每天读书。⑧ 不懂的地方要问。⑨ 错的地方要思考原因。⑩ 遇事不耍脾气、讲道理。

淘汰孩子的12道分界线

在焦虑的家长心中，提前教育已经成为一种共识。孩子一出生，等待他们的就是各种早教班、幼教班、兴趣班、特长班、辅导班。而这么做是名正言顺的：不让孩子输在起跑线上。

在当下的教育环境下，大家不可避免地被“剧场效应”裹挟，很难做到独善其身。“起跑线”已然成为一个充分竞争的领域，而且一时半会儿很难改变，这里就不过多探讨了。

本文想谈的，是那些比“起跑线”更加重要却被绝大部分家长忽略的领域：分界线。

小学一、二年级

分界线1：学习习惯

细心的家长，会从刚入学起就一点点把好习惯教给孩子。比如课前预习、课后复习、上课认真听讲、课后先写作业再玩、怎样整理铅笔盒、收拾书包、怎样书写和涂改、订正错题等。幼年时掌握良好的学习习惯，对一生的学习效率都有很大的帮助。习惯越早养成，后期的收益就越大。

考虑到一、二年级的知识是极其简单的，孩子与孩子之间的差别，有时只是学习习惯的差别。当别的孩子在丢作业罚站的时候，一个已经养成良好学习习惯的孩子，很有可能就已经成为老师眼中的好学生。这对抢占学校里不多的优等生激励资源，是极其重要的一步。而一旦孩子被老师视为好学生，他就极有可能真的成为一个好学生了。

很多孩子未能在黄金时期，得到家长科学而耐心的指导。升到高年级之后，各种上课不预习、做作业拖延、没人看就不专心等问题集中爆发出来，这时候家长才发现问题，却为时已晚。

分界线2：学习观念

这里所说的学习观念，指的是一个简单问题的答案：学习究竟是为了自己而学的，还是为了家长而学的。

多数家长，用尽力气紧盯着孩子的学习（每天盯作业、盯考试成绩、盯课外辅导），却在用实际行动告诉孩子：学习归根结底是家长的事情，你只要按照我说的去执行就好。这很像在企业里，领导对指标负责，员工按照领导的指示工作。大家对企业员工的懒惰低效深有感触，因此可以对比体会，为什么那么多孩子的学习状态那么差，好像家长不踢一脚，他就绝不前进一步。

相比而言，部分家长（不少优秀孩子的家长）开始就用行动告诉孩子，学习是自己的事。因此，在掌握了基本的学习方法，并给他们良好的学习氛围后，应尽早放手：作业自己检查，否则挨训的是自己；书包自己收拾，不然丢三落四罚站的也是自己。

让孩子从小学会评估行为对结果的影响，并由自己承担后果，逐渐学会为自己负责。学习自然也是如此，不能认清“学习是为了自己”的事实，不可能有强大的学习动力，到了高年级，这种心理层面的缺陷会越来越明显地表现出来，它几乎不可避免地会结出两颗苦果：亲子关系的恶化以及学习欲望的丧失。

家长真正需要扮演的角色，是一个咨询者、一个支持者。孩子在学习上自主探索，一旦遇到问题，可以向家长寻求帮助，此时家长再发挥自己的作用，给予指导或建议，共同渡过难关。这样一种合作伙伴式的关系，对长远的学习效果以及亲子关系都帮助很大。

小学三、四年级

分界线3：阅读理解能力

到了三、四年级，数学学科在难度上有了些许提升。这主要体现在，一、二年级学完基本的数学常识后，他们开始接触一些应用题，题干的长度和信息量都明显增加，孩子需要阅读一小段话，从中提取出有效信息，然后利用已经学过的数学知识进行解答。

在这一阶段，不少孩子显现出力不从心的情况——读不懂题目。他们在做基本的计算时没问题，一旦把这种计算融合到实际的问题里，他们甚至连式子都不会列了。究其原因，不在数学，而在阅读。人们常以为语文和数学没有关系，这是误解。越往后学习，会越明显地感受到（尤其是高年级的数学、物理或者学科竞赛题），对于一些难题，想要读懂题已经是不太容易的事情。

孩子在课外的阅读量、与家长谈话的信息量、在生活中接触场景的复杂程度，对他们理解事物的能力有很大影响。这种能力非一朝一夕所能成就，与家庭环境有很大的关系。

同样是三、四年级的孩子，有的家里有大大的书架，每天晚上都在良好的氛围下，与父母一起阅读讨论；有的却只生活在电视、平板电脑和手机之中，每天和父母一起，在肥皂剧中度过自己的课余时光。如此多年积累下来，他们的认知水平确实相去甚远。如果不及时做出调整，在更高年级的各科学习中将体现得越发明显。

分界线 4：数学直观体验

在不久前的动物园户外课程中，同样年级的孩子，有的一眼可以估算出不规则猴山的占地面积，有的还犹疑地在纸上写写画画。这种差距来源于何处？其实和智商没什么关系，主要在于对数学知识的直观体验。

长度、面积、角度、质量、体积、容积、货币、时间……小学课本里有很多有关数量单位的知识。有心的话，他们在日常生活中，都能体验到大量类似的数学元素。家长如果能在这方面引导孩子，他们在真正学习这些知识的时候，就不会感到困难。相反，如果家长从未有这方面的意识，孩子也就极有可能在懵懂中浪费了这些体验，待他们学习数学的时候，就只能以死记硬背的方式，去强行记忆符号和单位以及换算关系。

两种学习方法，其难度、效率、牢固度、理解度，完全不在一个量级上。看着很多孩子死记硬背抽象容积单位和换算，却压根不知道从可乐瓶中寻求参照的时候，我感觉他们非常无辜。看似同样的学习，根本就是不公平的竞争，而这不公平的起点，来源于从小到大的体验指导。

这项工作，坦白讲又只有朝夕相处的家长可以完成。

分界线 5：应试能力

仔细看三、四年级孩子的数学试卷，很少有因为知识点硬伤而错的。这个阶段的数学知识，还基本属于常识的层次，与智商关系不大。所谓的“粗心”错误往往在错题中占了很大的比例，这时很多家长容易怒上心来，以态度不认真训斥甚至打骂孩子。

应试能力，包含了很多细节。从如何审题、书写、计算、核算、验算，到心态的调整、做题的策略、检查的方法，是一套技术性非常高的系统工程。在这些方面，孩子得到的指导极其有限，他们只能靠自己摸索。

同一年级的孩子，他们的应试能力相差甚远。有些孩子直到小学毕业、甚至中学毕业都没摸清楚考试的套路，更不用提培养自己做试卷的节奏，拿到试卷完全是胡乱在做，何谈成绩？而有些孩子，在很小的时候就摸索出了适合自己的考试方法（这里或许有家长的大量功劳），每次考试都准备充分、心中有数、张弛有度，交卷的时候，就已经知道自己的分数。

小学五、六年级

分界线6:思维方式

五年级是一个门槛,很多小学生会在这里掉队,从此与数学渐行渐远。这和五年级数学的知识点有关:需要更深层次理解小数、分数的意义,因此所有相关问题都更复杂了。

五年级以前,就算仅仅是死记硬背加法、乘法口诀,也不会遇到太大的问题。到了五年级,必须深层次理解数字的实质,还要接触到负数、用字母表示数这些看起来“完全没有道理、超越他们认知”的数学概念。走到这里,原本直观具体的数学,第一次有了点向抽象领域拐弯的势头。而仅仅这一点,已经让很多小学生掉下队来。

究其原因,这部分孩子从小学习数学的方式就错了,或者可以说他们学习的根本就是“伪数学”。真正的数学,不是那些已经总结好的套路、公式,而是一种“用已知常识去解决未知问题的思维方法”。所以,就算你背得再好,却不明白为何如此,不能算是一个数学高手。事实上我也没见过只靠背公式套路成为数学高手的例子。

学会了真正的数学思维,拥有完整而自主的思路,公式会变成一种可有可无的辅助,唯一的作用只是提升做题效率。随着数学越来越抽象复杂,越到高年级,真正拥有数学思维的孩子就显现出越明显的优势,而其他人则很难改变被碾压淘汰的命运。

初一、初二年级

分界线 7：抽象思维能力

好不容易闯过小学的 6 道分界线，进入初中，又会有大量的孩子被淘汰。像上面所说的，小学阶段的数学只能算接触一些抽象的概念，而到了初中，才算真正进入抽象的森林中探险。

初中数学，渐渐抛弃了数字、抛弃了算数，转而进入由字母、方程、函数、坐标图像组成的抽象领域。对孩子们来说，这是一个完全陌生的世界，即便曾经花大力气学过很难的奥数，对此也不会有什么帮助。尽快抛弃小学阶段充满实在的算数思想反而显得至关重要，否则它会妨碍你走进解析函数的世界。

抽象思维能力，是指一种能把现实问题的“外壳剥去”，抽出其中最核心的数学本质并运用数学工具考察其特性的能力。学习数学的目的之一就是学习抽象思维能力，若干年后，如果你还能感受到数学对你的生活产生了巨大帮助的话，这一条，肯定会居功至伟。

初中阶段，是培养孩子抽象思维能力的跳板。它的难度比小学高了不少，却又比高中低了太多。抓紧在这个时间段学会以更正确的方式学习数学，是一件对学生生涯有决定意义的事。

初二、初三年级

分界线 8:学习动机

进入初中之后,孩子的独立意识开始启蒙,高年级之后逐渐成型。他们不再容易被简单管教,尽管还不能完全脱离家长的控制,但思想意识家长已经很难左右了。

见过不止一个案例,孩子在初二或初三的时候,因为学业难度提升、竞争压力巨大、生活日渐枯燥,从而萌生一个无法被打消的质疑:上学究竟是为了什么?思想深度更进一步的,甚至会开始考虑那个终极问题:活着是为了什么?

遗憾的是,他们几乎无法向家长吐露心声,不要说得到答案,他们甚至不能得到基本的理解。家长把这种问题视为心理问题,或是不思进取的前兆。成绩好的孩子,还能够因为优秀的惯性,继续勉励前行。而成绩差一些的,就会开始四处探寻,寻找他们在学习中无法感受到的意义。

考虑到无论多好的学校,名列前茅的只有那么一点比例(某些全国顶级名校除外),因此动机上的缺失,势必又会让一大部分孩子败下阵来。

高中阶段

分界线 9:学习效率

在普遍的认知中,人们过于看重学习态度而不太在意学习效率。在小学甚至初中阶段,确实可以通过增加时间上的投入，来弥补学习效率的欠缺。而且这样做往往还能获得肯定——态度非常认真，这种做法会得到一片赞扬之声。

然而一上高中，学习效率的差异将迅速演变为成绩的高下。原因也很简单，高中的学习强度实在太大，大家已在时间维度拼到了极限，再也没有额外的时间能使用。

我所见过的学霸，都是效率非常高的人。在课上针对性地听听重点，其他时间自由安排；课间就能把作业做完，晚自习甚至还能腾出时间做别的事情。有时候你甚至会心里不平衡，他都不听课还看小说，怎么就能每次都考这么好呢？

而只会死学却不注重效率的人，到了高中就会无比悲催。他们耗尽几乎一切时间在做习题，可连作业甚至都做不完，更不用提在成绩上有所斩获了。这不是单靠努力就能突破的瓶颈，又有很多人因此折戟。

分界线10：学习韧性

考虑到高中需要兼顾的学科数量、超快的进度、超量的习题、高强度的考试、残酷的竞争……即便是资质出众的孩子，也不会感到轻松。巨大的压力，如四面八方同时涨起的潮水，向你碾压过来，毫无退路。在这种环境下，究竟能不能获得好成绩，早已不仅是知识层面的问题。

韧性，对高中生而言，是极为重要的。它让人在反复的现实打击和自我怀疑中得以生存，在激烈的竞争环境下隐忍坚持，直到突破瓶颈，到达新的高度。这是每个高中生都要经历的。

大学阶段

分界线11:人生视野

很多家长会把考上一个好大学,视为学生生涯的完美终点。然而在我看来,这其实只能算是起点。高中再苦再累都还不算真正的可怕,因为至少还有明确的目标——高考。真正可怕的是大学以后,放眼过去一片开阔,却在地平线以下看不到一个标志物。

多数大学生在报考之前,对自己所选专业一无所知,他们选专业的理由仅仅因为分数恰好够用。多数大学生根本没有所谓的理想,四年的时间无非是浑浑噩噩跟着大部队上课、下课、考试。多数大学生根本没有所谓的热爱,除了游戏压根找不到能让自己热血沸腾的东西,甚至游戏也不是,它只是填补空虚的替代品。

我们学校算是国内一流大学,每年依然有稳定的退学率。大部分人在毫无目的地虚耗青春,最高追求就是拿一张毕业证。大家都是从全国各地筛选出来的天之骄子,本不应该这样消耗宝贵的四年时光。一切的根源,在于很少有人知道为什么学习?为什么上大学?热爱什么样的职业?以及追求怎样的人生?

那些极少数带着这些答案进入大学的人,将在4年时光里和绝大部分人拉开遥远的差距。和他们相比,又有一大批人被淘汰下来。

分界线 12：自我掌控能力

大学之前，我们在整个学生时代都受着严密的监控。老师的监控、家长的监控、考试成绩的监控，几乎没有机会来展示自己的自律能力。进入大学以后，所有的监控突然消失，唯一剩下的考试，其频率也下降到可以半年一次。好像整个人生突然被松绑了。

这种时候，是一个人大展宏图的好时机，同样，也是一个人毁掉自己的“绝佳”机会。随意到大学里去看看，早晨户外朗读和睡懒觉的、夜晚泡图书馆和泡网吧的，类似的差异比比皆是。如果没有基本的自控能力，你会在大学里坠入“深渊”。

努力，究竟是别人逼迫之下的结果？还是自我驱动的结果？对于这个问题的回答，其实已经隐隐映射到人生的最终归宿。

小　　结

没有谁会认为，培养孩子的终点就是一个好的小学、好的中学甚至好的大学。但在行动上，却总是过分关注眼前的节点，忽视那些长远来讲更重要的素质。

比如去抢“起跑线”，无异于在一场马拉松比赛中，为了起点处的一个站位而费尽全力。为了微不足道的短期优势，我们不惜牺牲那些更重要的“兴趣”“自主”“思维”等素质，不能不说是舍本逐末的愚蠢选择。

求学乃至人生，终究是一场长跑。一时的先后并不能决定太多，但倘若忽视核心素质的培养，孩子将会在今后很多个分界线上，以无可逆转的巨大差距而被淘汰出局。这并不是危言耸听，而是每天都在发生的事情。

如此想来，求学之路就是一场残酷的优胜劣汰。12条分界线之后，甚至远超99%的人被残酷地淘汰了，真正考上名校、自律成长的，是极为少数的幸运儿。当然，不得不从另一个角度来说，即便学业不佳，但如果拥有优秀的底层品质，也很有可能获得幸福的生活。毕竟，人生是一个多维度的系统，没有人能给予一个客观的评价。

积木为什么垒不高,数学为什么学不好

之前一段时间,常陪孩子玩积木。我也曾尝试搭一座高塔,可即便发挥工科生的严谨态度,再运用我高超的关于力与平衡的物理学知识,却一次也没有把整桶积木垒完。即便基础再稳、对得再齐,到达一定高度后,积木总会变得晃晃悠悠,每多加一层,就极大增加了崩塌的风险。

显然,最后一块积木并不是崩塌的罪魁祸首,而即便认认真真观察之前的每一块积木,也找不到明显的问题。这时很容易想到一句话:雪崩之下,没有一片雪花是无辜的。可作为一个工科生,在欣赏这种优雅语句的同时,无法不去想这样一个问题:积木为什么就是垒不高呢?

根本的问题:模块化

类比来看,积木的高度瓶颈问题,和大多数孩子的数学瓶颈问题,简直一模一样。不少孩子从小学得很认真,上辅导班、盲目刷习题,每一章节的知识看似学得都很扎实,可到了高年级就是感觉学不动了。晃晃悠悠艰难维持着平衡,再多加一块都难以承受。这究竟是什么原因呢?我想可以从积木问题中获得一定的启发。

积木之所以垒不高,不在于搭积木人的态度、技术、方法问题,而在于积木本身的结构问题。下面看一块标准的积木。

标准的长方体,材质坚硬,本身的稳固性也很好(图 2-6)。只看这样一个小模块,是没有任何问题的。我们把几块积木搭在一起(图 2-7)。

图 2-6　单独一个模块

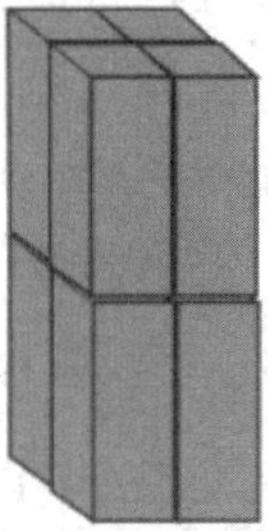

图 2-7　模块组合堆积

只要层数不高,这样堆积起来也没有任何问题。然而,玩过积木的人不难知道,潜在的危机已经出现:积木和积木之间的缝隙。受制于积木特殊的结构和玩法,我们无法处理两块积木的界面。所以,即便单独每块积木是坚硬稳固的,但在足够多的拼接中,不稳固性会被逐级放大,导致无法搭建出稳定的高层建筑。

数学学习的模块化

目前的数学教学体系,与积木的玩法非常相似。积木被分割成整齐的块块,数学知识被分割成整齐的单元。以小学代数部分举例：

按照教材的分割（实际教材的分割要比图中还要细碎很多），不同单元的数学知识，分别代表一个整齐的小木块，非常方便老师讲解和学生记忆，更让专项刷题训练有了极大的用武之地。大部分孩子只学会了单独模块内的规则和技法，可很少涉及模块之间的对比联系。这让他们普遍缺乏整体感、系统感，如同一块块单独的积木，本身再扎实，放在一起也不稳固。

例如，随意挑选第四层的“分数”“小数”“百分数”，再加上第一层的“整数”部分，这四块积木是小学阶段数字层面的主要模块，见图 2-8。那么，孩子们是否明白以下问题：

（1）为什么要有四种数？它们各有什么实际的作用？

（2）为什么只有无限循环小数，没有无限循环分数？

（3）什么样的分数是有限小数？什么样的分数是无限小数？

（4）有了分数，为什么还要有小数、百分数？

（5）小数、分数、整数、百分数如何互换？原理是什么？

据了解，除了一些高年级孩子因为刷了很多混合运算，对第五个问题稍有了解，其他问题他们很难回答。

再如，这次从不同层高的模块中抽两块，如第三层的“乘法”和第四层的“分数”。目前没有一个孩子能回答这么一个问题：

为什么分数乘法的运算规则是“分子乘以分子，分母乘以分母”？

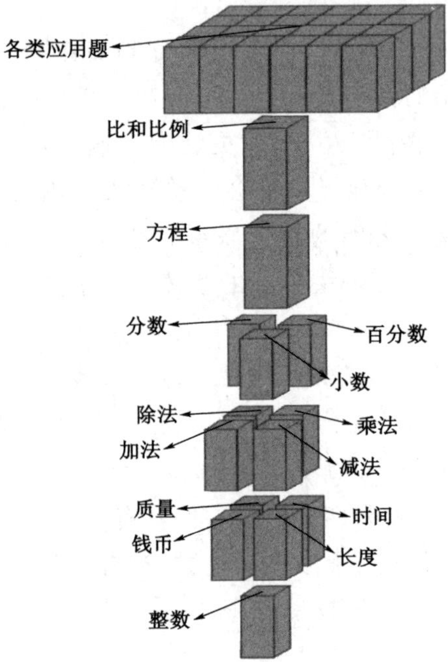

图 2-8　小学数学代数专题中各知识模块的关系

这虽然不影响他们解决一般的计算题，但从中可以窥探出，他们的学习是断层的，缺少“利用已知解决未知问题”的能力，而这是数学的核心素养之一。甚至他们没有过类似的疑问，长久的灌输式教育把天赐的好奇心也给抹杀了。

模块化非常重视单个模块的重复训练，但因为长期忽视模块间的联系，让孩子们误以为数学学习只不过是“一块块垒积木”的过程，比拼的重点，也都放在了单个积木的塑造上。而大家都知道,积木是垒不高的。

优化模块的组合

积木垒不高,砖头却可以盖楼。原因不在于砖头更平整,只是人们想办法处理了砖与砖的交接面:用水泥黏合一下就可以了。

如果垒积木的时候可以用胶水,相信凭借自己的本事,是可以把积木垒到屋顶的。那么再类比一下,对于数学学习,究竟怎么让不同的知识模块间互相渗透、互相黏合,形成一个有黏性的整体呢?

这是关于数学积木的第一个优化,顶层和底层必须要生出一定的触角,以方便和其他积木黏合(图 2-9)。可这触角究竟是什么呢?

对于任何一个知识点而言,下层触角意味着去思考这些问题:为什么要学这个知识点?它的基本原理是怎样的?它是由哪些更基础的知识推导来的?我们可以统称之为:基础原理意识。上层触角意味着去思考另一些问题:这个知识点能解决哪些实际问题?可以应用到哪些相关领域?可以推导出什么高级结论?可以统称之为:应用扩展意识。

如果学生在学习的时候,不单单学模块,还能在学习的同时,一边思考基础原理,一边思考应用和延伸,这个孩子就不再是个一般的积木玩家。他手上的积木,上下就有了勾连的触角。不同层次的积木搭建在一起时,界面处会产生类似钢筋互锁浇灌的强度,原本交界面处连接强度低的问题得以解决(图 2-10)。

图 2-9　有触角的积木模块

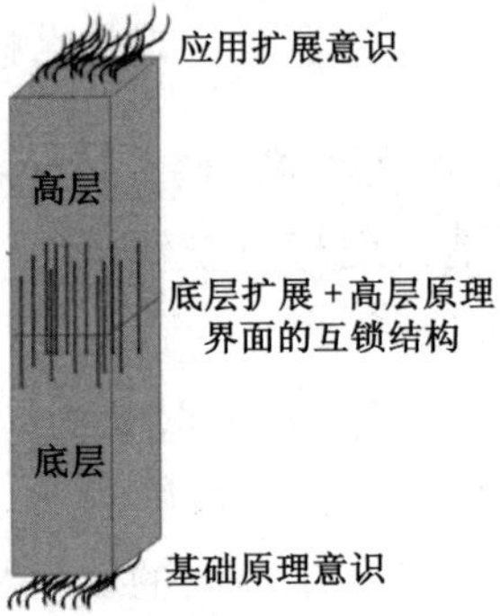

图 2-10　积木间的连接强度大大加强

这么讲可能略微抽象,还以分数乘法举例,学完基本的乘除法则和分数意义,即便第一次看到下面这个问题,难道应该说一句“我没学过”,就转身放弃吗?

$$\frac{3}{5}\times\frac{1}{2}=?$$

1. 拆分法

$$\begin{aligned}&\frac{3}{5}\times\frac{1}{2}\\&=3\div5\times1\div2\text{(运用分数的意义)}\\&=3\times1\div5\div2\text{(运用交换律)}\\&=(3\times1)\div(5\times2)\text{(运用括号法则)}\\&=\frac{3\times1}{5\times2}\text{(运用积分数的意义)}\end{aligned}$$

$$=\frac{3}{10}$$

其中每一步应该都在四则运算和分数意义中学习过。所以“分子乘以分子，分母乘以分母”的法则，完全可以运用低年级知识推理得到。

2. 画图法

$\frac{3}{5}$的意义是什么(图 2-11)?

而$\frac{3}{5}\times\frac{1}{2}$的意义不就是取其中一半吗？如此，轻而易举就得到了$\frac{3}{10}$的结果(图 2-12)。

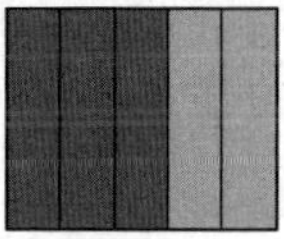

图 2-11　$\frac{3}{5}$的意义

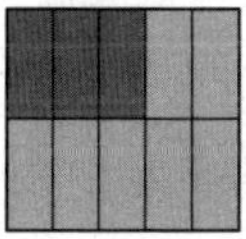

图 2-12　$\frac{3}{5}\times\frac{1}{2}$的意义

学生必须要突破界面，把所有知识点混在一起理解运用，否则，分散的知识点永远无法形成知识结构。这样搭建出的学习大厦，永远只是一个死的建筑，没有经脉、没有系统、没有宏观视角，根本做不到举一反三、灵活运用。

底层的地基建设

对于任何一个建筑而言，地基的重要性不言而喻。如果明白这一点就不难发现，积木还有一个核心问题：没有地基。

积木当然没有地基，它只是一种玩具，要的就是快速搭建，甚至就是想看它摇摇欲坠的样子。可用搭积木的方法学习数学，显然就会有大问题。没人能像玩积木一样，在孩子的数学大厦轰然倾倒之后还能喜笑颜开。

多数孩子没有数学地基，他们最开始接触数学，就在背诵和书写数字。这些看似很基础，却已经是很抽象的符号了。家长们很难分清“打地基”和“早点学”的区别。早早垒几块积木，是一般家庭常干的事，早早就教孩子数数、计算、超前学习。这种层次的努力，只能在和同年龄的孩子比较时，占据一点先机。但如果考虑的是自身数学大厦的搭建，其长久意义真心不大，甚至有拔苗助长的意味。很多提前学的孩子，在高年级之后很容易就被超越了。

日常生活中多通过言传身教，让孩子直观感知生活中的数学元素、数学的用处；多带领他们以理性的思维方法去处理实际问题；多和他们玩一些需要动脑筋的互动游戏；多引导他们以质疑和思辨的角度去分析生活中的每件小事。

从小开始，把这些行为融入家庭的互动中，孩子们对学科的感知和体验，就会逐渐有所积累。这些底层素质，才是真正的地基。尽管它们深埋地下很难看到，却对最终数学乃至整体学业的高度有着决定性的影响(图 2-13)。

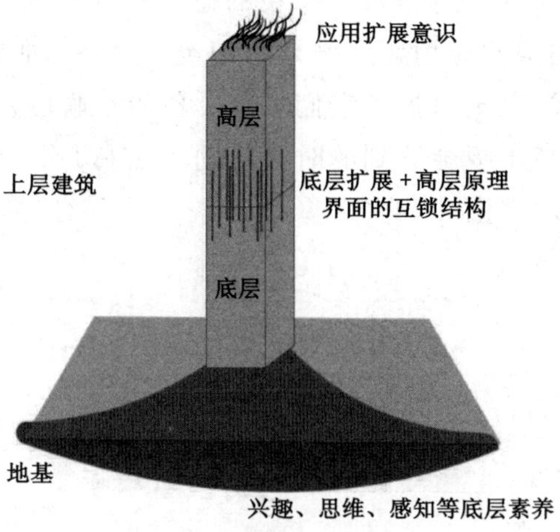

图 2-13　深埋地下的底层基础

高层的应用刺激

学到一定的高度后，任何新知识的学习，其重点都不再是知识本身，而是对整个学科系统的启发和刺激。

学习数学尤其如此。数学的核心能力之一，就是利用已知结论去解决未知问题。最好在学习新知识时，就搞清楚它究竟是如何从低级知识一点点衍生而来的。有没有这能力，直接决定了学生所能到达的高度极限。这样一种向下的串联和贯通习惯，有助于强健已有的认知系统，也是想把数学学活必不可少的方法。只有成为一个活系统，才能经历住风沙和时光的侵袭茁壮长大。

高年级的应用类题目，存在的意义就在于此。可惜大家常把不同类型的应用题严格划分门类，给每一种题型总结出套路和公式，完全忽视了它们本该具备的串联启发作用。

例如，高年级会遇到的时钟问题：4 点 38 分，时针和分针的角度是多少(图 2-14)？

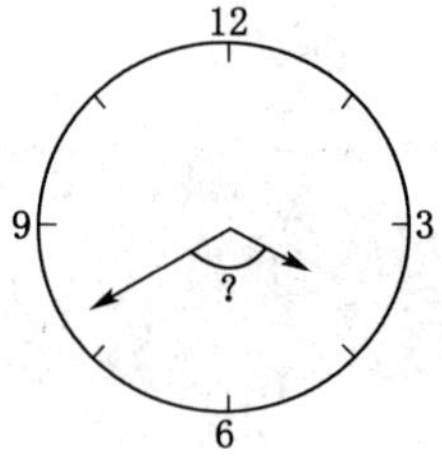

图 2-14　时钟问题

这看似是个新问题，在奥数里甚至有专门的章节讲解分析，给孩子一些套路和公式。倘若以串联和贯通的角度去思考，这难道不就是很多低年级知识点的组合拓展吗？它包括以下模块：① 角度概念；② 速度概念；③ 分数运算的意义；④ 时钟系统认识；⑤ 进制的理解。

只要孩子把之前的五个模块理解清楚，并有拓展延伸的意识，这道题就根本不是一道新题，只不过是旧知识的重组而已(图 2-15)。它唯一的意义，就是向你提供一种启示：低年级学的那些东西都有什么用处？究竟还有哪些神奇的组合应用可能？

时钟问题的叶子，同时给下面五个模块输送营养，强健

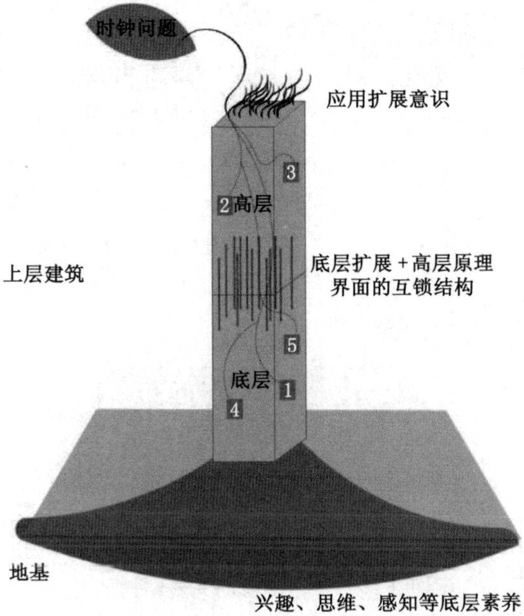

图 2-15　高层问题与底层模块的联系

了整个系统的联通网络。如此学习,学科的认知系统,会渐渐变得类似于人的神经系统:看到某个问题,相关的模块就闪耀活跃起来。进化的力量不难告诉我们,这种系统的运行效率究竟有多高。

把数学学成一棵活的树

写到这里,不妨把图 2-15 完善一下,见图 2-16。

原本枯燥的积木搭建,不知从何时有了一种生物学的韵

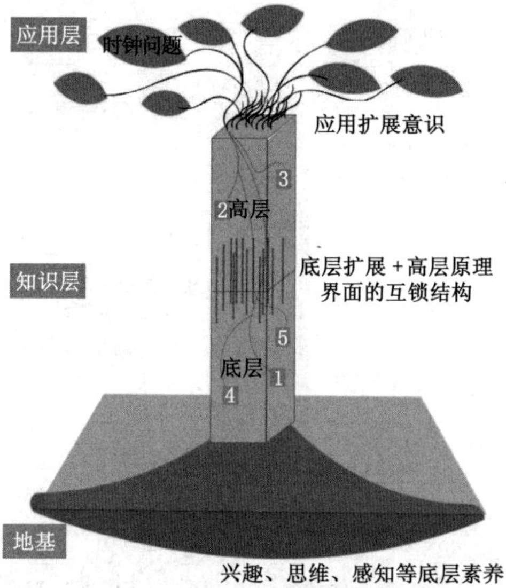

图 2-16　数学学习的完整结构图

律。通过给每一块积木增加上下的触须(基础原理意识、应用扩展意识),给整个建筑增加根系(兴趣、思维、感知的底层素养),在上层增加闪动的绿叶(高层应用启发底层模块的思想),这简直变成了一棵树呀。

我们常对孩子讲,要把数学学得"活"一点。像一棵树一般,有扎实的基础、成长的潜力、变幻的美感、风吹沙沙响的韵律。然而,我们却亲手把一块块孤立的积木递到孩子手里,把他们关在模块内苦刷习题。如此教法,他们是无法真正成长为一棵树的。即便一开始垒得快一点,那仍然只是一堆积木。

影响孩子一生的几种底层素质

自从有了女儿，我莫名也有了一种望女成凤的心态：比如今后要教她什么，怎么当一个小学霸，去考哪所好大学等。这种情感是如此发自肺腑，好像深刻在了基因里。

据统计，一所城市最终也就有约5‰的孩子可以考上“211”高校。残酷的现实与不切实际的希望，共同造就了广大中小学家长“入学充满希望”“小学充满焦虑”“初中渐渐失望”“高中已经绝望”的四部曲，让人唏嘘不已。

成绩固然重要，但因为概率极小，虽然是努力的方向，却不可强求。与此同时，还有没有从长远来看比成绩更加重要，却被广大家长忽视的素质呢？从功利的角度来看，专注培养他人都忽视却又真正重要的素质，是弯道超车的有效手段；纯粹从孩子角度来讲，即便成绩不是很好，若能拥有一些稳定的基础素质，也能过好自己的一生。

健康的身体

人生最大的幸福是健康，尤其是当某个人身体出现状况，感受会更深一些。

是否有健康的身体，是决定生活质量的重要因素。只不过，我们天生自带一个好身体，因而这一点极容易被忽视，就像我们忽视最宝贵的空气和水一样。其他一切先不谈，我希望自己的孩子能有一个健康的身体。而想要实现目标，不得不通过长期的陪伴和指导，帮助孩子建立以下几种能力。

（1）运动的习惯。这需要长期的规律行为来塑造，把运动塑造成像是睡前刷牙、中午吃饭一样的习惯行为。

（2）一项优秀的运动能力。从小练习一项运动，练习到优秀水准，这是孩子建立运动自信的关键所在，同时也能培养诸如逆商、合作、反思等素质。

（3）享受运动的乐趣。给运动赋予一定的积极联想，从小多在运动中体验到快乐，这是建立终身运动习惯的支撑之一。

有这三点，成为一个爱好运动、擅长运动的人，人的肉体生活质量的底线会被打造出来。如果今后她有兴趣从事一些竞赛、创业、甚至对身体和心理压力更大的活动时，好的身体素质是基础。

快乐的能力

时常看到孩子灿烂的笑容。那种笑，完全来自纯粹的快乐。一个蛋挞、一个小球、一个小小的游戏，就能引发她的这种快乐。某些时候，我感觉这是做人的最高境界，而它恰好出现在什么都不懂的孩子身上，让人感觉哭笑不得。这种能力，其实就是很多中年人苦苦追求而不得的专注当下的能力。

只不过，孩子的专注当下，源于还无法感知到更多。当孩子渐渐有了任务、有了约束、有了压力之后，这种纯粹的快乐就会渐渐消逝，需要花费巨大的努力，才能在人生的某个阶段重新找到，很多人甚至永远都找不到了。相比较物质，当下人们更缺少的是精神上的这种“感知美好的能力”。从幸福的角度而言，如何让孩子始终对生活保有乐趣，是比成绩更重要的事。

1. 充分保护、尽可能延伸孩子的五感

对艺术研究颇深的一位朋友经常说，尽可能打开五感，是提高一切审美的基础。这句话虽然说的是艺术，但我觉得也适用于理科，适用于应试，适用于生活。

美食家，能够品尝出极为细微的美味；摄影家，可以看到绝大多数人会忽略的光影之美；文学家，能体察到最细微的情感变化；孩子，能对生活中的一点新鲜感到无尽的欣喜。这些能力，都是构建幸福感的基石。所以，应该尽可能去保护孩子的这种天性，帮助他们更好地观察和体验生活，延展这种细微的美妙。

2. 培养高级的快乐感

人生活在世界，不可能无欲无求，也不可能始终不承担任务和压力。孩子天生的快乐感虽然令人羡慕，但仅此一项，很难支撑起在现实世界的快乐。应该通过身体力行的陪伴，让他们尽可能早地感受到高级的快乐。

努力的快乐。很多大人都不清楚努力与快乐的关系，总感觉努力就代表痛苦，而快乐就是休闲。其实真正为自己喜爱的事情努力，虽然辛苦，却一点也不痛苦，会有一种充实满足的愉悦感。

成就的快乐。通过前期的努力，在某个领域里获得一定的建树，得到他人的认可，这简直是世界上最幸福的体验之一。多感受几次，孩子很难再甘于平庸地混日子。

伙伴的快乐。结识几个志同道合的伙伴，共同去做有意义的事情，这也是令人沉迷的感受。伙伴能成为一生的挚友，孩子也有可能成为一个以合作为快乐的人。

自律的快乐、读书的快乐、助人的快乐、承担责任的快乐、拥有爱好的快乐……真正的快乐，显然不是无所事事的乐，那只会带来巨大的空虚感，尤其是上了年纪以后。一个人是否能持久地保持快乐，决定于他曾经体会过多少种快乐，以及他有多少种获取快乐的手段。希望我们的孩子，能尽可能早地体验高级的快乐，这样她们的人生也许会早些形成良性的循环。

爱和亲密关系

很多书里都提到，童年缺失安全感的孩子，长大后难以建立长久的亲密关系。这种困难有两种表现形式：过度依赖别人而不独立，过度抗拒别人而始终一人。如果安全感缺失太多，会引发比较严重的精神问题。报道显示，大多数犯下严重罪行的罪犯，童年都有严重的安全感缺失；而患抑郁症等精神类疾病的人群中，童年安全感缺失的比例也很大。

有句话说，“人生的任何过错都源自童年阴影”，这话虽然有些极端，可某种程度上反映了童年的重大意义。相比较过早的智力开发、协调能力培养等，对低龄儿童而言，能否给他以足够的安全感，对未来的影响会更加深远。至于具体的做法，就是在极小（0—2 岁）的时候，要给他以无微不至的关怀，多陪伴、多交流、多拥抱，这些行为孩子长大后虽然记不住，但会在潜意识里留下深深的烙印，影响其一生。

稍微长大之后，虽然不能溺爱，但安全感的输出始终不能中断。因此，那句著名的“温和而坚定”在这里出现。“坚定”部分，意味着要帮助孩子建立明确的规则，让他成为一个更能融入群体的社会人；而“温和”部分，则是要持续不断地提供安全感，向孩子表达“我可能不同意你，但是我爱你”的意思。理论上讲，安全感的意思就是“无论我经历了怎样的失败和挫折，都有一个人能无条件接受我”的底气，一旦人的心底有了这种温度，她的安全感就会厚重起来。

我希望孩子能成为一个有安全感的人，之后，才能以稳固的地基去继续构建那些高层的结构——性格、情商、独立能力、开拓与创新。

杰出的才能

很多家长眼中，杰出的才能约等于课内成绩或者参加各种比赛所获得的奖项。但从长远来看，童年的成绩和奖项，只不过是杰出才能的一种评价指标，至于是否代表着真正杰出的才能，还要打一个大大的问号。尤其当全社会都只盯着表层指标，而忽视真正的才能培养时，指标的真实意义往往会变得偏颇，除了能满足家长和孩子一时的虚荣心，真实意义反而不大了。

小学考试成绩很好，真的能预示长大能做出一些成就吗？先不用说这么远，很多小学学霸到初高中就学不动被淘汰了，显然小学成绩这项指标，没有什么决定性的价值。

当然，真正有杰出才能的孩子，成绩会非常好。培养者应该分清楚表里关系，把培养能力作为真正的重点，这样就不会被成绩等表象弄乱阵脚，干一些同时给孩子报 3 个数学班之类的事情了。

况且学习能力，只是个人才能的一个部分，其他能力，需要在长久的时间里，靠着不断学习和自省来慢慢雕琢。

小　结

今早在朋友圈做了一个小调查：如果有种基因调控技术，可以让孩子在下面 4 个属性中选择 3 个，大家会怎么选？① 拥有才能；② 拥有快乐；③ 拥有健康；④ 拥有亲密和爱。绝大多数家长抛弃的是才能。

是的，当把问题提到这种层次的时候，多数家长都明白什么最重要。但当我们沉浸在生活的琐碎中，被压力和焦虑搞得晕头转向时，多数家长会做相反的事情：剥夺孩子的快乐、放弃孩子的健康、牺牲和睦的亲子关系，去逼迫他们博取很难获得的才能。知行不一，是悲剧的开始。

当然，如果抛开这个题目的限制，重新审视四个维度的培养问题，或许这并不是一个舍弃的问题，而是孰先孰后、孰本孰表、如何优化兼得的问题。给孩子最亲密的关怀和爱，先让最底层的情感底座稳固起来；身体力行地陪伴他们爱上运动，塑造好的身体应对生活的挑战，塑造好的意志承担责任和压力；引导孩子享受到高级的快乐感，包括努力并获得成就的快乐（合作、自律、阅读、助人、责任等）。

在这些基础上，就算培养也要盯着才能本身，少被表层的指标牵着鼻子走。至于成绩，只是一种顺其自然的结果而已。

父母所能给予孩子最珍贵的能力

最近看到一部纪录片《黎明墙》。一个幼年瘦弱、害羞、内向、智力低下的孩子汤米，最后成为徒手攀岩的绝顶高手，更成为一位自律、坚定、理性、强大的修行者。其中，最感染我的一句话是“父母能给孩子最珍贵的能力，就是‘面对逆境’的应对能力”。在父亲的教导下，汤米从幼年到成人发生了脱胎换骨的转变。

对比当下我们教育的重点，都是集中在成绩、证书、特长、学历方面。猛然感觉，其实最重要的教育，父母所能给予孩子最珍贵的能力，应该是生发于“心”的能力，却被我们几乎忽视掉了。

在命运面前，谁也不能保证自己的人生会一帆风顺。从很大概率上来讲，我们都要经历或大或小的很多磨难。面对无法抗拒的人生磨难，真心希望自己的孩子，有能力应对它们，这才是保证人生幸福的核心能力。具体来说，应该有两点。

1. 面对逆境的应变能力

谁也不能保证自己一生中不会经历这些磨难，比如中考失利、高考失利、工作不如意、创业失败、亲人去世等。在各种逆境下的乐观和抗争精神，毫无疑问是对抗无常命运的唯一手段。而很多孩子别说逆境，一点不顺心都无法承受，撒泼耍赖发脾气。真到了无所依靠，需要全凭自己去扛起生活重担的时候，他们该如何应对呢？

家长们想要帮孩子铺平一切的心，颇然是好的。但这会让他们失去跨过逆境的能力，未来该如何应对人生的挫折？谁能保证他们一定不会遭受磨难？

2. 感受生活美好的能力

不管在什么境况下，都有能力感受到生活中平凡而细微的美好，而不是时时刻刻被压力和焦虑牵着鼻子，成为美的忽略者。一次惬意的懒觉、一次舒服的对话、一顿好吃的晚餐、一句亲切的问候，即便在逆境中，也能感受到这些美丽，把生活过得多姿多彩，着实是一种太棒的能力。

相反，一些孩子小小年纪，对什么都无所谓，对什么都不关心，一天到晚窝在房间里和网络上，简直失去了对世界基本的感知力。所以《美丽人生》是一部伟大的电影，不在于主人公有多强，多能改变自己的命运。而是在无可改变的残酷命运下，依然能有勇气抗争，有能力活出具有美感的生活。

最近突然有这种感觉，谁都无法保证，自己这辈子不会再被关到“集中营”中。当然，这个“集中营”只是一种比喻，有很多肉体和精神的牢笼，和集中营并无本质的区别。那么在这种极端的肉体和精神压力下，我们还有没有心力与逆境抗争？还有没有能力于夹缝中感受到生命的美好？这才是父母所能给予孩子最珍贵的东西。

眼里有光的孩子

我在教数学这门课的同时，也在想方设法提升学生对数学的兴趣、应试的成绩。说心里话，不是每个人都能学好数学，也不是每个人都有必要把数学学到极高层次。学不好数学，并不意味着不能成材，生活里数不清的成功案例可以说明这一点。

我们教数学的目的，无非是让一部分不太擅长数学的孩子，把数学学到不被应试淘汰的程度，尽可能迈上更高的平台；而对于另一部分有数学才华的孩子，尽可能让他们发挥其潜能，不因外部条件的限制而浪费天分。

但从更广泛的角度来看，我又时常抛开数学，去思考另一个问题：哪些孩子今后更有可能成材？更有可能做出一番事业？更有可能体会到人生的高级意义呢？答案是那些眼里有光的孩子。

什么叫眼里有光，大家也许会迷惑。

例如，霍金的人生本是一个悲剧。在人生的黄金时段一点点失去着身体，最终只剩下手指。如果换作其他人，定然很快精神崩溃，早早死去了。然而霍金就那样躺着，坚强地度过了后半生。同样是躺，霍金的躺和当下流行的“葛优躺”很不一样，二者的精神状态相去甚远。霍金是在专注地思考问题，他的眼里有光。

人与人最根本的差别，并不是外在的条件，而在于你做事的态度。以这个标准，我们可以轻易把人分为两个类别：

（1）以清闲和舒适为最终目标，视其他一切事情为干扰，草草应付了事。

（2）有无法抗拒的人生追求，并极其专注地投身其中，甚至甘愿承担质疑和风险。

四五年级的孩子，已经在某种程度上展现出这样的分别。

有些孩子，在努力做特定事情时，眼里已经闪现着类似的光芒。他们专注、努力、主动，显然已经完全沉浸其中，有了一种"忘我工作"的姿态。和他们谈话时，他们会直视你的眼睛，郑重地点点头，你真的可以透过眼睛看到他们思维层面的成长。

而有些孩子基本还以"吃饭、睡觉、打游戏"为目标，他们所做的其他事情，都夹杂着某种被迫感，只是为了完成任务好去享受清闲。他们还未在任何需要努力奋斗的事情中，感受到过高级的幸福感。

这种差别，称之为"天壤之别"都不为过。对于任何一种学习、任何一件工作，两种境界决定了根本性的差距，也几乎决定了整个人生最终的状态。

眼里有光的孩子，会最终成长为眼里有光的成年人。

不管在哪个领域，这些杰出的人在事业上，都表现出常人难以匹敌的专注度和沉醉感。对他们而言，工作绝不是常规理解中的糊口方法，更饱含了深刻的热爱，以至于看他们工作都能成为一种享受。

自律、专注、热爱以及由此获得的高水准，不单是取得世俗成功不可或缺的因素，更是获得充实人生和长久幸福感的必要条件。

小　　结

作为一名数学老师，如果让我只能在好的数学成绩和眼里有光二者中选一，我也会毫不犹豫地选择后者。数学知识远不是生活的全部，甚至底层的理性思维也不是。倘若人生是一次远行，数学充其量只是一些装备，能让你走得更有效率。但你愿不愿意走，又能否在远行中感受到充实与幸福，只能在你眼神的光彩中寻找答案。

第三部分

环境与动机

孩子该不该硬挤进较强的学习环境中

数学建模的好处在于，它可以忽视个体主观能动性的差别，相当单纯地考察客观规律。

就教育问题来讲，如果孩子掉队，家长往往会怪孩子主观不认真、不努力，把大部分责任归结为孩子自己的问题。但如果通过建模，把每个孩子的参数设置相同，结果却依然产生明显的分化，就很难再这么解释了。然后我们不得不考察外部因素的影响，得到跟常识完全不同的结论。

好了，让我们从最简单的布袋摸小球开始吧。设想有个布袋，里面有 5 种小球，每种小球各一个，见图 3-1。

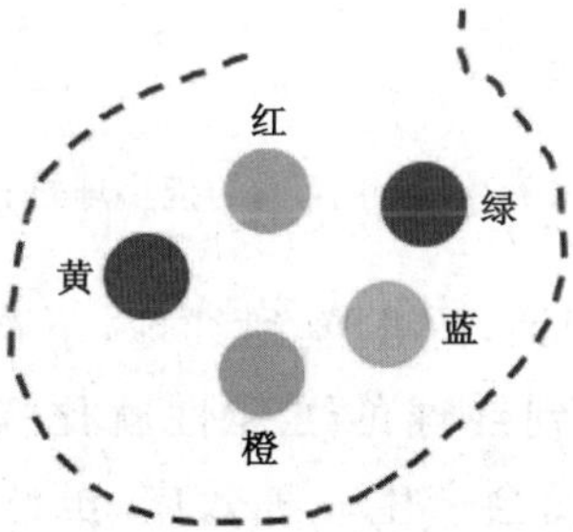

图 3-1　常规的摸小球过程

这时候，如果随机去摸小球，摸到任何一个小球的概率都是相等的，为 1/5。假设第一次摸到了红色小球，然后把红色小球再放回去，那么第二次摸到每个球的可能性仍然为 1/5，因为两次摸球时的条件完全没变。在数学上，这叫作独立事件，即上一次的结果与下一次的结果没有任何关系。

但我们这里想讨论的，并不是这种“把球放回去”的情况。这里重点想考查的是另一种模型(图 3-2)：如果这一次摸到某种球，除了把球放回去之外，还要多放一个同样颜色的球。

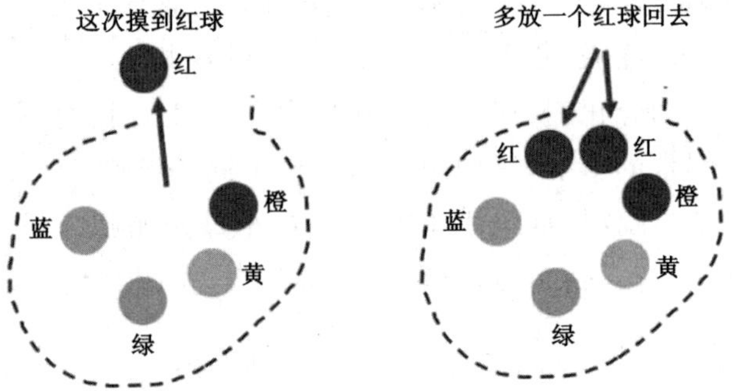

图 3-2　带正反馈的摸小球过程

如果是这样的话，这次摸到红球，下次袋子里就会有两个红球，因此再摸到红球的可能性就比摸到其他球要大一些。多次摸球之后，会产生一种效应，虽然一开始纯靠运气，但头几次哪种颜色的球运气好，就会在小环境里占据系统性优势，后面就越有可能被反复摸到，而这会进一步增加它的优势。这是典型的正反馈系统，与学校里的学生分化问题如出一辙。

学生随机分化模拟

在下面的模拟中，会把孩子都抽象成相同的小球，这样就剔除了“努力、天赋”等不可衡量的主观因素。然后，我们用上述摸球过程来模拟孩子在班级环境里的成长过程。之所以可以这么类比，来源于以下两点假设。

(1) 老师的激励资源，倾向于分配给这次表现较好的孩子。而孩子获得老师的激励之后，会倾向于更加努力表现。这是一种正反馈加强过程。

(2) 学习知识时，单个知识点掌握稳固的话，有助于在考试中获得好成绩，激发学习积极性，这有助于学生继续学好后续的新知识。这也是一种正反馈加强过程。

下面，我们开始进行模拟。模拟参数如下：

假设一个班有 40 个孩子，用编号 1～40 的 40 种小球代替；每种小球一开始都有 10 个，那么首次被抽到的概率相同，代表每个孩子初始水平一样；每次抽取一种小球后，给予这种颜色小球＋10 个的奖励，代表优势的正反馈积累。在 6 年(每年按照 300 次迭代)1 800 次迭代之后，最终的结果见图 3-3～图 3-5。

把数据用表格整理一下，见表 3-1。

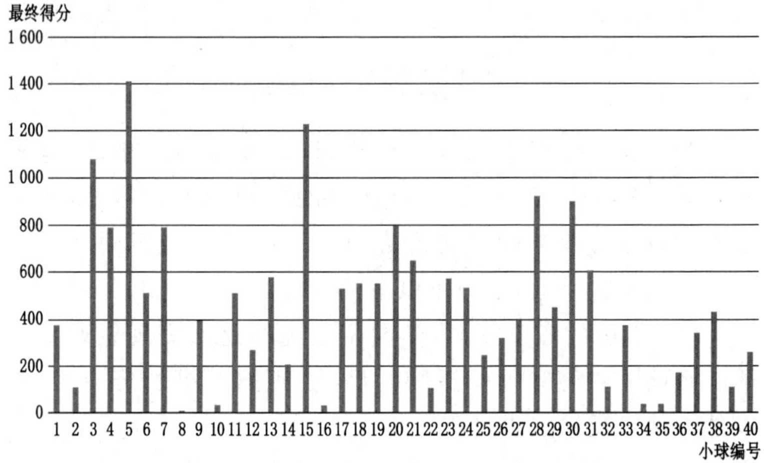

图 3-3　第一次模拟

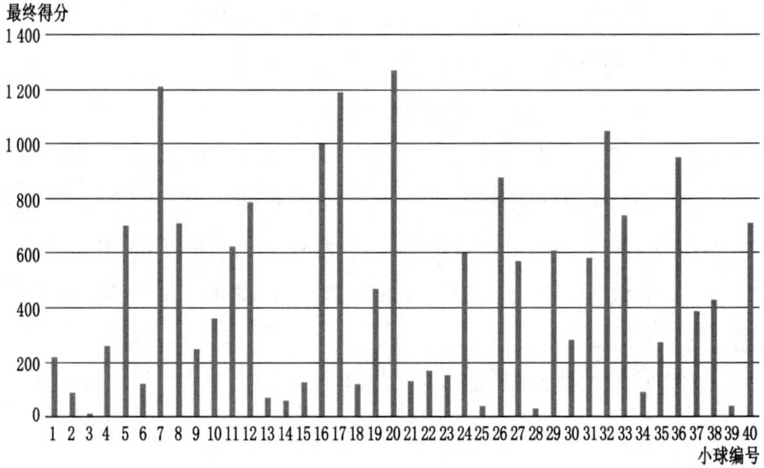

图 3-4　第二次模拟

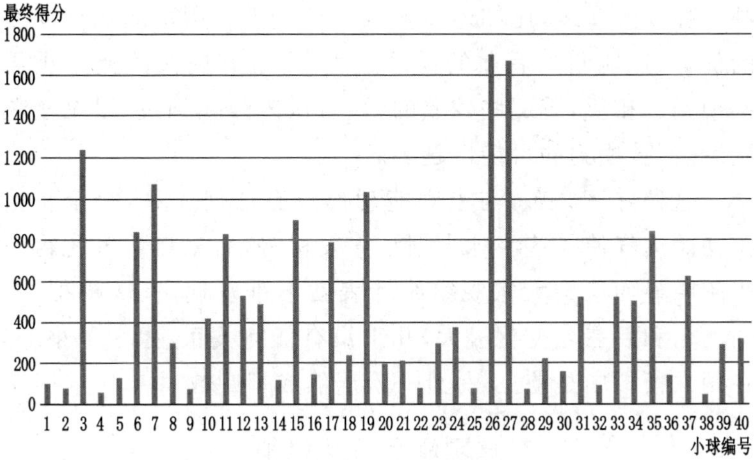

图 3-5　第三次模拟

表 3-1　3 次模拟的对比

	第一名	第二名	第三名	…	倒数第三	倒数第二	倒数第一
第 1 次模拟	5 号	15 号	3 号		8 号	35 号	16 号
第 2 次模拟	20 号	7 号	17 号		3 号	28 号	25 号
第 3 次模拟	26 号	27 号	3 号		38 号	4 号	2 号

可以看到，虽然大家初始水平完全相同，可仅仅因为一开始的运气，最终形成了显著的成长差异：每个班都会有一些特别好，也会有一些特别差。这和真实的班级情况特别相似。

仔细观察好学生的成长过程，发现他们在初始阶段都有某种程度的幸运，比如连续多次被抽到。利用幸运累计而来的优势，让他们在后面的摸球过程中，总有更大的概率被再次摸到。相反，看那些较差的学生，从未被摸到过，以至于越到后来，被摸到的可能性越小。

这种好坏分布，与主观能动性没有任何关系，完全是由于初始运气使某些小球占据了先发优势，后来自然分化得越来越明显而已。大家观察统计表就不难发现，三次模拟中，前三名和后三名变化极大，几乎没有任何关系，像 3 号小球，在两次模拟中是前三，另外一次居然成了倒数。

真实学生分化模拟

但在真实的情况下，学生的初始水平怎么可能完全一致呢？这确实只是一种假设，为的是考察随机性对优势累计的效果。结果证明，开始阶段的运气特别重要。

如果想更贴近于现实，就需要重置初始条件，让大家的初始水平产生差异。考虑到家庭环境、学前培养、性格等多种因素的影响，孩子们在进入班级之前，其实已经有明显的分化了。实验中通过设置小球的初始数量不同，来模拟孩子初始水平的差异。模拟参数如下：

设置 20 个孩子水平一般（1～20 号），即初始有 5 个小球；设置 5 个孩子特别好（21～25 号），即一开始有 50 个小球；设置 15 个孩子特别差（26～40 号），即开始只有 1 个小球。每次被抽到的奖励，依然是 10 个小球。三次模拟结果见图 3-6～图 3-8。

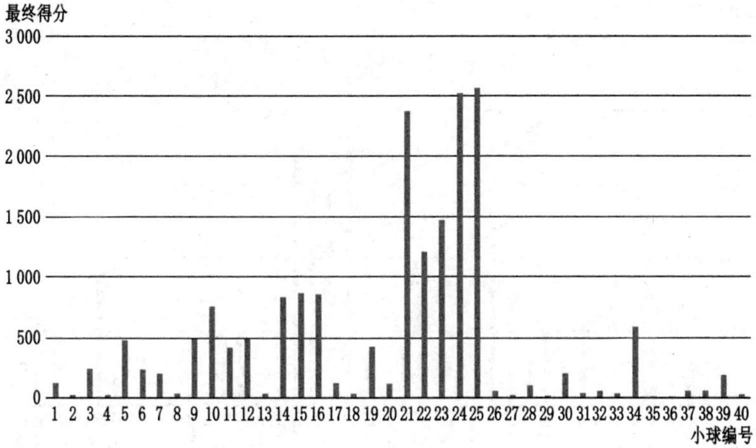

图 3-6　第一次模拟

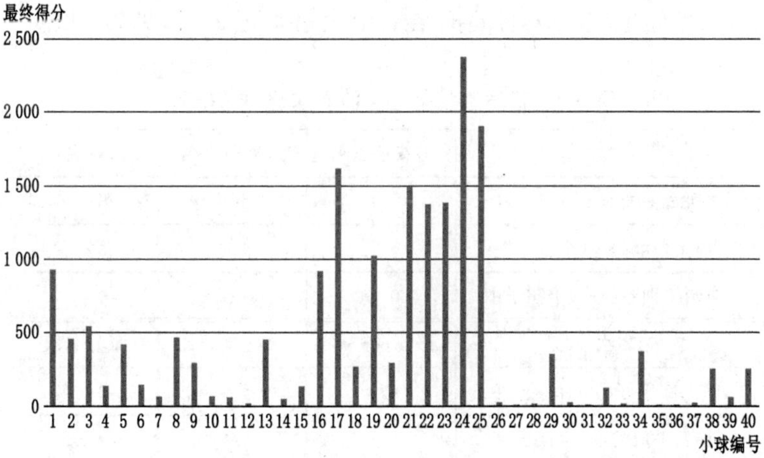

图 3-7　第二次模拟

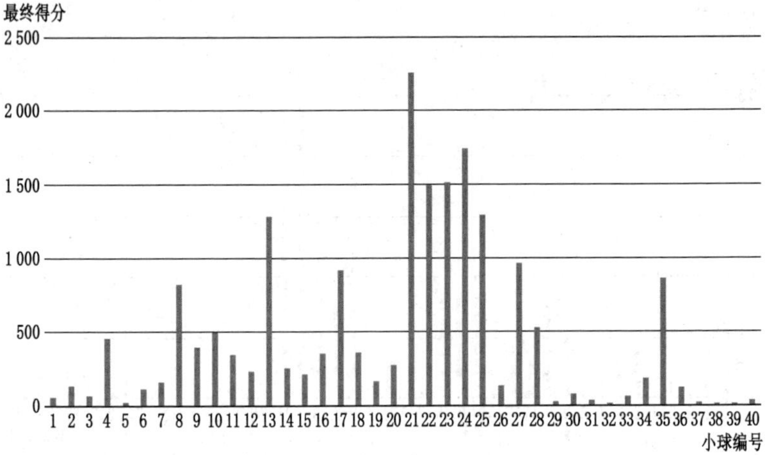

图 3-8　第三次模拟

我们也把三次的模拟结果用表格整理一下，见表 3-2。

表 3-2　初始差异条件下的三次模拟结果对比

第一次模拟	最终前五名	最终前十名	最好名次
初始特别好的 5 个孩子中	5 个	5 个	第一名
初始一般的 20 个孩子中	0 个	4 个	第六名
初始特别差的 15 个孩子中	0 个	1 个	第十名
第二次模拟	最终前五名	最终前十名	最好名次
初始特别好的 5 个孩子中	4 个	5 个	第一名
初始一般的 20 个孩子中	1 个	5 个	第三名
初始特别差的 15 个孩子中	0 个	0 个	第十五名

表 3-2（续）

第三次模拟	最终前五名	最终前十名	最好名次
初始特别好的 5 个孩子中	5 个	5 个	第一名
初始一般的 20 个孩子中	0 个	3 个	第六名
初始特别差的 15 个孩子中	0 个	2 个	第七名

我们看一下第一次模拟结果。初始水平特别好的孩子中，最后包揽了全班的前五名；初始水平一般的孩子中，只有 4 个进入前 10 名；而初始水平很差的孩子中，只有 1 个进入到前 10 名。模拟的结果说明，形势相当残酷，好学生总会一直好下去，差生逆袭的可能性太低了。这是典型的马太效应。

让我们尝试分析一下原因。如果入学的时候就很落后，孩子既得不到老师的认可，又很难学会新的知识，这种恶性循环一旦形成，很难获得新的激励资源，形势就很难扭转了。反观好学生，一入学综合素质遥遥领先，好学生定位一旦建立，优势反馈循环一旦形成，能获得源源不断的激励资源，就会越来越好。

所以我们不难得到结论，对于学习这种正反馈效应极强的系统，初期优势是特别重要的，这就是“不要让孩子输在起跑线”的真实意义。当然，需要重点解释一下，现在家长把这句话理解得过于偏颇，以至于严重违背学习规律，超前超量学习，提前摧毁孩子的学习欲望，这就是另外一件事了。

与一些学霸家长交流，他们在学习的初期，就想方设法帮孩子争取到领先优势，争取到学校的激励资源，这是极为明智的。孩子初期的学习习惯、动机、效率都有了保障，又获得了好学生的自我定位，深得老师的认可，小学阶段的学霸地位，也就算牢牢保住了。

鸡头还是凤尾的选择

我们之前分析过真实的学校数据，最后得出一个结论：去哪个学校并不是最重要的，在学校里的位置才是。具体来说，如果进入很强的小环境中却只能垫底，不如去稍微弱一些的环境当领头羊，这更有利于个体学生的成绩进步。而今天，我们不妨再用数据模拟的方式，从基本原理的角度出发，来推理验证一下这个结论，并尝试简单分析一下原因。

假设现在要升入初中了，有两种选择。第一种，选择很强的小环境，但在里面属于比较差的。第二种，去稍弱一些的环境中，但在里面属于比较拔尖的。我们把上述条件数据化一下，仍然每班 40 人。

较强环境中的学生水平划分 3 档：特别优秀的 5 人，实力为 100；一般的 20 人，实力为 25；较差的 15 人，实力为 5。稍弱环境的学生水平也划分 3 档：特别优秀的 5 人，实力为 20；一般的 20 人，实力为 5；较差的 15 人，实力为 2。而我们这次要考察的个体，它的水平是 20。在顶尖名校里属于中下，在一般中学里属于前茅。

考虑到强环境中的学习氛围和教学环境会更好一些，我们假设前者的激励资源是后者的1.5倍。模拟结果如下

(10 次的平均结果)。

首先来看一下顶尖学生的对比,因为这是大家平时最关注的指标。较强环境中的学霸比一般初中的学霸,水平明显高一个层次,但这其实并不能说明什么,入学时生源的水平就高,激励资源总量也高,是没有理由不领先的,见图 3-9。

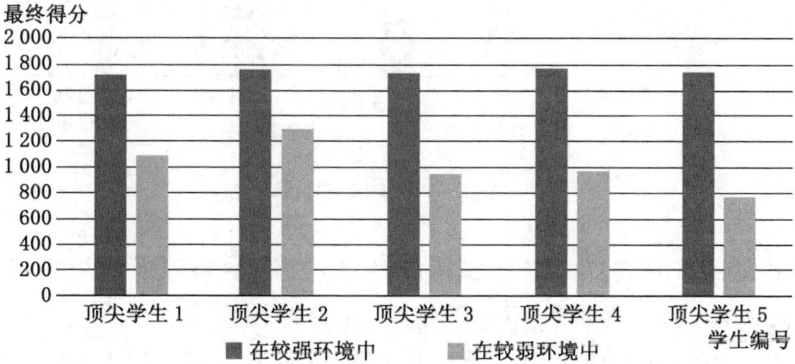

图 3-9　顶尖学生对比

还是关注我们想要考察的个体吧。该学生的水平是 20,在较强环境的中游水平(25)略低,但在稍弱环境里,属于顶尖水平(20)。我们看看他在两种环境中的差异(模拟了五次,结果见图 3-10)。

出乎大家意料的是,该学生在稍弱环境的最终水平,要好于在较强环境的最终水平。我仔细观察了他成长的过程数据,发现他在较强环境里,一直处于中下水平,很难获得激励资源,因此持续保持在较低水平,毫无机会逆袭。但在较弱环境中,他大都处于领先地位,总是能吸收到激励资源,转

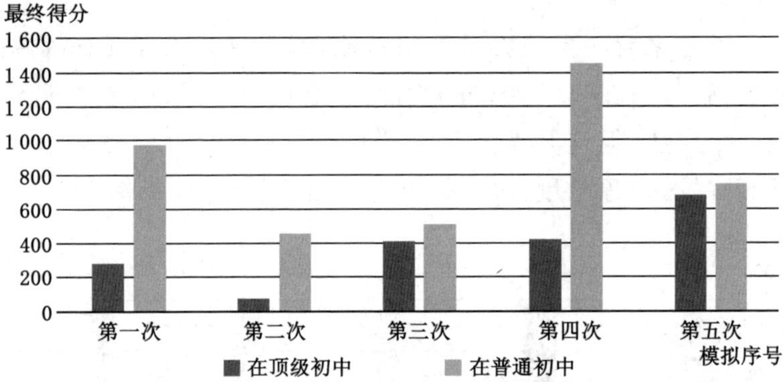

图 3-10　该学生进入两所中学的差异

化为自己的进步。这种累积的速度，虽然不如较强环境里的佼佼者，但比在那种环境里垫底，还是要快多了。

我们可以找其中一次的模拟结果对比一下，见图 3-11 和图 3-12。

在较强环境中，该学生排在末尾位置，虽然学霸们整体水平很高，但是追不上啊，反而处在他们的阴影之下，水平只徘徊在 200 多。

在较弱的环境中，虽然学霸质量不如顶尖学校，整体水平也差多了。但该学生处于领先位置，始终还在积累提升，水平达到了 1 200。

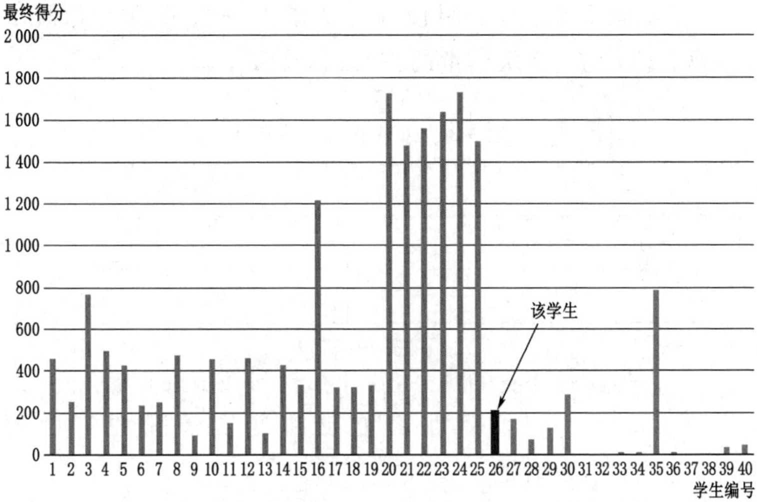

图 3-11　该学生在较强环境中的对比

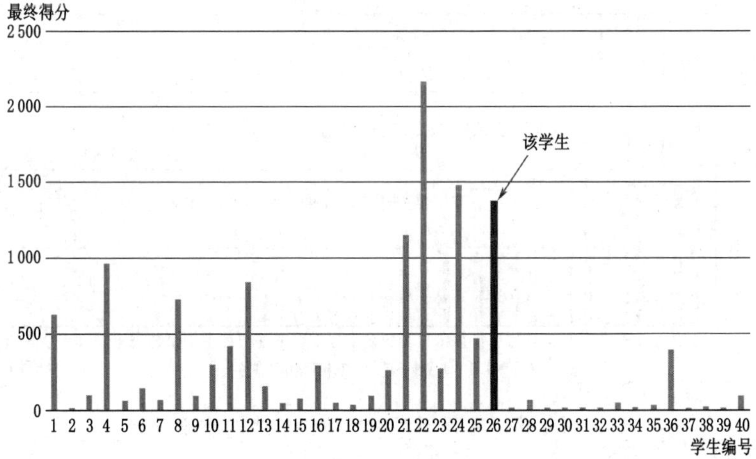

图 3-12　该学生在较弱环境中的对比

究竟孰优孰劣，一眼便知。如果说一次模拟还有概率性，我们统计了10次模拟的平均值，见表3-3。

表3-3　10次模拟平均值

环境	最终水平
在顶级初中	314
在普通初中	817

孩子在较弱环境的水平，要比在较强环境高很多。

最后，让我们找一张最能反映现实情况的对比图(图3-13)来作为结尾。

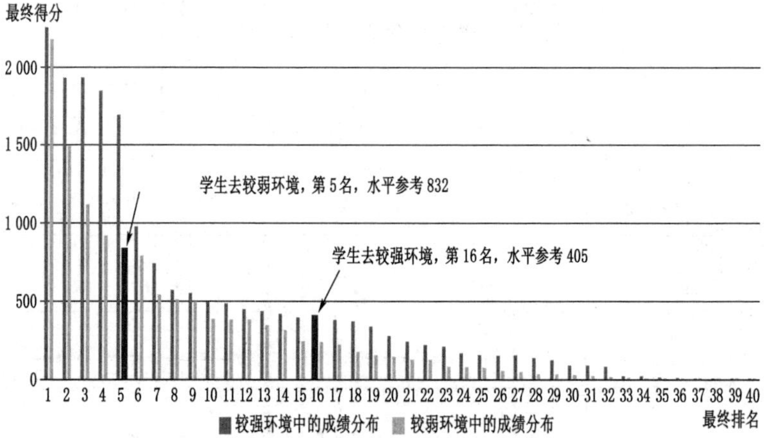

图3-13　孩子在强弱两种环境中最终的成绩对比

从图 3-13 不难看出，较强环境中无论是尖子生水平、数量还是平均分，都比较弱环境高很多。但这与个体的关系究竟有多大呢？就我们最关心的那个学生来说，进入前者，排名第 16，成长水平为 405；而进入后者，排名第 5，水平 832。后者遥遥领先前者。

小　结

本文主要模拟了两个过程。

第一，相同起点的随机分布问题。

这对孩子刚进入小学，有比较大的启发。这个阶段的孩子，虽然绝对水平有差异，但在学校内部的正反馈循环还未建立，因此由老师喜好、教学风格以及各种偶然造成的初期反馈，会显得相当重要。

明智的家长，会密切跟踪孩子的各种反应，竭尽全力让孩子能够快速适应学校，培养出好习惯，和老师建立良好的互动关系，让孩子喜欢上学校，喜欢他的课堂和书本。

为数不多的激励资源，会被快速适应的孩子抢先获得，他们会占据班级团体中特别稀缺的好学生位置。而一旦老师和父母都认为他是个好学生，他就极有可能成为一个好学生了。

相反，如果一时落后了，仅靠孩子自己，其实很难打破牢固的负反馈循环。这时候，家长需要额外做些努力，从外部给孩子提供正反馈，以满足他成长的需求。不然，孩子很容易渐渐失去竞争地位，沦为不受关注的后排学生。

而现实中多数家长的行为是什么呢？数落、嘲讽、责骂甚至是殴打，无论其中哪一条，都对培养人帮助不大。要帮他们分析问题、解决问题、获取进步，帮他们找到合适的环境，找到自我认同感、建立自信这才是最需要解决的问题。

第二，个体的新环境选择问题。

环境并无绝对的好坏，关键得看对谁来讲。进入较强环境中，尖子生多、名声响、面子足，但孩子假如水平不够，却非要向里挤，可能意味着惨淡的结局。

一个很常见的误解是，如果孩子周围都是好学生，他就会被影响着奋发图强。但就我自己的教学经验来看，这得看水平差异的程度。如果水平差异太大，比如上课提问，一个孩子还没看完题，另一个已经报出答案了，长期如此，前者就很容易失去信心，进而彻底失去学习的动力。当然，如果你是个很好的学生，有勉强和对方比拼的实力，这时候的竞争压力才对激发学习有帮助。

归根结底，真正重要的仍然是孩子本身的素质。长久来看，人不可能因为偶然进入到一个环境里，就变得和环境一样优秀。事实上它是反过来的，人有多优秀，才能融入多么优秀的圈子，成为他们中的一员。

至于家长能做的，大概有以下几点。

(1) 心法层面：提前培养孩子的综合素质，这是求学乃至一生的根本。

(2) 战略层面：帮助孩子找到适合他的环境，一个准则是，环境有一定的竞争压力，但孩子有能力通过努力保持领先。

(3) 战术层面:在孩子进入新环境时保持敏感,动用一切能力让他尽快融入环境,获得反馈。

显然,心法>战略>战术。综合素质不行,很难找到适合他的环境;而连适合的环境都找不到了,战术层面的细微调节,就毫无用武之地。

越挫越勇的前提是什么

前面利用数据模型分析了鸡头凤尾的选择问题。不少家长留言,表示很难接受这一结论,大家仍觉得即便去顶尖环境里垫底,也会比去差的环境要好得多。直觉上,大家始终认为鸡头不如凤尾。

究竟孰是孰非?这里有必要补充一些认知心理学知识,以免大家过于主观地做出盲目选择。

我当然不否认,个别人具有越挫越勇的品质,这种人固然可以去强一些的环境中,因为他们总能通过努力,重新把自己置于领先位置。更强的环境意味着更高的平台,会让自己更优秀,为何不去?

但问题是,越挫越勇的品质究竟从哪里来?是进入顶尖环境就自然会有的吗?还是需要家长督促一下就能建立起来?

在认知心理学里,这类品质也被称为超强的自我效能感,它代表一种自信,一种对自己能通过努力完成某项任务的坚定自信。自我效能感高的人,即便短期内身处逆境,也会认为自己完全有能力翻盘,因此可以在长期无反馈的环境下持续努力。而自我效能感不高的人,则会根据实际反馈来评价自己的能力。比如连续两次努力后仍然垫底,就会怀疑自己，渐渐失去继续努力的动机，这是正常人的正常反应。

我们通常都会过高评价自己的孩子，认为他们一定可以努力翻盘，殊不知在这种无反馈环境下，内心必须有很强的自我效能感才能支撑他长期努力。

但拥有这种效能感的人，在人群中的占比是很低的。仔细研究这部分人，不难发现他们之所以拥有这种自信，与长期在正反馈环境中成长息息相关。他们从小到大，都在某个领域是顶尖的佼佼者，只要一努力，总能获得很强的正反馈。这令他们倾向于认为，自己的能力极强，自己的努力极有效果，因此一旦遇到不顺，也能迅速调整到奋斗状态，短期就能重回领先位置。

我之前带过一个孩子，就是这种典型。她在初次进入顶尖环境中遇到困难，还能有坚持不懈的斗志，就在于对自我能力的充分自信。她为什么坚信自己能学好？因为她的类似经验太多了。无论是数学学习、英语学习、兴趣学习，这孩子从小总跟着高年级同学一起，一开始略有落后，但总能很快重新领先，这无形中滋养着体内的自信，变成现在的样子。

这种自信，是被养大的。问题是，有多少孩子能从小持续吸收着这种营养？

说这么多，都是为了补充讲明一个道理：想在强环境下落后而坚持努力，这当然是可能的，但有苛刻的条件。孩子从小到大要通过反复的“努力—收获—获得肯定—滋养自信”循环，培养出极强的自我效能感，还要配合强烈的学习动机，以及高效的学习方法。如果孩子具备这些优势，才可以无视短期环境的打击，因为这已经是一个具有内生动力的高级人才了。

但很少有孩子能兼具这些素质。别说兼具了，动机、能力和自信，一条不具备的都大有人在。硬把他们塞到竞争极强，无论如何努力都只能垫底的环境中，无疑相当于提前终结了他们的学习之路。

对于这些孩子，鸡头的意义就远大于凤尾。他们还没有足够的内生禀赋，可以支撑纯靠内因去努力。因此良性的环境反馈所带来的外生动力，是持续努力所不可或缺的因素。

意义对于记忆的巨大帮助

美国国际教育顾问戴维·A.苏泽撰写的《人脑如何学数学》(上海教育出版社,2016 年版)一书中介绍,三位脑科学家在 1999 年做了一项研究,对比分析了意义对于记忆的巨大影响。

看到详实的研究结果,我大受启发:它能够解释相当多的学习问题。我用图 3-14 把这篇论文的大意表述一下。

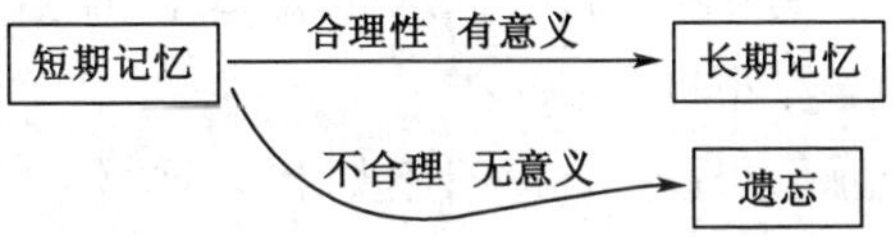

图 3-14 有意义信息与无意义信息的记忆对比

不管学习还是工作,人一开始接触某些新内容时,都会把信息储存在某个叫作短期记忆(工作记忆)的地方。打个比方,第一次见到某个号码,比如 3471897639,我们默读几遍,就能把它记下,这种记忆方式就叫作短期记忆。短期记忆有很多好处,它能通过瞬时强化迅速记住少量信息,这对我们的工作生活大有帮助。但在一定时间之后,大部分短期记忆都会消失,这就是我们俗称的遗忘。

诡异的是,并非所有事情都会遗忘。有些东西,能够抵御住时间的侵袭被保留下来，成为我们的长期记忆。这篇论文就揭示了通向长期记忆的一个重要步骤——获取意义。

什么是意义

一个信息是否有意义？这不完全取决于信息本身，也取决于获取它的人。通常而言，获取意义有两种最主要的途径。

其一，牵扯强烈的情感。比如失恋时听的一首歌，和喜欢的人约会时吃的一碗面，毕业时老师送的一本书，这种记忆会特别永久。因为关联到强烈的情感，它们常常会在不经意间浮现在脑海中，反复加深记忆的深度。

其二，理解背后的原理。这也是我们重点想讲解的部分，这一点对学习帮助很大。

什么叫理解原理呢？我们不妨再把刚才的号码拿出来：3471897639。如果死记硬背的话，我们能记多久呢？反正我至多记 2 分钟，之后就什么都不记得了。但是如果理解原理，能记多久呢？大家不妨自己试一下。事实上这个数列的规律非常简单，后面的数等于前两个数字之和的个位。这样，我就只要记住前两个数字是 3 和 4，且一共有 10 位，这辈子应该都忘不了，随时提笔都能写出来。

高效的记忆方法

对于学习来讲，记忆力是至关重要的能力之一。人们通常以为，记忆力是难以改变的，是大脑的一种固有特性，但参考近些年的研究成果，这种想法实在有些推卸责任，还是可以做很多努力，来提升孩子的记忆力的。比如，有个特别难记的单词，可我一遍就记下来了，而且估计此生都不会忘记。这得益于我当年看的一部电影《中国合伙人》，片中主人公就用极其有趣的方式，演绎了一种联想记忆法：

ambulance？救护车？——俺不能死

它的本质，就是给单词赋予意义。一旦拥有了这种意义，原本毫无规律、生僻难懂的英文单词，一下就活灵活现起来，甚至还有了些喜剧效果，让人过目不忘。所以，决定一个人记忆力的，也许不全是大脑的硬件能力，而是我们处理信息的方法。

仍然举英文的例子，比如这几个单词：polite，politeness，politely，impolite，politer，politest。

在懂得英文原理的人看来，这些单词都是一个单词，所以不难根据 polite 迅速记住各种变形，给人以记忆力超强的错觉。而对于一般小学生来讲，会把这些单词当成完全不同的东西，无疑会严重影响他们的记忆效率。

数学是天然的意义系统

如果说记忆其他学科，我们需要于无意义中，强行加入一些自我编排的意义（比如联想记忆法）。那么，对于数学而言，它天然就是一个充满逻辑的意义系统。可悲的是，很多人反而强行撕去数学的意义，把它变成了一堆数字、符号、公式的乱码，让学生们去死记硬背。这完全违背了数学的学科特征，致使多数人一提数学就反胃。这不是数学本身的错，而只是我们加工和学习信息的方法错了。

比如，低年级我们就学过周长这个概念，但很多孩子只是背公式：

正方形周长＝边长×4

长方形周长＝(长＋宽)×2

圆的周长＝2×π×半径

但是，某天突然遇到这么一个图形要求周长，就完全束手无策了(图 3-15)。

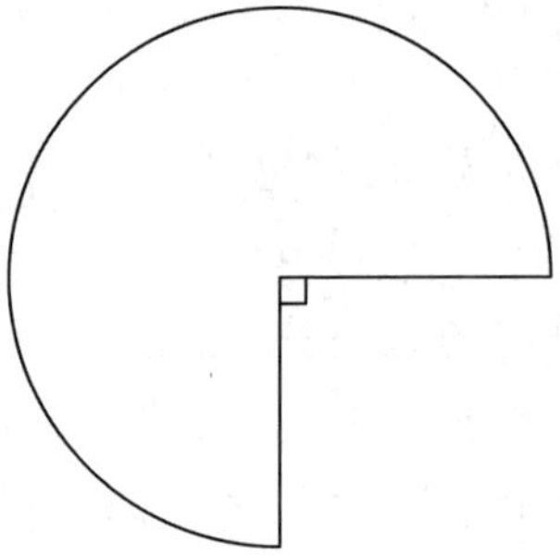

图 3-15　求此图形的周长

因为他们没有背过现成的公式，没有见过这样的图形，也不知道周长是什么意思，不知道周长公式的来源，不知道如何分割和组合图形。只有到这种时候，很多家长才感觉孩子脑子不灵活，不会举一反三。但其实，原理缺失的大坑早在低年级就埋下，这时候再想从头去补，就十分困难了。

再举个例子，圆柱的表面积 $S=2\pi R^2+2\pi R\cdot H$，我发现

很多人真的就是这么背下来的。所以,每当他们做到圆柱问题时,就仿佛背《三字经》一样,一边皱着眉头一边回忆公式口诀,这种孩子会多次忘记背过的公式,对着题目一筹莫展,希望能找到当时记公式的小纸条。而有些孩子一遍就能记住,或者说,即便忘了他也不慌,自己就能解决。

因为他们明白:圆柱的表面积=侧面积+两个底面积。他们还能理解,底面就是圆,面积即为 πR^2;而侧面是一个长方形,长是 $2\pi R$,宽是 H,因此面积是 $2\pi R \cdot H$。

因此,他们可以自己组合出公式:表面积 $= 2\pi R^2 + 2\pi R \cdot H$。

这种记忆公式的方法,就是前面我们提到的赋予意义。而一旦你把基础原理都搞清楚了,会发现数学里面没有任何公式是无意义的,你可以在心里、在纸上,给每个公式画一种注解,那些注解才是帮助你学习数学的基石。

孩子是在死记硬背,还是理解原理?

家长往往会根据成绩来判定孩子的数学水准,这很不科学。因为低年级的考试相当套路,即便一个孩子什么都不理解,他也能靠认真记忆学得不错。可是,一旦养成了这种学习方法,到了高年级,几乎难逃灾难性的反噬。他们的数学之路,也就无法走得更远了。

那如何判定孩子究竟是在学原理,还是在死记硬背呢?有两个简单可行的测试方法:

(1) 你可以尝试让孩子解释方法的原因。

比如，孩子学了竖式，你问问他为什么要对齐位数？为什么要进位借位？孩子学了分数，你问问他为什么需要分数？为什么同分母分数加法规则是分母不变、分子相加……

如果孩子对这些问题完全不屑，或者压根说不清楚只会套用，甚至气愤地反驳你“老师就这么教的，哪有为什么”，家长就需要警惕了。

(2) 尝试让孩子用已经学到的东西，去解决稍高级的问题。

比如，孩子学了简单加减法，你让他去处理带进退位的加减法。孩子学了一位数乘两位数，你让他思考如何解决两位数乘两位数。孩子学了同分母分数加法，你让他思考异分母分数加法怎么算。

如果孩子能靠已经学习的低层次知识，解决稍高一点层次的问题，也证明他理解了基础原理，不然是无法做到推广应用的。反之，如果教什么就只会什么，对于高级问题一点思路都没有，甚至厌恶去思考未知问题，那么家长也需要特别警醒了。

长远来看，学习数学并不是为了表演已有套路，而是为了解决新的问题。因此，所谓数学能力，也不单纯是运用一种方法的熟练度，而是能否用少量基础知识推演解决新问题的能力。

而这一切的前提是，理解你已经学过内容的真正意义。

那些“扫地僧”父母们是如何陪娃写作业的

最近，陪娃写作业气到心梗一下成了热点，不少父母们转发，表示自己也经常“一秒钟变后妈（爸）”。不过，在这场全民吐槽的情绪盛宴后，不知道有没有人问过这么一个问题：这究竟是家长的问题，还是孩子的问题呢？

表面看来，这当然是孩子的问题，毕竟那么简单的小题，怎么就学不会呢？然而深度访谈了几位杰出的父母之后，我渐渐感觉，每一个品学兼优的牛娃背后，都有一个“扫地僧”级别的父母。他们默默无闻，但却在更深远的层面上洞察并影响着一切。

以下均为实际案例，为保护隐私均采用化名。

一年级的小C妈妈

我：您平时看娃做作业吗？

小C妈妈：我家书桌是双人的桌子，她做作业基本上可以独立完成。我在旁边看我的书和学习资料。我认为什么都没有一个好的学习氛围重要。

我：她做完作业您帮着检查吗？

小C妈妈：让她自己检查，确认无误我再签字。我不会讲太多答案，自己都发现不了问题，我硬灌也没用。

我：自己检查不出来呢？

小C妈妈：我把书本里的内容讲解一下，或者举例再说，不单独说答案。思考能力最重要，灌输的用处不大。虽然有时候会因为错题被老师批评，但为了孩子获得真正的思考力，也是值了。

我：晚上看电视吗？

小C妈妈：我家只有一个电视，只在周末的时候偶尔看一下。

我：那是不是有一个大书架？

小C妈妈：嗯，书是随时可以翻阅的，我们晚上基本都在看书。她最近就喜欢听我读《数的王国》。

我：您的教育理念是什么？

小C妈妈：自律的父母造就自律的孩子。好的习惯，孩子在身边一学就会。我表弟是今年考上了少年班，物理复赛全国第一。他的妈妈在他两岁的时候就经常带他去实验室。

我：家庭影响确实很重要。

小C妈妈：孩子爷爷到现在还在学习。

三年级的小E妈妈

我：平时家里晚上看电视吗？

小E妈妈：家里基本不看电视。搬家后，我们把新房子客厅装修成了图书馆样子。孩子从小阅读是我和他爸爸影响的，家里藏书三千册还是有的。

我:平时有什么娱乐?

小E妈妈:一年级起,每周带孩子看一部电影作为奖励。分析人物故事、表演细节,再拓展一些其他讨论,孩子逐步有了较强的思考和表达能力,并且非常喜欢这种活动。

我:您平时看孩子做作业吗?

小E妈妈:在低年级的时候及时跟住,但不是时时盯住。作业我们是不看的,家里可以学习的书台很多,每个人都有自己的学习目标,自己学自己的,相当于一个自习教室,相互鼓励和促进。

我:您认为对孩子影响最大的地方是什么?

小E妈妈:家里最重要的事情是开会,事情都民主决定。从一年级我就告诉他,你要做一个能管好自己的小孩,需要做什么,要尽量自己弄清楚,弄不清楚咱们就讨论。

我:他在学习上的状态如何?

小E妈妈:他现在最大的学习动力是教我们学习。到现在已经自学完4年级的数学,现在正在研究他数学老师的教学方法,准备教一个亲戚的孩子学习。

五年级的小D妈妈

我:您看孩子做作业吗?

小D妈妈:我们会帮着检查一下,我家爸爸检查数学,我检查语文、英语。

我:会有特别崩溃的时候吗?

小D妈妈:那倒还好。定好规矩,每天放学回家自己做作业和检查。有错误的话就惩罚，数学题错一道就爬楼一趟（我家住7楼），语文、英语写错词语就罚抄几遍。

我：他能同意吗？

小D妈妈：所有规矩都是商量着定好的，然后写出来贴在墙上。所以，算是一种民主的决定吧。我家爸爸做得很好，从来都是有话好好说。我偶尔还是会忍不住嚷嚷，这时候我家小朋友会劝我小声点、别生气，帮我量血压。

初三的小A妈妈

我：您陪孩子写作业吗？

小A妈妈：现在早就不陪孩子做作业了。在很久之前，也就是孩子一二年级的时候做过这件事情，不过目的是帮助她养成良好的学习习惯。

我：良好习惯是指什么？

小A妈妈：知道必须先写完作业再玩，能自觉而专心地完成作业，写完要自行检查，上课注意听讲，抓住45分钟重点，寒暑假先复习再预习。

我：自己检查？那出错了怎么办？

小A妈妈：最重要的是要知道学习是给自己学的。一二年级我会带着她检查，但出错不会直接指出，而是让她自己再检查，实在检查不出，第二天老师会告诉她。从四年级开始，完全都是自学。我只负责签字，不负责对错。签字时只关注是否认真工整，只要态度端正，孩子的学习成绩都不是问题。现在很多家长目标错了，所以才越走越远。

我：他们的目标是什么？

小A妈妈：不错题，考高分。但只知道要结果，却不知道如何能得到这结果。再者，高分孩子不代表将来就一定能成材。

我：还有什么要补充的吗？

小A妈妈：教育孩子其实就是自我学习的过程。父母做好自己，孩子不用教，润物细无声就足够她好好成长了。

小　　结

上面几位，只是访谈中遇到的几位比较有代表性的父母。由于篇幅限制，并不能把每一位的教育经验记录在此。但总结一下，这些“扫地僧”级别的父母们，有一些极其相似的教育理念。

(1) 从小给孩子营造良好的学习氛围。

很多家庭几乎不开电视、甚至压根没有电视。父母晚上和孩子在一个空间里看书学习，在这种氛围下，良好的学习习惯已经在不知不觉中生根发芽了。

(2) 家里都有书架，藏书很多，学习氛围很好。

孩子总是能随手翻到一些书籍，而不是手机、PAD、电视遥控器。这样，他们在很小的时候，就体会到了阅读中的乐趣；而较大的阅读量，让他们在学校里占尽优势，获得了好学生的良好起点。

(3) 家庭氛围非常民主。

家长不但通过协商帮孩子立规矩，同时告诉他们这么做的原因，甚至为了照顾公平，给自己也设立了很多规矩。这样，一切在酷似游戏的和谐氛围中运转，孩子从小就明白平等规则的意义，因此也愿意遵守规则。

（4）帮助孩子养成良好的学习态度和学习习惯。

这些家庭里，不少家长坦言自己在孩子一二年级时，会着重培养孩子的态度和习惯。比如放学后先做作业、专注完成任务、自己学会检查等，而不是纠结于一个字、一道题，苛刻地要求孩子做全对。

（5）让孩子明白，学习归根结底是自己的事情。

低年级重点培养良好的态度和习惯，高年级后家长就不再参与孩子的作业。自我督促、自我管理、自我检查，如果想成为一个真正的优秀学生，这些能力缺一不可。相反，如果所有学习行为都靠家长的督促才能完成，长久来看，孩子肯定是没有竞争力的。

（6）要在行动上做一个榜样，而不是用言语教育孩子。

还是那句话，做好自己，孩子不用刻意去教。潜移默化的影响力，无论在深度上还是在时间尺度上，都远远大于暴力的控制，这是一切教育问题永恒不变的答案。

听完这几位“扫地僧”父母的教育经验，我受益匪浅。在当下的应试教育体制中，大家常常以为，孩子已经不太可能获得自由的童年。因此，焦虑的家长与渴望玩耍的孩童之间必将爆发一场大战。看娃写作业这个尖锐的冲突点，迅速烧遍全国的大街小巷，把大家烧得心灰意冷又无可奈何：看吧，大家都这样，不能怪我了。

而事实上，一直有少部分家长，以冷静的头脑、坚韧的臂膀和超凡的眼光，独自为孩子撑起了一个世界。在他们那里，陪孩子写作业根本不是问题，因为他们早在好久之前，就已为化解这个问题做了许多努力。

这些父母，才是优秀孩子背后的隐形功臣，也是值得我们每位父母学习的榜样。

把客厅装修成阅读室的意义和难度

如果我问几个问题:你想让孩子从小沉浸在读书环境中吗?你想让孩子养成终身阅读的习惯吗?你想让孩子以读书学习为乐趣吗?几乎没有家长会给出否定的答案。

那么如果更进一步问,如何才能让孩子获得上述沉浸、习惯和乐趣呢?大多数成人的做法,是告诉孩子们读书的好处,给他们买各种必读书目,每天早晨或晚上规定读书时间。极端的家长甚至会使用威胁或暴力,逼迫孩子去读书学习……

真正爱读书的孩子,并不是通过耳提面命、威胁恐吓爱上读书的,他们对读书的喜爱,多来自从小的环境熏染。要么家长就喜爱读书,从小就在读书的氛围中长大;要么家里就有大书架,当然也就有很多书,可以随时翻看阅读。

特别留意了一些很小就有阅读习惯、喜欢阅读、知识面很宽广的孩子,发现无一例外。有些家庭甚至做得很极端,家里根本就没有电视,大家吃完晚饭的常规活动就是一起聊聊天、读读书,孩子根本不觉得这有什么困难,而自然就养成了在其他家长眼中很珍贵的读书习惯。

关于"如何养成一种习惯"这个问题,近几年我的观念变化很大。之前的我,认为主观能动性是排名第一的因素,说得更具体些，就是自律、意志等。可观察了更多的案例、体察了更深的自我、读了更多书籍之后，我对此产生了怀疑。我明晰地感受到，所谓主观能动性，只不过是一种更深层次环境影响的产物，只是一般人很难意识到，错把它当成了自我的力量。

举一个和读书有关的例子。十一回老家，闲来没事想找本书看，但乡下房子四下没有一把可供读书的桌椅，因此尽管有读书的意愿，却数次都没有读成。一旦回家，想读书的时候就不会遇到这种问题，却存在另一个问题，总想打开电视找点电影看看，因此也时常读不成书。但在读书室里，就不存在这些障碍，不管是读书还是写作，我可以不间断地持续一整天，诡异的是，丝毫没感觉到自己动用了意志力。

同样的我，在三种截然不同的环境中，体现出三种截然不同的特质。在老家，极其拖延低效；在自己家，容易被诱惑而无法专注；在读书室，那绝对是一个专注高效的学习者。不同的表现，几乎完全取决于环境的差异。在读书室没有他人的打扰，没有电视的诱惑，只有满墙的书籍、温柔的灯光、舒缓的音乐、合适的桌椅，以至于我不管坐哪里，都自然有种想读书的欲望，没有任何痛苦，也无须调动任何意志力，只有充实满足的幸福感。

如果现在有三个孩子，分别被养育在上述三种不同的环境中，假以时日，他们将产生多大的差异？而这种差异，与其说是他们本身的问题，不如说是环境的构造者，以一种潜移默化的方式塑造了他们的思维、习惯、喜好和行为。从这个角度来讲，把客厅装修为阅读室，对培养孩子的阅读习惯，有着其他方法不可比拟的优势。

你可能会说，有书房不就够了吗？为什么非要把客厅装修成这样？

其实二者差别还是很大的，书房的意义是让有读书、独处需求的人有一个去处，但客厅才是一家人每天朝夕相处、交流会话的场所，其风格才直接决定了家庭的生活重心。对比一下，有书房的家庭想让孩子读书学习，必须要让他潜下心来去小书房里忍受寂寞，而此时大人可能正在客厅里各种快活。但如果客厅本身就是阅读室，就不会再有这种隔离感，读书自然成了家庭的主旋律。

好习惯，都是在环境的长期熏陶下养成的。就像那几个客厅没有电视只有书架的家庭，并没有怎么苦口婆心劝导孩子，孩子却养成了读书的好习惯。

但多数人可能会觉得，一家几口人晚上吃完饭，好不容易围坐在沙发上，难道不该一起看一会儿电视放松一下吗？不然家里静悄悄的，一点烟火气都没，怎么就感觉那么奇怪呢？

我很早就意识到了，不突破这层感官依赖，即便什么都懂也不可能把电视从客厅里移除。因此我不得不思考一个问题，这种感官依赖究竟从哪里来？

思绪飞回童年，反思儿时的自己。那时家里还没有客厅，电视是放在床头的，每天晚上放学回家，吃完饭总会第一时间把作业写完，然后就可以爬到床上和爸爸妈妈一起看一会儿电视了。被窝很温暖，水果很好吃，电视节目很好看，和爸妈聊天也很开心，这一时光成为每天最幸福的时刻。正因为这种体验，久而久之我似乎把看电视与幸福、温暖这些概念联系在一起了，这才有了家里不看电视就感觉很奇怪的观念。

但这一切，真的和电视有关吗？试想一下，如果小时候的我，每晚爬上床去不是和爸妈一起看电视，而是一起读小说、读历史，大家一起阅读讨论，不亦乐乎。那我会不会把所有温暖的感觉，和读书联系在一起呢？

在我接触到的那些从不看电视的家庭里，孩子们确实体现出这种特质。他们的情感没有和电视建立起任何纽带，倘若睡前不能读书，反而会有种失落空虚的感觉。这在我这种人看来是很不可思议的，但在他们看来，也许我才是那个不可理解的人。

读书和看电视，看似只是纯粹的行为，但孩子在成长过程中，会不可避免地与某些主观体验联系到一起。这种影响的层次极深，远不是后天通过刻意约束所能相比的。

小　　结

我们总会希望培养孩子成为爱读书、不爱看电视的积极少年，但反思一圈，好像在这条路上的最大阻碍，就是那个爱看电视、不爱读书的家庭。

从理性的角度来讲，我们不难得出一个极为明显的结论：把电视移除，把客厅装修成阅读室，这样对培养孩子的阅读习惯帮助极大。但从感性的角度，我们又很难接受客厅里没有电视，更难说服自己拿起书本。

因此我们会直接跳过最佳方案，改用一些其他方法，比如“锁遥控器、没收手机、买必读书目、强迫压制、上阅读课”，而我们之所以选择它们，根本不是因为它们效果好，而是它们不会和自己的生活方式起根本冲突。

去想这些问题，意味着要走向自己认知的边界，甚至要从根本上正视自身的局限性，这会让成年人陷入无尽的焦虑。虽然表面上我们无比重视孩子的教育，甚至看似愿意为他们奉献一切，但有一件事情是我们的底线，即自我的认知。

我们不会容许别人甚至自己，以任何一种方式告诉我们：之前的认知是错的，自己需要从根本上转变，不然无法培养好孩子。一旦遇到这种决定性的岔路口，家长们多会以一种自欺欺人的方式，躲避那条明显更好的路。

写给低年级老师和家长：善用游戏学习数学

对于低年级孩子而言，学校里的数学是极为枯燥的，大家每天的家庭作业无非就是这种，见图 3-16（重复抄写数字）。

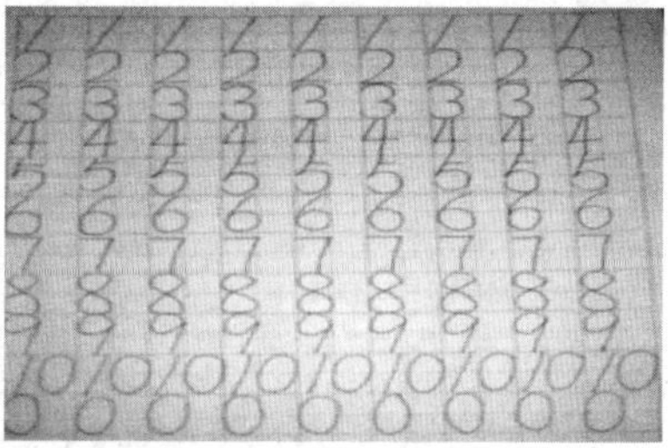

图 3-16　常见的作业形式

孩子天性爱动，喜欢活泼有趣的东西，突然进入小学，每天要坐在书桌前，一笔一画完成如此枯燥的作业，实在有些难为他们。甭说孩子，即便是大人，难道会觉得这种东西有意思吗？

一种权威的声音会说："这是数学的基本功，必须要耐住性子打扎实！"因此，我们不得不牺牲孩子的天性，甚至用一些强制手段，让孩子们把这些任务完成。不过在大多数地方仍然持有类似传统观念的时候，一线城市的某些顶尖学校，已经开始用截然不同的思路来处理这些问题了。

比如今天介绍的，就是北京某小学数学课堂的一个小游戏。在该学校公众号里看到之后，佩服这些老师们（不少都是顶尖大学博士）的良苦用心，通过精心的游戏设计，既激发了孩子的兴趣，又完成了基础训练，同时还为高年级知识的传授埋下了思考的种子。

游戏介绍：数字爬楼梯

所需道具

棋盘（图 3-17），两个骰子，每人一支彩笔。

1	2	3	4	5	6	7	8	9	10	11	12
1	2	3	4	5	6	7	8	9	10	11	12
1	2	3	4	5	6	7	8	9	10	11	12
1	2	3	4	5	6	7	8	9	10	11	12
1	2	3	4	5	6	7	8	9	10	11	12
1	**2**	**3**	**4**	**5**	**6**	**7**	**8**	**9**	**10**	**11**	**12**

图 3-17　有趣的练习形式

游戏玩法与规则

首先，让参与游戏的每个小朋友猜测哪两个数字爬楼梯的速度比较快，并用彩笔把这两个数字标记下来。每个小朋友轮流扔两个骰子，接着计算两个骰子的总点数。例如：总点数为 7，那么 7 就往上爬一格楼梯，请选择 7 的小朋友从下往上写一个数字。当然这个 7 可能是对手圈上的数字，也可能是一个没有人猜的数字。最后，哪个小朋友猜测的数字先爬到棋盘的顶格，他（她）就获胜了。

游戏的意义

大家可以想一想，这样写数字和常规作业的写数字有什么不同吗？我略微总结几点：

(1) 非常有趣味性。通过精心的设计，在写数字的过程中引入游戏元素，让原本枯燥的任务，变成一个好玩的游戏，孩子们会欲罢不能。

(2) 数字和实物的反复链接。通过道具骰子，不断比较骰子上的点数和阿拉伯数字之间的关系，给数字赋予现实意义。都说数字是数学的基础，其实不然，数字的数量意义才是，这个游戏把数学的基础深度加深了一层。

(3) 锻炼了加法。每一轮的游戏，都需要计算两个骰子的总点数，潜移默化之中加强了加法的概念。而且这种加法，不是通过背口诀习得的，而是从实际问题的处理中，体会到的更具现实意义的加法。

(4) 主动思考问题。玩了很多次之后，孩子会感受到一些规律，提出一些问题。比如为什么选择“1”从来都赢不了？为什么中间的数字升高得快？究竟哪个数字最可能赢？

这些问题，不是我们强行要求他们去回答的，反而很像是隐藏的游戏窍门，吸引他们去主动思考，即便现在他们回答不了，也一定对今后的学习大有帮助。

小　　结

2012年浙江人民出版社出版的由美国简·麦戈尼格尔所著的《游戏改变世界》一书，详细分析了游戏让人痴迷的原因。这本书没有任何批判游戏的意思，反而建议大家，要在不同的领域里学习游戏的核心设计要素，借以改造我们的工作系统、学习系统、家庭系统，让很多原本枯燥的事情充满乐趣。

我们需要看到的是，部分学校的教学模式早已发生了变化。像数学这种强调理解和思考能力的学科，已经开始摆脱原来那种以"记忆、重复、套路"为主的教学模式，转向"更深入、更有趣、更强调体验和思考"的新方法。一线城市学校的优秀学生，大量都是应试极好、思维活跃、兴趣广泛的孩子，从一个小游戏中，我们不难看到形成这种差距的原因。

小升初政策落地

——面对教育改革家长做好自己该做的事

小升初政策落地，可想而知又会引起很多家长的焦虑情绪。从宏观政策来看，公民同招的大方向不可能变，而且整治的力度、深度、细节度，应该会逐年递增。

面对教育政策的改革，家长究竟有哪些可做的？想说清这个问题，我们必须先谈谈做事的基本原则。

一般事情分为 3 类：能控制，不能控制，两者之间的模糊地带。

1. 能控制

比如每周运动一次、早睡早起、合理饮食，这是只要想做或者逼自己一下，就一定能做到的事情。对待这类事情，只要觉得有价值，就一定要用 100%的精力去做。

2. 不能控制

比如能不能中 500 万？比如彗星会不会撞地球？这类事情，你根本无法控制，因此最好完全不要在上面花费时间。像是整天花 2 个小时担忧彗星撞地球问题，非但无所获，反而会因此焦虑不堪，荒废人生。

3. 能控制又不能控制

这类事情比较综合，其中有能控制的部分，也有偶然不可控的部分。比如高考，好好学习拼命准备是自己可以控制的，但能否考上理想中的大学，就不是自己完全能控制的。这时候，你需要提炼出可控区，并只在这里花费精力。至于不可控的部分，尽可能少想甚至不想。

这里比较两个学生。一个每天专注于复习，对于考试结果不苛求太多，以扎实稳健的能力和平稳的心态，走入考场。另一个每天只患得患失，却根本不好好看书，考试之前担心得不得了，连睡觉都睡不着。最终带着一大把知识漏洞紧张地踏进考场。二者的结果大家不难想象。

生活里的事情，多数属于第三类。比如小升初的录取，就是一个典型。可问题是，大家清不清楚这件事情的可控区和不可控区呢？大家的精力又都花在了哪里呢？

小升初不可控区：摇号结果、二次报名名额、调剂结果、重点班录取结果。

很多家长整日担心摇号公不公平，摇号软件是什么样的？如果没摇上二次报名还能报哪些中学？如果是热门学区还能被调剂回来吗？重点班能不能考上？

这些问题，莫说很大一部分取决于概率，即便能给你一个答案，个体也没有任何改变的能力。在这些地方整日忧心忡忡、焦虑不安，实际没有任何用途，只会影响自己的心情，甚至干扰孩子的正常学习。

小升初本身的可控区还是很多的，在这些地方扎扎实实下功夫，会对中学学习有明显帮助。

从长期来看，孩子本身的硬实力是真正的硬通货。因为即便通过一些方式幸运地进入了某个一流中学，但只要实力不够，仍然会在中考被淘汰。而如果有实力，即便一时运气不好进入非顶尖学校（只要不是太差的中学），只要能稳稳保持名列前茅，考进重点高中也是有保障的。

所以，培养孩子的硬实力，才是长远唯一的可控区，是该投入100%精力的地方。可问题就是，很多家长压根不知道该如何培养孩子。在他们眼中，学习好不好完全不受自己控制，这才是最大的不可控区。这是缺乏认知能力和培养方法造成的误解，就像很多人觉得努力工作没用，而认真研究彩票规律更有意义，如果真到这种程度，就确实很可悲了。

培养孩子确实耗时耗力，但有一系列基础有效的培养路径，如果真心想为了孩子，应该多阅读相关书籍、营造好的家庭学习氛围、注重交流沟通、帮孩子养成好的学习习惯等。

举一个例子，一次家长群里一位家长发了几张初中"小四门"的引导文案。家长基于课本的历史地理知识，查资料做了相当多有趣的扩展，这样能让孩子在进入初中之前，生动立体地提前了解到"小四门"的内容，为初中学习做好铺垫。

类似的工作，在不同的家庭里会差异极大。大家最终能看到的是孩子的外在差别，这些差距是在家庭里、是在小时候、是在日日夜夜的陪伴和互动中拉开的。

培养孩子，很像是保持好身材。每天要做的都不太多，但贵在方法正确、日积月累。如果平时不在意，却在某个时间点突然想要结果，就特别容易被各类瘦身减肥机构割韭菜。

因此建议家长，还是从小在可控区踏踏实实做好基础工作，小升初就尽人事、听天命。那个从小用点点滴滴知识灌输成长的孩子，他心里和脑中生根发芽的东西，才是真正的根本。

过于依赖辅导班的孩子将面临严峻的挑战

江苏省发布文件，要求在全省范围内，广泛开展小学的课后延时服务以及中学的晚自习服务。我们具体说说小学：要提供至少 2 小时的课后延时服务，放学时间不得早于当地的下班时间，并且每学期只收取 200 元费用。

这项工作目前还在初期推进，但考虑到纳入国务院教育督导委员会的半月通报，其推进力度，必然远远超越目前多数家长和老师的预测。也就是说，今后小学生的放学时间会在五点半以后，这将对很多方面影响深远。

平时文化教育机构只能在周一到周五的工作日放学后进行培训，但在延时放学政策推行之后，这个时间进一步被压缩到了五点半到八点半的时间段。

这还是理想情况，因为即便五点半放学，孩子不要吃饭吗？去辅导班不要赶路吗？这些都需要时间，所以即便孩子放学就吃饭，吃完马上就赶着上课，也最多赶上一节时长为一个半小时的课（7 点～8 点半）。但问题是，饭都没法好好吃，拖着疲惫的身体上辅导班能有什么效果？

据我所知，之前很多高年级学生，单说数学这一科就上两三个辅导班的不在少数。在极端的超前学、反复刷、拔难度的突击下，短期成绩也许确实会有一点提升。但这种提升，相当于是打兴奋剂，完全是依靠外力，至于孩子的内生禀赋，已经完全损失殆尽了。

兴趣？算了吧，上课上得都能心烦。

学习方法？哪有什么方法，就是反复刷，靠量取胜。

自主性？根本没有，只能靠线下老师拎着盯着完成作业。

在“双减”政策影响下，相当多这样的孩子，会遭遇严峻的挑战。很多家长目前可能还没有意识到政策的严酷性，等开学后会慢慢发现，周末根本没有上课的地方了，退而求其次，周中想去赶课，就会遇到我之前说的问题，效果极差，也根本无法坚持。再想办法优化，会发现只能参加网课，这可能是唯一还可能兼顾的补习方法。但即便是网课，也有很大的问题。你只有五天工作日，总不可能五天都上，那孩子就累瘫掉了。就算足够努力上三天，那也只能语数外各一门，不可能再出现之前单是数学就报三个班的极端情况。而且网课有个特点，对孩子的自主性要求极高，因为老师不可能像线下那样，拎着每个人保持专注，做不完题单独留下开小灶。网课的效率，相当程度上需要靠孩子自己的专注力和主动性，这对原来那些完全不想学，只是被各种辅导班逼着往前走的伪学霸，将是一个致命的打击。

在新的形势下，兴奋剂一样的高强度外力催化会慢慢地失去作用。孩子们最终将回归自己，靠自己来应对学习。即便是有网课，不管是直播还是录播，都将只是一种辅助。如果你想学，它能帮你一些；但如果你不想学，即便整天盯在屏幕面前，除了毁坏视力，其他的作用可忽略不计。

如果您的孩子还小，切实培养好他们“愿意学且能靠自己学好”的能力，这将是最核心的任务，也是最有竞争力的学习素质。而一旦养成只能靠课外补习才能提升成绩的习惯，今后的学习之路，必然无比艰难。

老师不可取代的终极作用

各种各样的线上课程和智能应用正扑面而来，敏感的老师们会有隐隐的危机感：会不会哪天就被某个人工智能取代了呢？

细分来看，老师的价值当然也有三六九等，最简单的那部分，比如按部就班讲课、批改作业等，肯定第一时间被替代；但有些素质却很微妙，被取代的可能性很小。

在我们小时候，上辅导班的少，课余时间很多，成为一个好老师是相对容易的。他只要认真负责，盯孩子盯得紧点，多布置点作业让他们掌握透彻，基本就差不多了。这种做法的核心原理是，多占用一点孩子们的空闲时间，让他们少玩一点、多学一点，学习的提升会非常明显。

但这种方法现在已经慢慢失效。当所有老师都学会这个招数后，孩子们的课余时间已被瓜分殆尽，再这么干也不可能榨出多少额外时间了。举个例子，一个数学老师极其严格，每天布置大量的作业，孩子们的数学成绩都非常好。但他们没有时间学语文、英语等学科，没有时间玩耍，甚至要牺牲运动和睡眠的时间，我们能说他是一个好老师吗？但如果这位数学老师不这么做，时间就会被其他学科的老师占用，导致本学科的成绩很差。因此，甭管上课、作业对孩子们有没有帮助，多数老师也要布置下去，以保住本学科的基本阵地。

如果只是在时间上做文章，那这种争夺就是一种囚徒困境，最终只会越来越内卷。但如果细心观察，不难发现不同的老师，占据孩子们相同的时间，效率的差别是不同的。如果能把时间固定转而提高效率，就是真正的好老师。

再举两个极端的例子。

极端1：新上任的老师极其负责，每节课从头讲到尾不浪费一点时间，甚至还利用自习时间义务给孩子补课，作业布置很多，盯得也很紧。可是孩子们学得很吃力，因为课堂枯燥无味，听课效率不高，兴趣也低。虽然作业压力很大，每天都写到很晚，可是班级成绩也只是一般。

极端2：有个性的明星老师上课从不拖堂，每节课利用半节课的时间和孩子们聊天，再利用剩下的时间把核心内容讲了。作业量不大，却针对性很强，课堂气氛也很好，孩子们兴趣度、专注度很高。核心内容讲得深入浅出，孩子们很容易理解，提的问题老师也能以极其好懂的方式解释清楚。班级学习氛围很好，常有学生去主动问问题，每年平均成绩都数一数二。

这种差异就是教学效率的差异，是教师真正的核心竞争力。通过考核压力，不难提升一个老师的教学强度。但如果想提升教学效率，需要真正的思考、总结、实践以及时间的积淀。当前的教育环境下，孩子们的时间已基本被压榨殆尽。判别老师教学水平的时候，不能再只盯着教学强度，而应该更多考查教学效率；老师们在选择提升自己业务水平的时候，其方向也应当是效率，不能只想着去逼学生。

评判老师的教学效率是比较难的。从粗略的感受层面，应该大致有以下几个方向。

1. 孩子的兴趣度

兴趣是最好的老师，是最强的驱动力，也是保证效率的前提条件。但需要注意的是，还应该考查老师提升孩子兴趣的方法，不然容易被“浅层假兴趣”误导。列举两个极端现象，家长来自己体会。

极端1：每节课开始上课后，讲一段主课，就休息一下放动画片、做游戏、讲笑话，孩子开心后再讲数学，孩子累了再休息娱乐，如此重复。这类老师并非在培养孩子的学科兴趣，而是利用无关的娱乐，强行让孩子开心而已。一旦把娱乐活动去掉，他们对学科本身仍然无感，属于浅层假趣味。

极端2：全程在讲数学相关的内容，但老师旁征博引生活中相关的例子，既让孩子保持专注和兴趣，又加深他们对数学本身的理解力。通过巧妙的思维引导和难度控制，让他们在做题的时候都感觉充满刺激和乐趣。这是真正的趣味感，会沁入孩子对学科本身的理解中，成为长远学习的驱动力。

2. 课程设计

老师有自己的判别力，能够把那些升学考试不考，对孩子思维培养意义不大的内容剔除掉，系统化地学习对思维提升有帮助、与初高中学科学习有很强衔接的内容。

3. 难度设计

根据孩子的平均水平，调整课程的难度，让他们每节课在85%基本掌握的基础上，再挑战15%的难度问题。在理解、掌握、会做中，培养自信；在难度挑战中，培养思维和兴趣。课程不能太简单，这样孩子会感觉无聊；也不能太难，这样会让大家失去信心。保持85%的课堂难度比例，会让孩子们有一种类似打游戏的持续学习欲望，假以时日，他们的水平会得到长足进步。

4. 动机培养

对于高年级的孩子，不能再用动画、游戏、小奖励、训斥等手段维持他们的学习欲望了。随着年纪的增大，他们的思考会更深入，需要以平等的姿态，时常与他们交流学习困惑。让他们渐渐明确自己的短期与长期目标、自己与目标的差距，以及通过怎样的努力能渐渐弥补这种差距。

5. 环境和心理调节

对孩子进行心理调节，是每个老师的必修课，但从现实角度来看，这是广泛缺失的。通过长期观察孩子的课上反应、课后习题，以及通过简单的性格测试，可以大致明白孩子的性格属性和学习状态。这对教学非常有帮助，因为很多学习问题并非是知识问题，而是心理状态问题。

如果老师的精力足够，还可以根据每个学生的性格特征来区别对待，这种区别不是知识层面的，而是教学风格层面的。比如，某些人应该多给挑战以满足他的好胜心，甚至偶尔训斥以帮助他反思自我；而对某些人应该多给安全感以培养自信，多鼓励他们以超越自卑。由于组成的人不同，每个班级也都有各自的班级特点。如何通过调整教学风格来让整个班级的课堂氛围保持在好的状态，也是老师需要研究的高级课题。

新课堂的使命：从“重筛选”转变为“重培养”

儿时环境犹如一个孩子成长的地基，非但对培养学习能力异常重要，对一个人的性格、安全感、亲密关系的建立，也有极大的影响。所以尽自己所能，给予孩子合适的陪伴环境，应该是每个家长首要的且不可被替代的工作。

不过，这并不是说家长要完全靠自己的力量把孩子培养成人，在专业知识教学方面，家长多是力不从心的。当大家不得不把一部分授课工作外包给辅导课堂的时候，如何判别哪种课堂能够真正培养孩子的能力，就变得异常重要。

重筛选的课堂

培养一个孩子是需要耗时耗力的，但筛出好孩子就简单很多。多数辅导机构早已把重点放在了广撒网的筛选上，至于师资和教研却极少深耕。这种课堂模式，很像体校教练筛选运动员苗子。用跳远筛掉一部分人，俯卧撑再筛掉一部分人，长跑又筛掉一部分人，最后综合体能训练再淘汰掉一部分人，最终在万名小学生中筛选出前 100 名。剩下的尽管跟着参与了这么多运动，累得着实不轻，却只能被残酷淘汰。

至于有些孩子腿部肌肉不够，有些平衡感不强，还有些耐力较差，如何才能够给予针对性的训练，把他们的薄弱能力弥补上来呢？这部分工作困难大、见效慢，需投入的时间和精力多，远不像直接撒网筛选那么容易，但这是真正的教育者所应关注的问题。

我们的教育资源还太欠缺，教育环境也太粗放，大家的主要关注点还在于开垦荒地，至于如何施肥耕作才能让每一块地发挥最大的产量？目前来看，这一块工作仍有大量的提升空间。

重培养的课堂

1. 重视学科兴趣和思维能力的培养，而非知识的灌输

就我们所接触的小学生里，多数在底层能力方面都有欠缺。这些底层素质包括：质疑、观察、分类、抽象、归纳、演绎、类比、对比、逻辑推理、严谨审题、查错反思……

这是因为一般的数学课堂，只在意套路化的知识传授，压根不引导他们观察、对比、寻找原因、思考原理，更不会给他们足够的时间去归纳演绎、去探索方法、去通过错误来总结得失。

能否帮助孩子感受到学科的趣味，能否帮助他们意识到学科的重要性，能否解答他们心中有关学科的疑问，能否在课堂体验中培养他们的理性素养，在这些方面的努力，是真正底层的耕耘，是有可能把一个孩子从厌烦变得感兴趣、从漠然变得爱思考、从迷茫变得有目标、从只靠直觉变得有方法可依靠。能促成这些方面的转变，才可称之为培养。

2. 能否教给孩子学习的方法，而不是只给他们题目和压力

如何分析未知的题目？如何检查自己的答案？如何避免粗心的错误？如何从简单的已知推导出复杂的未知？如何看待考试？如何使用演草纸？如何整理和反思错题？关于这些问题，常规的课堂、一般的家长，很少能够提供指导。他们只会说，你要努力一点、细心一点、专心一点。可什么叫努力呢？如何努力？如何才能细心？怎么才能不分神？

只给价值观层面的目标和压力，是一种偷懒的行为，对孩子来说帮助甚微。在培养兴趣和思维能力的基础上，再给予技术层面的细节指导，才能帮助孩子完成蜕变。

3. 更高效率的知识体系传授

人们的非理性常常表现在只看效果而不看成本。举个例子来说，如果一个辅导班每周上三次课，每次时间很长，作业很多，压力很大，最后让孩子的成绩提高了一些，这值得吗？

人的生活应该是丰富多彩的，尤其对孩子而言，一去不复返的童年时光是多么得宝贵。能否高效地分配这些时间，是极为考验家长能力和视野的。因为孩子数学不好，就一口气给他报两三个数学辅导班。且不说有没有效果，纵然能把孩子的数学成绩提升一些，在我们看来也是得不偿失的。至于如何评价一个课堂的效率，可以用一个简单的公式：

课堂效率＝课程效果÷课业负担

这里课程效果包括兴趣、思维、学习成绩等方面的提升，

课业负担包括课堂时间、课后作业、心理压力等。从家长和孩子角度来看，课堂效率高意味着不占用过多时间、孩子感兴趣、有明显的改变；而课堂效率低意味着课时很长、孩子不感兴趣或听不懂、课程负担重、消耗孩子的心力、没有明显的效果。

对老师来讲，严格要求、加大练习量是不太难的，但想提升课堂的效率却很困难。归根结底，效率源自深入而有差异化的教育方法。深入意味着要能够透过表层的问题，传授给孩子们思考问题的通用方法，这才是一通百通的底层能力。

4. 向更底层挖掘各种缺陷的原因

像之前提到的，每个孩子都有自己的问题。粗心、不专注、不能举一反三、理解力差……这些都是家长们常常挂在嘴边的问题。应该如何解决呢？

大多数机构只注重筛选的原因在于，真要从零开始培养实在是很难。想帮孩子克服缺陷、培养原本不具备的能力，只能先去分析这些问题的原因，通过调整环境因素，间接影响孩子们去转变。这种分析，需要细心的观察以及心理学、教育学等知识，非一般老师所能提供。而真正想帮助孩子转变，仅靠老师显然又是不够的，还少不了家长的密切配合。

想要真正培养孩子，家长是无法取代的一环。退一步说，即便某些问题目前并没有明确的解决方法，可一旦家长们能认知到问题的真正原因，也会对孩子的行为有更好的理解。亲子互动方式的转变，已经足以解决很多问题了。

5. 高质量的教育理念分享

既然家长的作用无可取代，而家长又普遍缺少专业的教育知识，通过家长课堂进行高质量的教育理念分享，就成为一件极为重要的事情。我们一直都有这样的观点，与其花重金给孩子报各种各样的辅导班，不如家长认真提升教育理念，给孩子优良的家庭环境和成长榜样。很多案例都证明了，优秀家庭中孩子的成材率极高，其作用远不是辅导机构们所能比拟的。

在改变观念的努力中，最难的就是让家长放弃短期功利、唯成绩论的教育理念，而在更小的时候，就从思维方法、趣味引导、行为习惯等层面进行长远建设，让孩子通过差异化的“内功路线”实现领先。

如果一个辅导课堂真想解决孩子的问题，这些都是不得不去思考和努力的方向。

全民“初中提前学”风气肆虐的危害

过去十多年以来，小学数学教育经历了浩浩荡荡的三股风潮。

第一，全民奥数。不过因为双减政策对此有明确打压，目前这股风潮已渐渐势微。

第二，全民小升初刷题。前些年小升初实行考试录取，因此几乎所有孩子人手一个(或数个)刷题班。大家翻来覆去刷各种真题卷、模拟卷、内部卷，期盼在小升初考试中占据优势。即便目前小升初已经禁止考试，但考虑到家长群体的信息差，这股风气应该还要持续一段时间。

第三股风气，正以排山倒海之势崛起：全民初中提前学。目前，六年级的初中化已经全面肆虐。比如六年级要把初一学完，毕业后的暑假要开始进行初二数学和物理的学习，这些已经渐渐成为一种常规进度。

这里我只想大声说几句：大家考虑孩子的基础了吗？考虑学习的循序渐进了吗？考虑他们的接受程度了吗？

最近接触了不少六年级学生，而且普遍还都是各个学校里水平不错的。但看到大家的答卷，真心问题很多。单以最基本的计算能力为例，见图 3-18。

试问如此多连计算基本功都还不扎实的孩子，真的需要

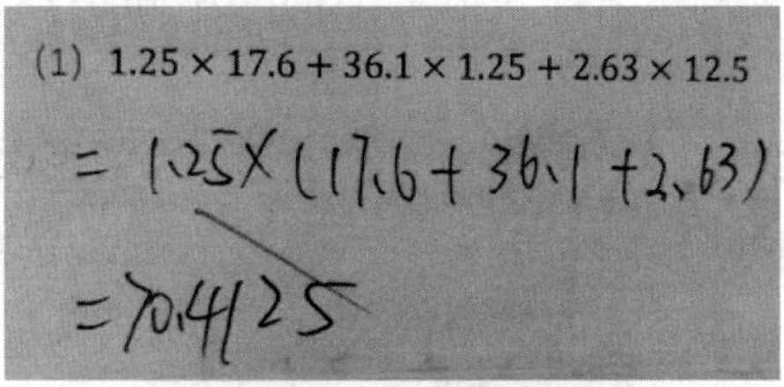

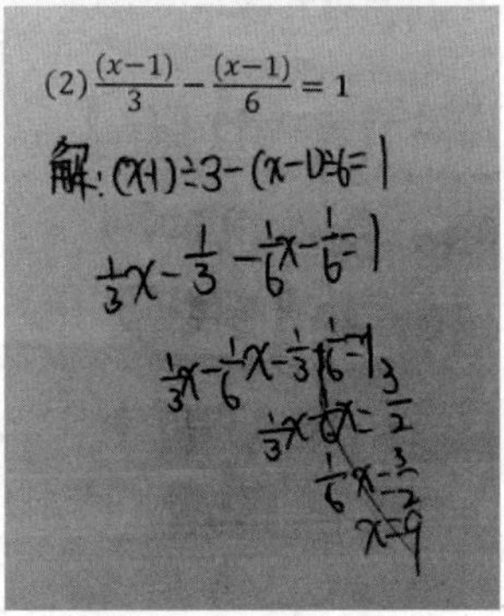

图 3-18　基本计算能力缺失

放弃六年级宝贵的查缺补漏、巩固复习、深化提升的机会，被催着赶着去超前学习初中知识吗？以这种计算能力，硬要跳过正规流程，提前接触有理数、实数、多项式等高级复杂的初中内容，他们真的能消化吸收吗？对此，我是深表怀疑的。

我不否认少数孩子能力特别强，是完全可以按照自己的节奏学习初中数学、物理、化学。而我不明白的是，为什么要赶着那绝大部分小学知识都还掌握很一般的孩子，去追初中的学习进度呢？这是在学习知识，还是在毁孩子？在六年级如此重要的复习巩固期，我们不把这些基本功夯实，是想带着一堆知识漏洞和学得一地鸡毛的初中知识点，走进初中的课堂？

看着小朋友们如同鸭子一样被赶着，以丢失小学数学基础、放弃运动和睡眠、丧失对学习长久兴趣为代价，去做一些明显超前到不合时宜的学习时，我只想说："救救孩子。"

耽误孩子学业的错误做法

针对不顾学习基本规律、不顾孩子客观水平的盲目超前学习之风，收到不少家长的反馈。他们秉持（至少曾经秉持）的是“快乐教育”理念，却表达了两种截然不同的态度。

部分低年级学生家长持支持的态度。大家似乎认为坚决反对超前学习，就一定支持快乐教育。因此更加坚定了让孩子自由成长，什么也不学的快乐教育理念。

在认真讨论今天主题之前，我先郑重声明一下：反对一种极端做法，并不意味着支持另一种极端做法。虽然我反对盲目超前学，但我同样反对常规意义上的纯粹快乐教育理念。

这就要提到家长们的第二种反馈意见，一些曾经秉持快乐教育理念的高年级学生家长，回过头来反而有些支持超前学习，因为他们的孩子已经在成长过程中吃了一些亏，有了更切实的经验教训。

比如有些孩子进入高年级后，随着课内学习难度的提升，成绩会慢慢下降，这让他们感到自卑，想快乐也快乐不起来。这时候家长才会发现，快乐教育理念下成长的孩子好像有点缺乏学习竞争力，因此会有些后悔，有种“早知当日，也逼着孩子超前学好了”的心态。

盲目超前学的问题，上一篇文章已经写过。但纯粹的快乐教育，绝不是它的解药，只是它的另一个极端，一个同样耽误孩子学业的“大坑”。

在我们所接触的孩子中，有一类孩子的特征很明显。他们在二三年级的时候，就慢慢地难以接受课本数学的难度，计算还好，但稍微涉及应用理解，就真的很难跟上节奏。我们也跟踪调查了部分此类孩子，最终发现大家的共性是：儿时几乎没有任何独立动脑的学习、游戏、互动方面的经验。

比如围棋、扑克、“三国杀”等对弈，比如七巧板、华容道、走迷宫、推理等游戏，比如读说明书研究组装家具，比如查看旅游攻略安排行程，比如看地图找位置坐地铁几乎都从未接触过等。成长环境也比较单一，要么以自由成长、快乐玩耍为主题（比如某些主题幼儿园）；要么以遵守纪律、死记硬背为主题（比如国学、语言学校之类），总之孩子缺少使用理性脑独立解决问题的机会。

这类孩子身体慢慢长大，理性脑却从来没有用过，基本属于未开发状态。因此，他们可以凭借记忆力解决计算问题，但到了中高年级理解应用层面，就明显力不从心。不少孩子其实是很听话努力的，但受制于脑力方面的开发问题，学起来真的就特别吃力。遇到这种孩子，时常感到惋惜，却又很难有什么办法。

盲目超前，快乐教育，这是教育领域的两种极端做法，显然都不是理想的培养之路。坚定走极端路线的家长，完全忽视了孩子的客观发展规律，也忽视了大环境对新时代学生的要求。它们看似不同，但又犯了相似的错误，这都来源于家长只靠主观直觉，忽视客观规律的盲目选择。

相比较这两种极端，某种程度上的中庸之道才是方向。我们既不该盲目快乐教育，也不该盲目超前教育，而是应该充分遵循环境与孩子的匹配度，走科学教育之路。比如玩的时候，平时多做一些益智启蒙游戏；学的时候，针对孩子的问题，先查缺补漏，把基础打好，把效率提升起来。

真正的教育之路，是要遵循科学规律的，是要考虑大环境的要求的。不是扔到某个超前班里，或者从小把一句快乐教育挂在嘴边，就可以不管不问，万事大吉了。

第四部分

学习方法与细节

第十四章

中服古式代医学

为了搞明白“粗心”，我刷了 2 000 道题

什么是“粗心”

在应试考试界，有一个著名的大问题：粗心。

在我们搜集的学生数据中，有 89% 的家长在“您认为孩子的问题”这一项中，选择了粗心这个选项。然而，顺着这个思路再往下深究，没有家长能说出什么更深层次的东西。甭说家长了，我在网络上就考试粗心这个主题检索了好长时间，几乎未曾发现什么具有启发性的解释。

在我脑海中，有两个盘旋已久、却根本得不到答案的问题：

(1) 粗心究竟是不是态度的问题。

(2) 通过怎样的方法，可以改善粗心的毛病。

没办法，我只能自己做试验，尝试寻找这两个问题的答案。

关于粗心的试验

利用 Excel，由随机函数生成了 20 张小数加减法试卷，每张试卷 100 道题。

我是东南大学本科、中国科学院硕士，这种题目对我而

言早已没有任何难度。按照家长和老师对粗心的理解，我理所应当做 100 分。然而，事实根本不是如此。

在下面的试验中，为了考查各种因素对粗心的影响，我将采用不同的策略来做试卷；为了减少随机性对结果的影响，每种策略都做 4 套试卷。需要说明的是，不管在什么条件下，我都是在用百分百的努力去试图做到满分。

· 策略 1：不专注，口算。

我本身是一个特别专注的人。因此为了让自己分神，特意在公交车上做了这 4 套试卷，结果惨不忍睹，见表 4-1。

表 4-1　策略 1 下的自测结果

卷子编号	做题策略	用时/分	错误归类				得分
			简单加法	简单减法	进位加法	借位减法	
1	口算，不专心	29	2	2	4	6	86
2		32	1	2	5	8	84
3		34	3	5	4	6	82
4		31	2	3	4	5	86
策略 1 平均							84.5

100 分的卷子，平均分只有 84.5。在做完第一套试卷之后，我也感到很诧异，觉得这也许只是一时失误。但在更认真地做完全部四套试卷之后，我被数据说服了。这绝不是什么态度问题，而是真实的能力问题。在这里，能力并不是指会或者不会(因为显然我是会的)，而是指在一定的客观条件下，即便会，也存在着一个基本稳定的出错概率。

在做题的过程中，我明显感受到了这种瓶颈。因为在公交车上，即便我特别想认真，可时不时总被一些东西打扰：开关门声、聊天声、起停的惯性，它们让我的思路时不时跳出试卷，而我只能用蛮力，把飘散到四周的注意力勉强拉回到试卷上。在反复的思维纠缠中，做题效率被极大降低，错误率也随之升高。因此，即便我特别努力，但确实考得很差。

· 策略 2：专注，口算，速算。

离开了公交车，回到室内。终于能专注地做试卷了，我感到特别舒服。为了给自己增加一些难度，这次做题的策略定为：专注、口算、速算（快速一遍计算），结果见表 4-2。

表 4-2　策略 2 下的自测结果

卷子编号	做题策略	用时/分	错误归类				得分
			简单加法	简单减法	进位加法	借位减法	
5	专注、口算、速算	22	2	2	3	4	89
6		23	1	1	4	7	87
7		22	1	2	5	6	86
8		21	2	1	5	8	84
策略 2 平均							86.5

首先明显提升的是做题速度。在公交车上，我做一套试卷的平均时间是 31 分钟左右，而在室内，速度提升到了 22 分钟。这很好解释，因为干扰因素少了，思维特别专注。

但是分数呢？可以看到，平均分从 84.5 提升到了 86.5。说实话，一开始我并不太相信这个结果。如此好的环境，如此简单的题，如此顺畅的做题感觉，怎么可能做错这么多呢？但统计结果不容我质疑，我确实尽了最大的努力想考满分，可真的做不到。

· 策略3：专注，口算，慢算。

同样是在室内安静环境，这次不再速算，变为慢算(仔细审慎地口算每一题，不再追求速度)。因此，时间从速算的22分钟，延长到了28分钟，结果见表4-3。

表4-3　策略3下的自测结果

卷子编号	做题策略	用时/分	错误归类				得分
			简单加法	简单减法	进位加法	借位减法	
9	口算、慢算	28	0	1	4	5	90
10		28	2	1	2	7	88
11		28	1	1	4	5	89
12		28	0	0	4	5	91
策略3平均							89.5

结果依然令我不太满意：平均分只有89.5分。这次可是一题一题仔细计算的呀，怎么还会错这么多呢？四次考试，最多的一次也只有91分，仔细看看错题，都是一些简单的抄写、进位、退位错误，如果按照家长的说法，这实在是太粗心了。只有在实际体验之后，你才渐渐会有种感觉，这个问题确实不是靠主观上的认真所能完全解决的。

· 策略4：专注，竖式笔算，慢算。

我已经没什么办法减少口算的错误率了。因此，这次把策略改变为竖式笔算。尽管时间增加了约8分钟，但脑子明显轻松了很多。有了演草纸，有了竖式的帮助，90%以上的脑力劳动被程式化到纸上，使得计算过程清晰明朗，错误率极大降低。平均分一下大幅提升到了97.25，结果见表4-4。但依然没有满分，这令我有些恼怒。从未想到如此简单的卷子，竟然如此难以征服。

表4-4　策略4下的自测结果

卷子编号	做题策略	用时/分	错误归类				得分
			简单加法	简单减法	进位加法	借位减法	
13	笔算、慢算	35	0	1	0	2	97
14		36	0	0	0	2	98
15		36	0	1	0	1	98
16		37	0	1	1	2	96
策略4平均							97.25

经过前面的试验，我深深地感觉到，人脑是极不稳定的思维机器。在某种确性的环境中，它有几乎稳定的出错概率，并且不以人的自由意志为转移。尽管都会，但在做题的过程中，我能清晰地感觉到，口算的种种局限性。它是一种需要寻找数字、虚拟对齐数字、回忆加减口诀、记忆进位借位、书写脑算结果的复杂过程，简单数字还比较轻松，但较长位数的运算就很费脑力。

- 策略5：高考应试策略。

所谓“高考应试策略”，是我在高中阶段总结出的一整套应试方法。在高中后半阶段，我已经感到自己在智商上的瓶颈，不太可能冲击一些顶尖难题，因而把重点放在了磨炼一种“只要会做的题一定一遍做对”的稳定性。

最终效果也很好，虽然在高考考场上屡屡被难题打趴下，但整体的分数算下来，只要写出来的基本未错一道。这是涉及“心态、书写、演草、核算”的一整套应试方法，核心目的就是提升稳定性的能力。

提起这股气，严格遵守高考时的种种应试技巧，结果就顺其自然出现了：4 次考试，4 次满分。虽然用时稍长一些，但因为无须二次检查，只要知识点掌握牢固，这种方法可以应对一切正式考试，包括高考，结果见表 4-5。

表 4-5　策略 5 下的自测结果

卷子编号	做题策略	用时/分	错误归类				得分
			简单加法	简单减法	进位加法	借位减法	
17	高考标准方法	39	0	0	0	0	100
18		40	0	0	0	0	100
19		40	0	0	0	0	100
20		39	0	0	0	0	100
策略 5 平均							100

怎样彻底解决粗心问题？

以这个实验为基础，我总结了几点治疗粗心的方法。

1. 专心

你并不能通过训斥孩子“你要专心一点，不然我就揍你”

来提升孩子的专心程度。事实上,那只能使他逆反。如果您的孩子打游戏,建议您看一看他玩游戏时候的状态,并思考下面这些问题:那种极致的专心究竟来源于何处?怎样才能把这种专心转移到考试中?

极致的兴趣、适度的紧张、稍有挑战性的目标、及时的正面反馈、没有额外的思想负担……所谓专心,是这一切的终点,而不是起点。其中每一点,都是值得深究的心理学问题。

2. 知识点非常牢固且熟练

为了增加难度,我一开始还出了一张七进制加减法试卷,可做到一半我就放弃了(结果更是惨不忍睹,就不公布了)。我们常常以为,学会一个知识点,就能在考试中做对,这是一种极大的误解。我显然是明白七进制的加减法原理的,然而在做由大量习题组成的试卷时,我感到明显力不从心。

考试是非常紧张的脑力劳动,要求你在规定的时间内,完成规定数量的习题。在这种条件下,任何不牢固的知识,都很可能以"莫名其妙的犯错"来提醒你注意。在实验中,我的七进制加减法会而不熟因此大量出错,就是一个很好的例证。

即便对于简单的十进制加减法,出错概率也是不一样的(图 4-1)。最不熟练的借位减法和进位加法错题最多,而普通加减法错题数量就很少。当然,单看一题或几题,是很难发现这种规律性的,只有针对大量数据进行统计分析才能觉察。这时候我甚至感觉要感谢粗心,因为它看似随机,却在更深层次上以统计概率的方式在提醒你,你的知识薄弱点究竟在哪里。分析出这些,针对性的专项训练才成为一种可能。

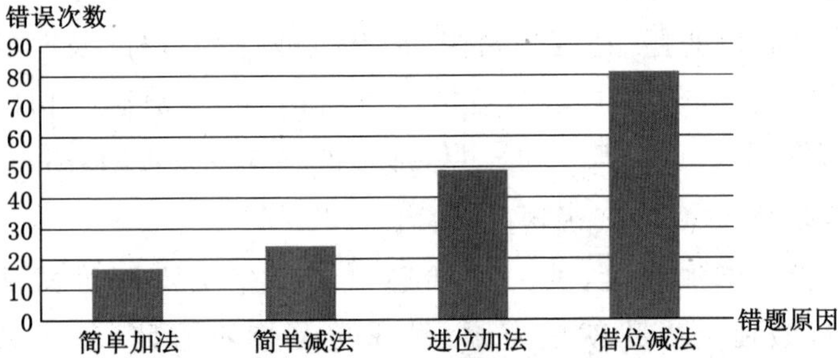

图 4-1 错题的题型分布

3. 适当放慢速度

这当然是有前提的,需要先把知识点掌握到非常熟练的程度,保证能在远低于规定时间内完成一张试卷。这时候,再刻意放慢解题速度,追求更精确的控制力。

4. 学习应试技巧

应试技巧极为重要,它甚至不应该仅仅被称作技巧,而是做成很多任务的共通心法。具体的内容如下:

(1) 考试之前做些计算题,提前练笔。

(2) 绝不要用口算(时间节约有限但出错概率大大提升)。

(3) 审题方法(仔细阅读题目中的每个字,圈出重点和陷阱)。

(4) 解题完整性(将一道题完整解答完毕,再转向下一题)。

(5) 源头核查(抄写条件或答案,落笔同时一定要核查是否与源头一致)。

(6) 核算意识(写下任何一个答案时,逆向核查答案的合理性)。

(7) 书写一定清晰工整,包括演草纸上的演算过程。

(8) 提前审查整个试卷,按照自己的节奏解答,绝不慌张。

考虑到篇幅问题这里无法一一详述。我们只针对第一点举个例子,谈谈为什么要提前练笔。

还是用数据讲话,图 4-2 为我的错题在试卷中位置的分布图。

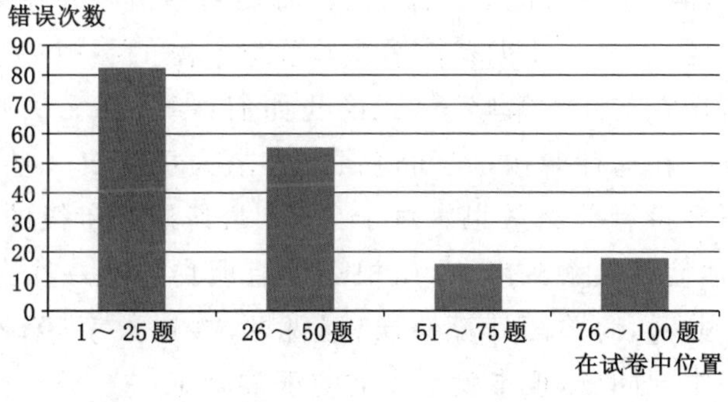

图 4-2 错题的位置分布

如果按照我的主观感觉,会认为刚开始做试卷时,头脑清晰做得很轻松，正确率应该高；后面已经比较累了，有些题真的没有认真算，应该会多错一些。但统计数据和自己的感觉正相反，50％的错题出现在前25题，80％的错题出现在前50题。怎么会这样呢？

就如同运动前需要热身一样，人的思维在进行剧烈活动前，也需要一定的“热身”，不然很容易出现抽筋、崴脚等小问题。我在高中时就发现了这个考试规律，因此从那时起，我就养成了考试之前稍微动动脑子的习惯，这让我在大小考试中普遍能获得良好的发挥。

反　思

这个自我实验，坚定了我对于粗心的认识：粗心本就是正常的，它由人类大脑的运行特点决定，不以个人意志为转移。而如果想尽可能去克服它，就需要利用诸多外在策略来辅助解题，这是一项很有技术性的系统工程。

就像在前几种策略下，无论我如何认真，都无法避免粗心错误。在这种时候，只知道强迫当事人更认真一些，已经基本不会再有什么效果。对于孩子（尤其是低年级的孩子）来讲，他们刚接触到考试，压根还没有明白这是一个怎样的游戏。此时，简单的计算错误、漏做题、抄错数字、陷入出题陷阱等常规问题，根本就是人类的正常反应。

不过，急躁而又没有经验的家长们，简单地把这种问题归结为孩子的粗心，进而把责任导向孩子的学习态度。他们甚至能忍受孩子不会做，却不能忍受会做却做错，莫名的怒火会从心底里冒出。当孩子反复出现类似的问题时，家长就会失去耐心，以态度不端正为理由训斥孩子。

想要解决粗心的问题，给孩子精神压力是下策。他们非但很难因为紧张而变得细心起来，反而会因此讨厌学习、害怕考试。他们真正需要的，是技术上的指导。比如应该如何书写？如何审题？出题人常设哪些陷阱？如何使用演草纸？如何笔算、验算？对于低年级的孩子而言，培养良好的学习和考试习惯，也是一门很深的学问，它的重要程度甚至不低于课本内容本身。

可惜的是，好像很少有人认识到这一点。或者说，大人们太懒惰了，不愿去深究粗心的深层原因，只愿意在训斥孩子方面投入点表面功夫，根本不顾有没有效果。考试的根本目的，在于不断发现问题、弥补漏洞，始终保持进步的姿态。倘若能够形成这种良性循环，孩子并不会因为一两次考试的失误就变成一个差生。相反，更多的所谓差生，其根源可能恰恰在于家长充满好意却缺乏理智的焦虑。

再谈粗心：为什么18%的同学抄错同一个减号

上周期中测试，发现一个非常有趣的现象，值得好好说一说。看，就是下面这道题，见图 4-3。

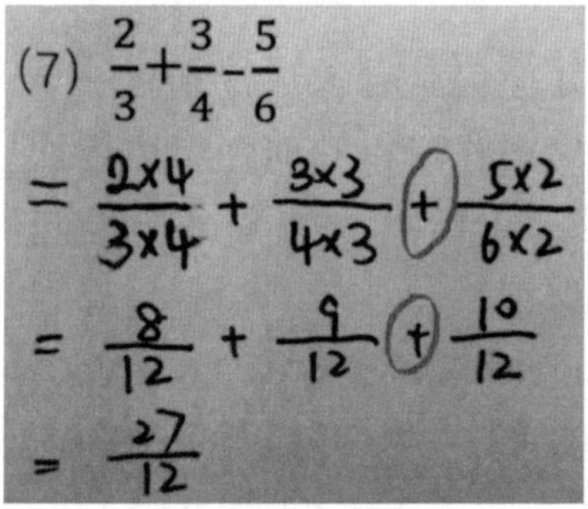

图 4-3　一道典型的错题

这是一道简单的分数加减计算题，但在批改试卷的时候就注意到，好像很多人抄错这个减号，这引起了我的注意。最后整体统计结果为整整 18%的同学在类似的地方（后面还有一个类似的地方）抄错了符号。大家不妨认真考虑一下，这是什么原因呢？

按照多数成年人的说法，这是典型的不用心。“你说题不会做就算了，加减号都能抄错，这不是粗心是什么？”孩子往往也无言以对，他们也不知道自己为什么会犯这种错误。

但是，如果深入分析一下，不难发现一个明显的疑问：这张试卷里这么多计算符号，其他所有符号都无人抄错，为什么偏偏这个减号，居然有18%的人都抄错了。又特意仔细观察了这个减号，无论是大小还是形状，跟其他减号都没有任何差别。所以这究竟是怎么回事呢？我隐隐意识到搞清楚这个疑问，对理解孩子的抄错问题，应该会有很大帮助。

仔细揣摩孩子们做题过程，我发现了异样。这里的减号和其他地方的符号确实有几个稍显不同的地方。

1. 它出现在异分母分数的计算中

我们刚学异分母加减法不久，同学们普遍还很不熟练。尤其是通分的过程，涉及“寻找三个数的最小公倍数”“三个分数的分子分母同时调整”等大量心算步骤。对一个刚学分数运算的孩子来讲，这些会占用大量的心智资源。在计算时，他们的注意力已经完全被通分步骤占据了，根本没有精力关注到后方的加减号细节，因此很容易就下意识地写下自己以为的符号。

家长们可能会说，那么明显的减号会看不到？事实上，无数的实验已经证明了，别说这么一个小小的减号，一旦人的注意力被其他事情完全吸引，再大的物体都会视而不见。

在实验“看不见的大猩猩”中，参与者被要求数清女生总的传球次数，在传球的过程中，有一只身穿大猩猩服装的工作人员大摇大摆从中间走过，还停留在原地张牙舞爪了一会儿。实验结束后，一半以上的参与者，因为太专注于数球的任务，说并没有看到大猩猩出现过，而大猩猩可比减号大多了。

另一个更常见的注意力盲点效应，发生在各种魔术中。魔术师会暗示观众把注意力放在某处，却在其他地方搞小动作，极少有观众能发现这些小把戏。

这些案例都告诉我们，当人专注于某件事物时，往往会忽视旁边的事物，即便这些事物在旁人看来极为明显。在这些时候，即便你的眼睛接收到了光影，也会被自动屏蔽掉，好似压根没有看到一样。

2. 它和之前出现的习惯模式不同

之前做的题目，多是简单的加法或减法，最多是连加法，但极少出现混合运算。而这道题里先出现一个加号，又出现一个减号。这种计算模式是孩子并不熟悉的，他们有可能会脑补成之前熟悉的模式。

这又是大脑运作的一种天然属性，举个例子：

1＋2＋3＋4＋5＋6＋7＋8＋9＋10＋11＋12＋13＋14＋15＋16＋17＋18＋19＋20＋21＋22＋23＋24＋25＋26－27＋28＋29＋30＋31＋32＋33＋35＋35＝?

在这道题里，因为开头的模式已经极为明显，大脑会自动总结出连加的规律性，并引导我们进行归纳推演。这时，我们就会自然地忽视后面的具体信息，而用脑中的假想推演结果来取代。极少有人能排除大脑的干扰，严谨地观察到隐藏在其中的一个减号。这不是眼睛有问题，这还是大脑的运行规律。

3. 它出现在计算题的最后部分

做到这感觉计算这一大项终于要结束了,想长舒一口气。这时候,往往就会因为精力的分散带来其他的疏忽。

我之前也统计分析过另一种粗心模式。像是竖式计算大项的最后一题,很多同学计算完之后,会忘记把竖式计算的结果抄到上面的横式中去,造成失分。你不难揣摩并描绘出孩子们当时的心理状态,终于把计算题做完了,赶紧去看看应用题。

数学考试,一旦失去稳扎稳打的心态、心无旁骛的专注,就很容易出现各种疏忽。

小　结

以上,总结了抄写错误的三个原因:

(1) 习题较为复杂,孩子们还不熟悉,因此占用过多精力,会忽视细节。

(2) 习题突然改变模式,但孩子们仍然按照常规模式脑补,造成错误。

(3) 习题放在最后位置,此时孩子们心神已经分散,过于着急去结束这一大项。

至于解决办法,也绝不是训几句"要认真"就能解决的。即便能意识到这些问题,总结出明确的改进方法,但想真正达到高水平,着实还需要漫长的时间。毕竟一个成年人都很难保证自己不写错字、不抄错数。

粗心问题是最难解决的考试问题之一，因为其中有很多被忽视的细节。家长千万不要觉得会的题做错就一定是态度问题，直接这样归因，会遗失真正有用的分析，对问题的解决没有任何帮助。

低年级孩子究竟该学什么

我一直很注意观察孩子,好奇究竟是什么因素决定了长远学习的真正优势。一年多时间里,几个不太一般的孩子给了我很大的启示,他们有几个共同的特征。

(1) 课内学得轻松,成绩优异。

(2) 低年级几乎没有任何超前学习。

(3) 没有长时间参加过奥数学习。

(4) 女孩子表现得极其成熟,言谈举止很像中学生。

(5) 男孩子则表现出对问题的极大兴趣,爱专注思考。

(6) 学习能力极强,高年级发力后学习效率极高。

在几乎没上过任何辅导班的前提下,他们究竟是如何获得这些能力的?

观察他们与家长的相处,我找到了某种共性。这些孩子的家庭交流,是以平等、民主、探讨的方式在进行的,家长充分尊重孩子的意见,却又有自己的原则,做出最终决定的标准不是强权、怒气、哭闹,而是符合逻辑的道理。而且,这种民主和平等不仅体现在对话层面,更深化到了实质的选择层面。譬如有两个孩子曾经也上过奥数班,但听了几节课就因为感觉没意思退课了。这在一般家庭是很难想象的,孩子不可能有这种平等的商讨权、自主的选择权。他们在低年级没有学过太多知识，但这样成长起来，其思维成熟度极高。他们可以轻易地理解老师讲述的新知识，觉察出重点，问出有水平的问题。而那些被强行灌输知识长大的孩子，明显木讷一些，缺少思索、提问和深层理解的能力。

所以从这个角度来看，低年级的孩子应该学什么？

个人认为，没有任何辅导班可以代替家庭环境对孩子思维的塑造作用。况且对于低龄儿童而言，课堂并不是最好的学习方式，生活中的各类观察和体验才应是学习的源泉，能够在这种情境中给予指导的，毫无疑问只能是家长。

这种源于生活中的影响，可以从 1965 年诺贝尔物理学奖获得者理查德·费曼的自传中得到传神的体现。他在回顾自己一生时，认为儿时父亲给自己的影响，远大于所有课堂教育。父亲总是引导他去细心观察、自己思考。而现在大部分课堂，老师们按部就班地传授着编了序号的知识，并急于让孩子们快速掌握它们到可以做题的程度。

至于为什么会这样？这个概念是什么意思？它在生活中有什么用？人为什么会想到这个？这些真正架构出一个人思维水平和知识体系的问题却被忽略了。以至于我们得到的知识只是一堆无根之果，用不多久就会腐烂。

对比理查德·费曼父亲对他的教育，再看看我们现在的教育模式，很容易发现二者之间的巨大差别。这才是真正的教育起跑线，决定了一个人底层的思维水平，对世界的感知力以及终身学习的意愿和能力。

真正良性的培养，建议遵循以下几点。

（1）幼年时注重引导孩子学会观察、思考，培养他对世界的趣味感。

（2）顺着孩子的趣味，在生活里无数的互动中，慢慢培养出他对学科的兴趣以及立体的思维能力。

（3）在保有基本趣味、培养优秀思维的基础上，学习抽象而有趣的（思维能力达到一定水平才能感受到这种趣味）书本知识。

遵循趣味—思维—知识的培养路径，会有持续向高层发展的可能。孩子的教育方案，不应是根据年龄来制定的，并没有“三年级了就必须上哪个班”的固定路径。需要看孩子本身到了哪个层次，来决定下一步该干什么，这相当考验家长的视野和定力。因而我非常佩服这几位孩子的家长，他们对自己孩子的非常了解，也敢于为孩了制定截然不同的成长方案。

而从老师角度来讲，无疑也要遵循“趣味—思维—知识”的顺序来教学。教授知识很重要，它是教育中不可或缺的一环。但如果能在知识获取环节之前，把“为什么要学它”“它是怎么一步一步推理来的”“它与我们的生活有什么实际联系”等问题回答好，把“观察、总结、思考、验证”等多个学习步骤踏实地走完，这对保护孩子的学科兴趣，提升他们的理解能力和思维水平，都会有锦上添花的作用。

参加辅导班多久才能见效

“参加辅导班学习多久才能见效?”这是多数家长非常关心的一个问题。但它本身就暴露了两个深层问题。

(1) 孩子已经出了问题,不然怎么会说“见效”?

(2) 急于获得立竿见影的效果。

只因为这两点,孩子参加任何辅导班,都不会有特别好的效果,因为它违背了教育的两大核心原则。

(1) 不要在问题出现之后再去解决问题。

(2) 真正的教育重在潜移默化的熏陶,而不在刚猛手段的纠正。

基于此,对于“多久能见效”这个问题,确实无法提供一个能让家长满意的答案。今天不妨来重点谈一谈教育的长期效果与短期效果。

数学成绩曲线

虽然我没有翔实的全量数据,但根据已经收集到的信息,大致可以推测出这样一种趋势,见图 4-4。

从小学三年级开始,一部分孩子会开始掉队。据我们的观察,这部分孩子理性方面的思维能力从小就几乎没有被训练过,一旦进入三年级,涉及靠记忆力无法解决,需要依靠思

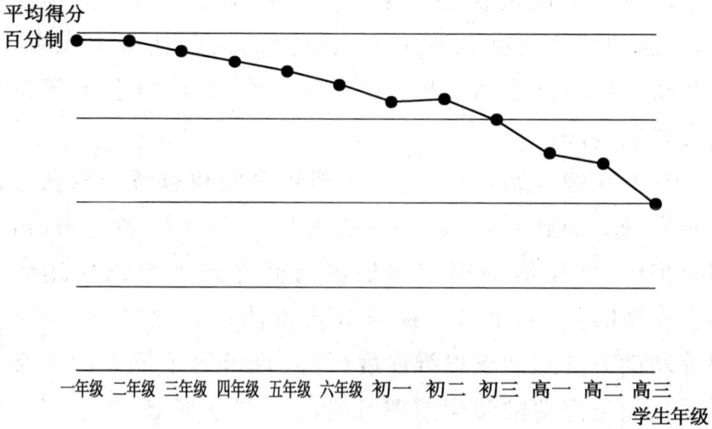

图 4-4　不同年级数学平均成绩估测

维能力才能处理的应用问题，就会显得束手无策。

到四年级，他们甚至已经很难跟上课内教学的节奏，题目稍微复杂一点，大脑就转不过弯来，成绩也退步到 80 分以下。从某种角度来讲，他们的数学生涯到此结束，原因是大脑缺少处理这类问题的专用模块，只能用其他模块（比如记忆力）勉强应付，自然感觉吃力。这像是没有独立显卡的计算机，却要去玩图像效果很强的游戏，基础硬件的缺失决定了不可能玩得顺畅。

再往后学，基础思维能力不足的孩子已被淘汰，而另一部分孩子开始暴露出他们的问题。这些孩子表面看起来都能听懂，甚至有些时候反应很快，给人以聪明的感觉。但他们电光火石般的思维中，直觉所占的比重较大，而严谨的逻辑推理所占的比重较小。这些孩子可以很快做出简单的题目,但遇到那些复杂到直觉无法解决的问题就束手无策了。因为缺乏耐心及深入、严谨的推理习惯,他们也会天然排斥这类复杂问题。

从五年级开始,数学开始在理解深度和思考步骤两方面同时提升。而到六年级,综合类考题又会变得多起来,需要同时把中、低年级的很多知识灵活而深入地组织应用到一起。这个时候,如果孩子缺乏分析方法(画图、列表、条件整理等辅助方法)、缺乏思维深度(深入理解每个概念的意义和性质)、缺乏谨慎的阅读推理习惯,就会慢慢吃不消了。

进入初中,也就进入了完全抽象的字母、方程、函数领域,严谨的几何证明和推导题也出现在眼前。数学一下变得很陌生,对人的抽象思维、逻辑思维能力的要求达到新的高度。如果小学学习的时候,没有关注这方面的锻炼,孩子很难一下适应。初中三年,又会淘汰掉很多人。

进入高中,成绩更是会大幅下滑,尤其是对于高一学生而言,数学考试简直是噩梦。这时候,能否有足够的韧性,帮助你度过一个又一个艰难的坎儿,某种程度上比学习知识本身更为重要。而经过高中三年艰苦的学习,我们高考数学的平均分也只有满分的一半左右,可见这是一场多么残酷的战争。

教育的延迟反馈特性

对于习惯于快速反馈的现代人来讲,教育的延迟反馈特性，让一部分家长难以理解，更难以适应。真正的教育工作像是调节老式热水器，就算把旋钮拧到想要的热度，也得等很长时间才能出现指定温度的水。

一位家长告诉我，她在孩子很小的时候就每晚陪他共读，数年过去几乎没有任何效果，只是养成习惯坚持了下来。之后突然有一天，她发现才上幼儿园的孩子表现出了远超同龄人的阅读趣味和能力。而这种优势一旦出现，就不是其他孩子短期内上辅导班或参加几节阅读课所能超越的。

倘若一个孩子在四年级出现了成绩下滑，他的问题真的只是在四年级吗？我们显然不能这么考虑问题。当下出现的问题，是前期一系列问题的累积结果。从小到大，你跟孩子如何交流，引导他如何做事，让他接受哪些训练，帮他培养哪些兴趣，其实在很大程度上决定了他上学后的思维水平，决定了他学习数学的困难程度。

有些家长，为了让孩子不哭不闹，减轻自己的短期负担，很小的时候就会塞给他一个平板电脑，以看动画为代价换取他的安静；而另一些家长，无论寒暑都坚持陪着孩子互动玩耍、亲子阅读，参加早教课程、社交活动、长期引导培养孩子在某些方面的能力。在差别如此之大的环境中成长，孩子上学后的学习能力表现出差异，实在是一件理所当然的事情。

几种教学方法的响应曲线

按照见效速度，看一下不同教育方式的响应曲线。

第一种，期末透题。见效时间：立刻（图 4-5）。

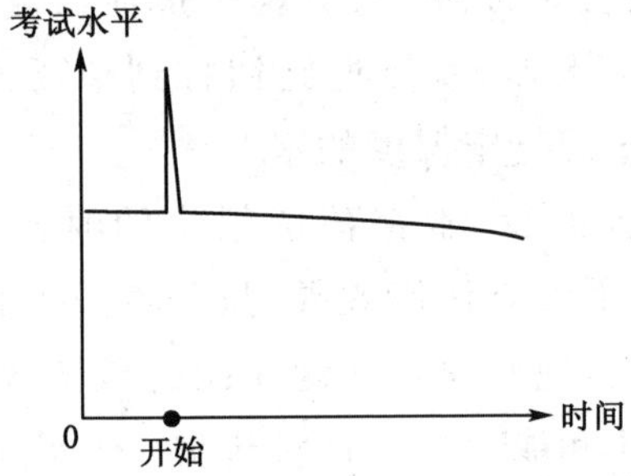

图 4-5　期末透题对考试水平的影响

这是一些辅导班常用的手法。运用此法，可以较好地满足部分家长的要求。通过这种方法，孩子固然很容易提升期末考试成绩。但这对其真实的底层学习能力，几乎没有任何帮助，长远来看甚至有负面的影响。

第二种，考前刷题。见效时间：1～2 周(图 4-6)。

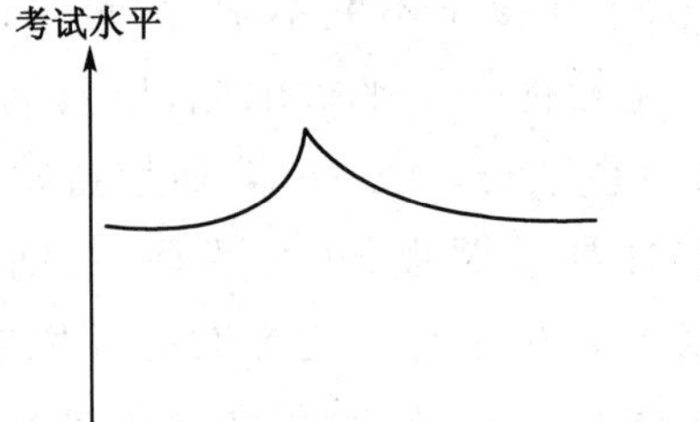

图 4-6　考前刷题对考试水平的影响

这种方法类似于大学里考前的突击复习，通过大量的考前刷题，让孩子尽可能见识到所有的题型，以期在即将到来的考试中获得稳定的好成绩。

据我观察，一些课内看似不错的孩子，都在靠这种方式维持成绩。但到六年级，这种方法会渐渐失效。因为突击复习的方法对于某单元、某册书的考试而言还是有效的，毕竟这种考察范围小，很容易在短时间内完成复习。但高年级的综合考试，考察的是对巨量知识综合应用的能力，这种突击法就渐渐无能为力了。

第三种，同步辅导。见效时间：半学期左右（图 4-7）。

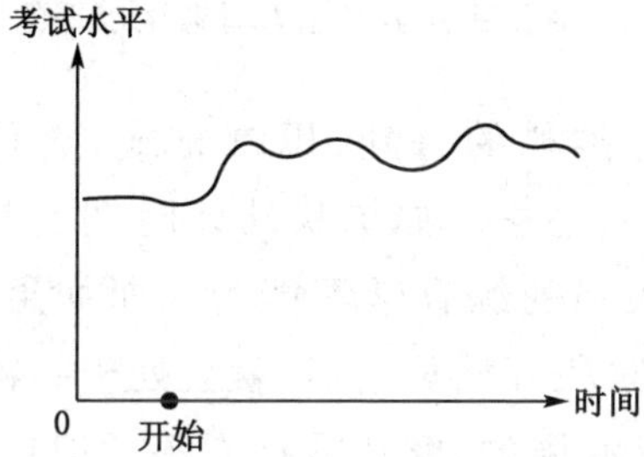

图 4-7　同步辅导对考试水平的影响

细致的同步辅导，相当于把课内知识学两遍，用双倍的时间换取更牢固的掌握。一般而言，同步辅导半学期左右会见效，表现为不懂的地方越来越少，课内考试成绩慢慢提升。但同步辅导往往会有瓶颈，即提升到一定层次之后（尤其是以讲授和刷题为主的同步），水平就再难提高了。因此，一般学生比较容易通过同步辅导提升成绩，不过很难提升到高水平。

第四种，培养综合学习能力。见效时间：1～2 年或更久（图 4-8）。

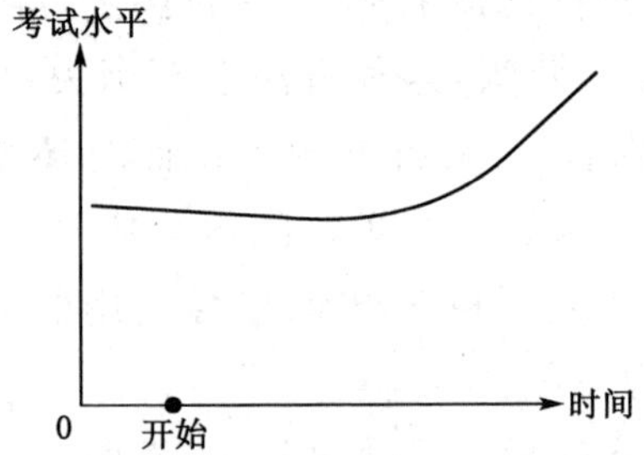

图 4-8　培养综合学习能力对考试水平的影响

培养孩子对学科的兴趣、思维方式、学科视野、学习习惯，这显然是上上之法。如果从幼儿时期就开始，孩子上学的时候就有了很强的综合学习能力。而如果幼儿时期疏忽了，想要从小学阶段开始再培养，就会处于一种两难的境地。

人的时间是有限的，究竟是把有限的时间投入到见效快的刷题与同步学习中去，还是能暂时放下眼前，着眼于将来，这是一个考验家长的问题。

越是优秀孩子的家长，越是喜欢给孩子长远规划，而不太在意一时的得失，这会让孩子在未来取得更大的优势。而越是有问题孩子的家长，越喜欢盯着眼前的得失，想要通过强力手段获得立竿见影的成效，这反而让孩子失去长远的竞争力。

小　结

残酷的现实是，数学是一门淘汰率非常高的学科。真正在高考层次还能有竞争力的孩子并不多。这些佼佼者一定具有大部分孩子都缺乏的综合能力，像是趣味感、研究欲、思维能力、耐挫品质、反思精神、独立品格。而这些素质，并不是考试层面的突击、知识层面的讲解所能给予的。在良好的环境、适宜的引导下，它们来源于更底层的自我生发，无法速成。

养育孩子很像是养育植物，而每个人的养育之法如此不同，考试如同一次次外观检验。有些人平时偷懒，临近检查的时候才发现问题，急忙找来喷壶喷洒擦拭叶子，这样见效确实快，表面看起来也光鲜亮丽。而有些人平时就一丝不苟地浇灌根部，植物茁壮成长。初期检查时，两种方法貌似也没多大差别。但随着时间的累积，如果只喷洒叶子，植物迟早枝叶枯黄。持续浇灌根部的植物渐渐显现出优势，而且这种优势来源于底层，不再是那些投机取巧方法可以比拟的。

以火车过桥问题为例，看看孩子学的是套路还是思维

说不清的数学思维

学习数学的时候，人们常常把思维二字挂在嘴边。辅导班自然不用说，天天宣传各种课程都可以训练思维。家长们听得多了，也学会了这个术语，一旦孩子反应慢一点，理解吃力一点，就说他们数学思维不行。

思维究竟是什么？它仿佛无处不在，但当你真的想要仔细研究的时候，却又感觉根本没有抓手。这个长期存在而无人深究的艰难问题，阻挡了相当多孩子的数学学习之路。

谁不想思维深入而灵活呢？关键是如何去教？如何去学？能把虚无的思维融入教学细节中去，这种教学才是扎实而有效的。本文以大家都极为熟悉的火车过桥问题为案例，聊一聊究竟该如何引导孩子学习数学思维。

火车过桥问题的技法部分

典型的火车过桥（隧道）问题见图 4-9。

火车长 80 米，大桥长 200 米，火车速度为 5 米/秒，请问从车头进入到车尾离开，共需要多长时间？

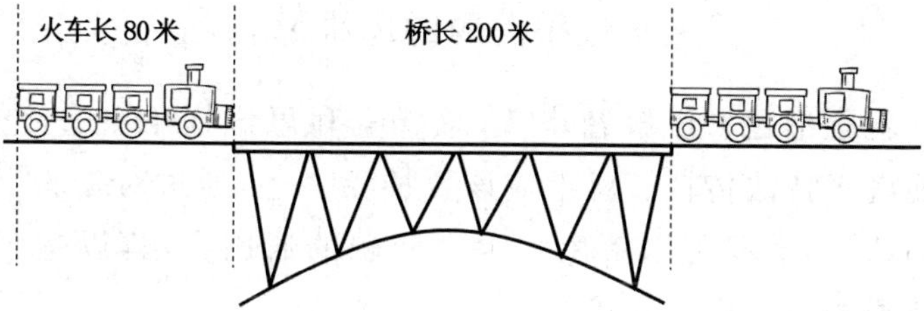

图 4-9　标准火车过桥问题

在不少中年级奥数中，这是作为典型专题来讲的，最终会有一个运算方法：过桥时间=(桥长+车长)÷速度。带入本题条件，即(200+80)÷5=56(秒)。如果记下了上述公式，就可以顺利解决不少相似问题。

当然，在这一层教学中，老师的教法仍然有高下之分。

最低一层：死记硬背。

曾听过某中年级奥数班上课，老师让学生以背诵语文课文的方式，大声朗读计算公式 10 遍：过桥时间=(桥长+车长)÷速度。让大家背诵下来，以后见到火车过桥问题，就把公式默写下来，直接去用就行了。

稍高一层：阐述过程。

在这种教学中，老师会在黑板上通过标准作图方法，帮助孩子看懂火车的真实行驶距离。然后引出计算公式，再通过刷一些相似的问题把公式应用熟练。

以上两种教学虽有优劣之分，但本质上都只是在就题论题，哪里有思维的影子呢？

火车过桥问题的思维部分

就题论题来讲解题步骤，总感觉和思维搭不上边，它们只能属于技法传授。思维应该要抽象一些，通过对更底层规律的认识，掌握可以解决一大类问题的通用方法，以达到大家所说的举一反三的境界。

就像做菜，学了烧排骨，自己就会烧鸡翅，甚至会烧茄子，这叫作举一反三。但问题是如果教烧排骨的时候，只教做菜技法(什么时候放什么料)，而不教更底层的原理(每个做菜技法的原理)，孩子就无法理解每种技法对味道的影响，也就很难独立处理新菜品，更别提主动改良技法去追求突破了。

回到我们的火车过桥问题，这里面有什么底层原理？

教授新问题的时候，不能直接把标准公式告诉孩子，而应该引导他们去思考：这个问题与之前学过的基础知识有什么联系点和不同点吗？能否通过分析和拆解，利用学过的知识把新问题解决掉？

这些问题本身的价值很大。说得小一点，这是在锻炼孩子分析新问题的能力。说得大一点，这是在构建数学的认知系统，让孩子接触的每个新知识，都与之前的系统建立关联。

对于火车过桥，我们应该问的问题是：为什么火车过桥是个新问题？它和人过桥有什么不同(图 4-10)？

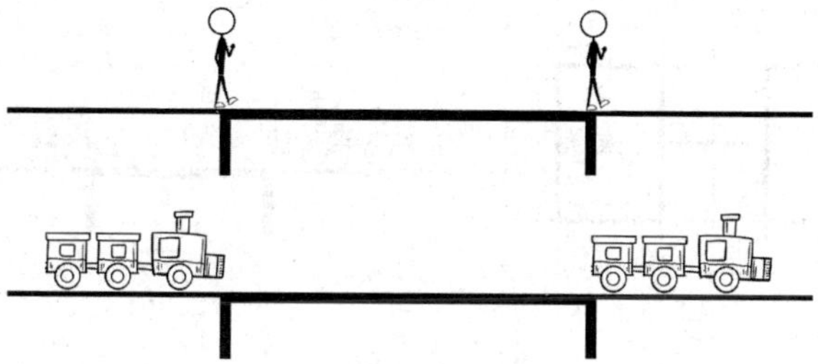

图 4-10　火车过桥问题与人过桥问题的对比

学生肯定会解人过桥的问题，这就是个普通的行程问题而已：时间＝桥长÷速度。

但为什么火车过桥就不能这么做呢？分析到这里，不难找到火车过桥和一般行程问题的本质差异：运动物体有长度。因此，从车头上桥到车尾下桥，走过的总长度不再是桥长。

那究竟走了多远呢？这是火车过桥的核心问题，但它并非是个新问题。在四年级的课内章节《平移旋转与轴对称》中讲解过类似问题的解决方法。仔细对比一下，图形平移问题和火车过桥问题，难道不是非常类似的问题吗(图 4-11)？

而只要孩子们学好四年级课内知识，就不难知道，想要判定图形的平移距离，不能只看中间的间隙，而要找参考线或者参考点，把复杂的图形问题转化为简单的点线平移问题(图 4-12)。

同理，想要判定火车究竟走了多少距离，同样可以利用这种方法，通过选取合适的参考点来判定(图 4-13)。

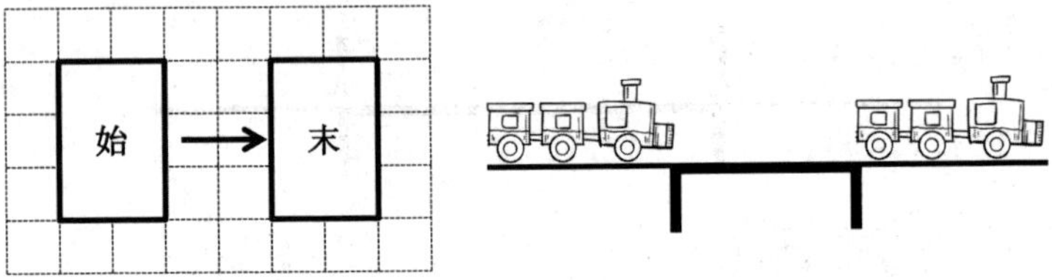

(a)　　　　　　　　　　(b)

图 4-11　图形平移问题与火车过桥问题的联系

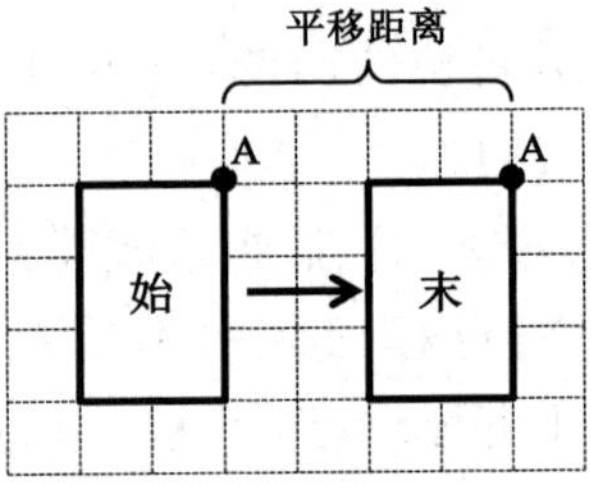

化归思想的应用：化图形为点来处理

图 4-12　化图形为点处理问题

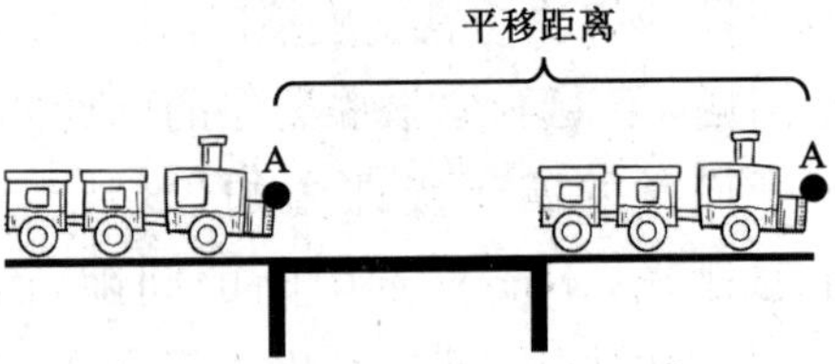

把火车移动问题转化为点的移动问题

图 4-13　火车过桥问题的转化

分析到这里，学生可以自己推理出，在整个行驶过程中A点总共移动的距离是“桥长＋车长”。再结合之前学过的行程问题的基本关系式：时间＝路程÷速度，将二者综合一下，即可推理出完全一样解题公式：过桥时间＝（桥长＋车长）÷速度。

综上，所谓火车过桥问题，根本不是一个新问题，它只是我们已经学过的两个低年级知识点的综合应用而已。

标准行程问题＋图形平移问题＝火车过桥问题

在教学分类里，火车过桥根本不能算奥数专题，它就是高年级孩子应该掌握的课内内容。不过，如果非要超前到二三年级就给孩子讲过桥问题，就很难用这种方法来讲，因为他们还没有学过图形平移。如果可以在五年级左右接触这个问题，既能引导孩子复习低年级知识点，又能锻炼分析未知问题的能力。

因此，我们一直反对超前学习，因为超前很容易把顺其自然的分析推理过程变成没有铺垫的直接灌输，看似学得早一些，方法却全错了。

学习方法的差异

有人说，为什么要这么学呢？如果背一个公式也能解题，有必要这么复杂，引导孩子总结思考这么多吗？但事实是相当有必要。很多孩子学了多年奥数，连基本的高年级综合卷都做不好，就是因为这种思考太少。比如，在一次期末小测里有道题的错误率很高。

长度为 80 米的火车，速度为 6 米/秒，过一段长度为 400 米的隧道，全身都在隧道里的时间是(　　)秒。

相当多同学直接套用过桥问题的公式来解。这就是套路学太多而失去分析能力的体现，如此学不如不学。

这题把“车头上桥到车尾下桥”转化为“全身都在隧道里”，题意已然改变，公式自然也就不能用了。面对这种新问题时，如果不掌握“化图形为参考点”的基本方法，就很难准确分析出火车的移动距离。这种问题今后还会有相当多变化，每一题都无法用过桥公式直接解，都需要上述的阅读、分析、画图、转化为参考点等分析过程。

如果他们低年级只背了一个公式，或者只记住了解决标准火车过桥问题的套路，该如何处理呢？

数学思维并不是很虚的东西。它应该融入每一题里，体现为解题过程中超越了表层技法的思考与总结。老师不能直接讲结论，要引导他们去思考下面这些问题。

(1) 这题新在哪里？

(2) 这题需要用到原来哪个知识点和方法？

(3) 这题与标准问题相比变化在何处？

(4) 之前的解题方法和思想，是否有可借鉴的地方？

如此教学，孩子的数学思维，才能渐渐成长起来。

中学需要什么样的数学能力

近期关注了一场本地的创新人才选拔考试，主要面向六年级数学特长生，出题方也是本地一所顶尖中学。我们以其中一道难题来感受一下，中学老师希望孩子具有什么样的数学能力。

这篇文章还可以顺带回答两个小学家长常问的问题：

(1) 课内数学那么简单有什么好学的？

(2) 奥数究竟有没有用？

先看这一题，这是六年级考试卷中填空题最后一题。在这种高层次选拔试卷中，又能放在填空的最后，难度应该算不低了。

图形 ABC 是一个直角三角形，图形 ADC 是一个半圆。且 AB=3 厘米，AC=4 厘米，D 为圆弧的中点。求阴影部分面积（图形 BCD）和剩余部分面积（图形 ABD）的差值，见图 4-14。

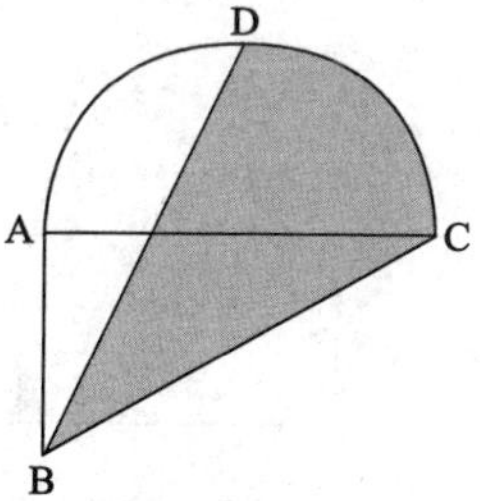

图 4-14　一道较难的考试题

这道题猛一看，属于罕见的怪异题。家长和孩子往往一遇到这类问题，就归结为奥数没学好，恨不得转头就给孩子去报奥数班，去刷奥数题。但实际上，这题虽然看似很难，却紧紧贴合课本，出得很有水平。这体现在以下两点。

(1) 学了奥数也根本没用，根本不是套路可以解决的。

(2) 完全是课本内容，但同时考查了多种方法的组合。

所以它确实很难，但不是那种偏题怪题，不是你学了一个什么“公式、模型、套路”就能解决的。你需要把课本里提到的知识和方法，掌握得既扎实又灵活，并能组合应用起来。这才是初中数学广泛需要的能力。

好，我们看一看，它是怎么由课本知识组合而成的。(我们不讲怪解巧解，只看基本方法)

思路提示 1：不管是阴影面积还是剩余部分面积，都不是规则图形，显然无法直接求解。而针对这类不规则图形的面积求解问题，课本详细介绍了一类方法：割补法。具体又可分为两种应用场景：① 割法(把图形分割成课内学过的图形)，见图 4-15；② 补法(补成好求的图形，再剪掉多余部分)，见图 4-16。

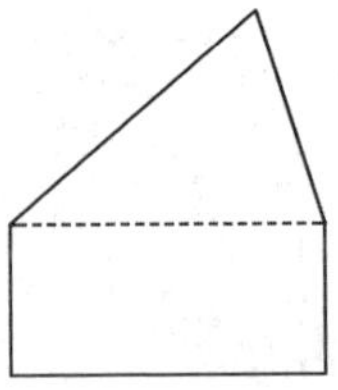

图 4-15　分割法求面积

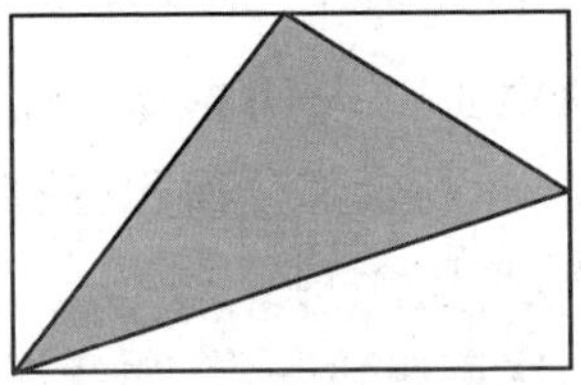

图 4-16　补法求阴影部分面积

这些都是课内常用方法，是必须要思考的基本解题思路。

思路提示 2:图 4-17 的阴影部分,CD 段明显是圆弧,而在小学阶段,我们想求曲线图形面积,只有一个思考角度,就是转化为圆形或扇形。但图中阴影图形并不是一个扇形(尖点不是圆心),因此思路极为明显,必须把它分割成可求的扇形才行。

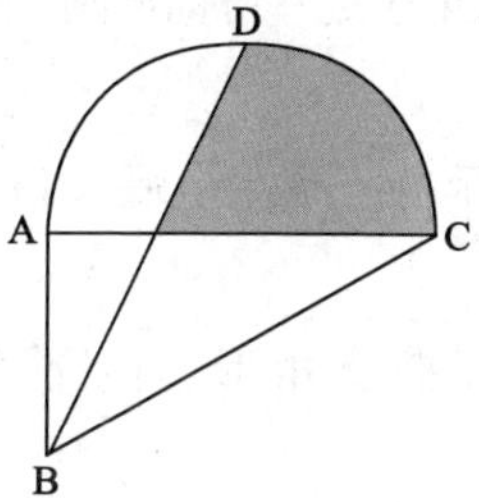

图 4-17 明显的思路提示

结合思路提示 1 和思路提示 2,这道题首先要做好基本分割,见图 4-18。

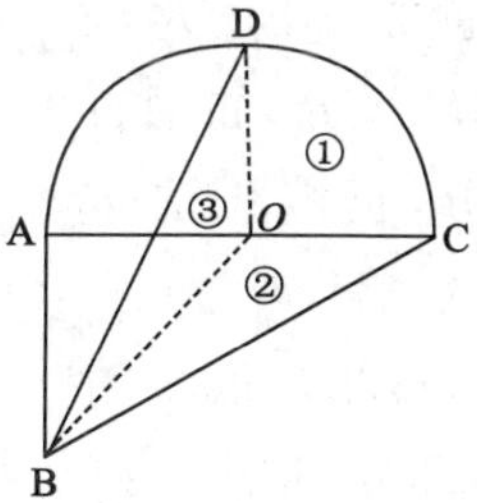

图 4-18 分割求解

利用圆心 O,连接 D 和 B 两点。

连接点 D 的原因是,分割出标准的扇形 OCD(图 4-18 中①)。

连接点 B 的原因是,把燕尾形状分割成两个标准三角形(图 4-18 中②和图 4-18 中③)。

这样,其实每一个图形都可直接求解了,具体如下。

图 4-18 中①是四分之一标准圆,已知半径为 2 厘米,可求。

图 4-18 中②是标准三角形,底 CO 为 2 厘米,高 AB 为 3 厘米,可求。

图 4-18 中③是标准三角形,底 DO 为 2 厘米,高 AO 为 2 厘米,可求。

在具体分析过程中,这里还需要用到两个课内知识作为基础:一是三角形的底高变换,需要从不同方向去观察三角形,找到可解的方向;二是圆的半径都相等,这是圆的基本性质。到这里,整个阴影部分面积就全部解决了。

再看另一半,也就是 ABD 这一部分。这部分形状比较怪异,如果直接分割为上下两部分,仍能无法求解,见图 4-19。

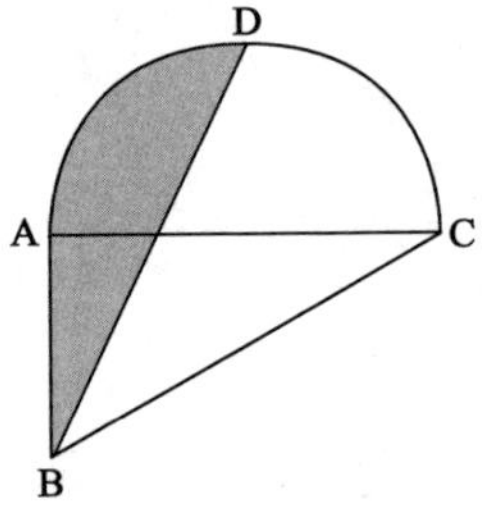

图 4-19　左边一半面积不好直接求解

首先是下面部分,三角形底不清楚,不可求;再说上面部分,是个不规则曲线图形,也不可求;所以用分割法,看不到出路。但之前说了,求不规则图形有两种方法，可以再试一试补法。朝这个思路走下去，就极为简单。

先求解整个图形的面积，是一个半圆和一个三角形的组合，半径、底、高都知道，可求。右边部分面积，刚才已经求过了，也可求。因此，剩余部分面积，只要用“整个面积－右边面积”就可以了。综上，左右两部分面积都可求。

以上是讲课过程中的基本思路分析。需要说明的是，这类题当然有巧解法，但这里的训练重点在于分析思路，所以就不谈特殊技法了。另外，老师讲题的时候需要特别注意，不能直接把思路讲出来，那样意义就少了一大半。同学们真正搞不明白的，是如何才能想到这种思路？所以，阐述清楚每种思路的来由，以及它和课内知识的联系，会非常重要。

这一题就讲到这里了，我们总结一下。

用到的底层数学能力有：① 耐心读题审题，分析问题；② 觉察提示点，寻找可行的解题思路；③ 拆解复杂大问题为简单小问题的化归思想。

用到的表层数学方法：① 不规则图形分割法；② 不规则图形补法；③ 添加辅助线的能力；④ 三角形转换角度能力。

用到的课内知识点：① 三角形面积公式；② 圆和扇形面积公式；③ 圆的基本性质。

用到的奥数华数知识点：无。

通过这一题，希望大家从中学角度，再重新考虑一下孩子小学数学的培养路径。说难度，这是高层次的选拔卷，又是压轴题目，难度会大于多数奥数问题。但大家不妨体会一下，这种难跟所谓奥数里的各种偏题、怪题的难，是一样的难吗？

换位思考一下，如果我们是初中老师，是想选拔出会读题审题、会组合分析、会灵活应用、会深入理解的孩子，还是想选拔出学过某种奥数公式的孩子呢？

最后重申我们的观点，课内知识确实不难，但知识、方法一旦组合，可以考察到相当高层次的能力。大家与其拼命刷偏题、怪题，不如扎扎实实立足于课内知识，多接触一些综合性较强的题目，对长远的数学学习帮助更大。

究竟哪一套数学练习册最好

市面上流传着很多教辅，随便就可以列出很多本，像是《补充习题》《五三天天练》《小数报》《实验班》《金考卷》《亮点大试卷》《新思维》《举一反三》之类，选择哪本最好呢？

这些教辅都是经历了多年市场考验的经典教材，有专业的教研团队每年修订更新，说满足不了一个普通小学生的需求，这怎么可能呢？

家长考察的重点，应该是每本教辅的难度，并评估出自己孩子的水平，与教辅做合理的匹配。如上列举的几本教辅，我们就可以按照由易到难的顺序排序。

(1) 纯课内：《补充习题》《五三天天练》。

(2) 课内提升(单元主题形式)：《小数报》《实验班》。

(3) 课内提升(综合试卷形式)：《金考卷》《亮点大试卷》。

(4) 课内拓展：《新思维》。

(5) 奥数过渡：《举一反三》。

如果课内学习还有不少问题，可选择(1)。课内问题不大，想稍微巩固提升一些，可以选择(2)、(3)。如果感觉课内很轻松，能力很强，可以选择(4)。如果课内成绩很好，且对奥数问题很感兴趣，可以选择(5)。

做好这种匹配工作，比单纯去打听究竟哪一本好，或者哪些学霸用哪本教材，要有意义得多。毕竟，适合别人的，很大可能并不适合你。每个人的喜好风格，尤其是本身的水平差异太大了，可参考意义真的很小。

选择了一本教材后，如何验证是否合适呢？可以让孩子做一做，如果80%左右能够掌握，还有20%左右略有困难，需要耐心思考或者需要借助答案提示才能完全掌握，这种就会比较适合。前面一部分用来巩固熟练，培养自信；后面一部分用来查缺补漏，培养思考的精神。

选对了书却用错方法，这种情况目前还是很普遍的。现在有一种盲从甚至攀比的不良氛围，别人做我也要跟着做，别人做两本我就要做三本，仿佛一切的根本目的就是要做完，就是要比别人做得多。问题是错题搞懂了吗？题量合适吗？最终有效果吗？这些问题一概没人管，就只是逼着孩子做。

想摆脱这个问题，我们必须先退一步搞清使用课外辅导书的根本目的。很多家长给孩子做练习册，只是为了提前多见一些题型并刷熟，以便能在考试中占一些优势。这种做法在低年级会有一定效果，但到高年级后会渐渐失效。而当你感觉到无效的时候，也就为时已晚了。沿着这条路，网络上有一些极端的刷题方法，不强求理解，只需把所有题型都刷熟甚至背下，居然也有很大的支持群体。

关于做课外练习册，正确的理解是，要把它当作验证的素材。验证什么呢？验证对于知识点的掌握情况，验证有没有一些知识遗漏或误解，验证自己的学习方法是否有效，验证对于新问题的分析处理能力如何。总之,课外练习册本身不是目的,通过它来提供反馈,锻炼核心能力,这才是目的。

这里重点想提一下对新问题的分析处理能力。最近做了一些讲座,重点讨论了不少基于课内知识点的深化、组合、提升问题,很多家长觉得很好,问有没有类似的练习册,能否提供一些不太常见的、能锻炼孩子阅读分析能力的问题。他们感觉市面上这些练习册里的题都太套路了。

让我先以大家最看不起的课本举例。多数家长看不起它,都说它太简单,题目都太套路,没有什么锻炼意义。但我们对课本已经研究了好多年,却越来越觉得它很好。小学数学课本里的内容,是人类发展几万年的智慧精华,任何一个新知识点,都来自困扰人类成百数千年的难题之上,都是历代最伟大数学家的智慧结晶。

比如分数和小数的运算,就这一点内容,长期困扰着早期的人类先祖,是很多杰出头脑、以时代接力的形式,才慢慢把它优化解决。这些曾经长期困扰整个人类的问题,为什么现在的小学生反而会觉得简单呢?还不是因为大家早就超前学过了结论,学会了固定的计算方法,刷了不少题目练熟了而已。

课本内容本来很好,需要相当的理解力才能推演出解决问题的过程,但大家总喜欢跳过这些,超前学习短平快的套路和技术,通过大量刷题把它们变成不需要思考的条件反射,却回过头说课本写得不好?问题的根源不是课本,而是我们的学习,过于重视结论而忽视过程。

类似的事情，也发生在各种课外教辅中。在我看来，上述列举的任何一本教辅，只要与孩子的水平相匹配，对阅读、分析、推理能力的锻炼都是有极大帮助的。但前提是，大家不能提前学各种套路公式，而要依靠基本知识，运用自己的智慧来分析解决。

可大家不给孩子时间去这样做题，甚至很多家长，只要看到孩子读题后没有立刻下笔，就开始焦躁不安。家长们最喜欢看到的，就是孩子读完题之后就立马会做，很快写出计算式，得出答案。为了达到这个目标，家长就一定会给孩子报超前班，以确保在接触这些练习册时，都已经提前见过类似问题，学过相应的套路，刷熟了很多例题，以达到一看题就能做出来的效果。

而听了我的讲座之后，大家又想去找孩子没见过、需要分析、思考才能解决的问题。正是因为大家对于超前学、提前刷的过度追捧，才导致辅导书中原本用来锻炼阅读、分析、思考等能力的习题彻底失去了价值。

其实只要大家让孩子别超前学那么多套路，别超前刷那么多典型题，以白纸经验、空杯心态去挑战合适难度的练习册，核心能力自然就能被锻炼到。这时候，孩子做题也许会慢一些、也许会遇到一些障碍，但他们的成长也是显著的。

最后，我以一个类比来结束今天的文章。

我们的最终目标，是培养孩子解决未知问题的能力，它类似于战场的实战应变能力。想要提升这种能力，就必须平时多做实战演习，以多种多样的复杂情况来磨炼部队，让他们在一次次临危应变中成长。

而超前刷题辅导班，类似于针对各种实战演习的模拟练习。本来实战演习的目的，就在于磨炼大家对新场景的应变能力。但为了每次实战演习中的好表现，大家通过作弊式的模拟练习，提前透露下次实战演习的具体内容，并把应对措施反复练熟。这样在所谓的实战中，每个人都感觉很轻松，甚至觉得它简单、套路、没啥挑战性。

如此长期下去，表面来看，部队每次实战演练的表现都特别好，短期碾压那些没有作弊、真在分析应变、临危处理问题的队伍。但长期来看，这种队伍反而没有一丁点真正的临场应变能力。等真到了瞬息万变的实战中，任何一点战局的变化，都会让习惯套路的队伍无法应对。

我们多数的超前学习，就是这样一种作弊式的自我欺骗。所以最后给家长的良心建议是：可以别那么着急超前学，别什么套路都想提前知道，可以自学课本，可以慢慢揣摩基本原理，去挑战难度合适的课外练习。这样每一题都会充满新意，都会锻炼到基础的数学思维，孩子长远的数学能力(解决未知问题的能力)也就慢慢培养起来了。

上课能听懂，作业总出错

绝大多数的数学课堂，基本结构都是30%的解题方法介绍加上70%的例题巩固。

比如讲解分数加减法运算，会先用30%的时间，讲解基本规则。像是同分母分数加法，分母不变分子相加；异分母分数加法，要先想办法通分，再进行分数相加。再用70%的时间，由易到难做一系列计算练习以巩固本节课学习的基本算法。

这种课堂的短期效果十分显著，一节课时间足以把基本内容讲清楚，做很多例题，同时因为课后作业都与上课例题相似，所以大家也都完成得很顺畅。

如果习惯了这种课堂模式，再参加我们的课堂，确实可能会有明显的不适应。

我们的数学课基本结构是这样的：70%的时间用于讨论内容的线索与原理。在讲解新知识的时候，首先复习与之有关的低年级知识，在此基础上引入新场景提出问题。而只有30%的时间会穿插相关习题，但其主要目的也是帮助同学理解核心概念。因此我们不会刷太多同类别的习题，更不会分类总结每种题型的套路解法。到了课后练习的环节反而会深化、扩展到很多方面，以训练同学们基于核心概念解决问题的能力。出于这种目的，我们甚至会故意出些课堂没有涉及的习题，让学生运用思维去解决未知问题，而不只是套用例题解法重复解决相同的问题。

仍然以分数加减运算举例：课堂上我们不会直接讲异分母分数加减算法，而是首先回顾分数的基本意义、加法的基本原理，体会同分母分数加法的规则为什么是分母不变分子相加，先理解这条计算法则的底层原理。

在此基础上引入新问题“异分母分数加法”，并组织同学分析这种加法的意义是什么？为什么不能用刚才的规则？最终通过尝试，让大家自己总结出异分母加法的算法，并归纳出计算法则，理解通分的实质含义。虽然课上也会做某些计算习题，但都是为了这条主线服务的。

至于课后问题，除了训练对计算规则的掌握熟练度，还会考查一些课堂没有讲过但需要大家揣摩理解的问题。比如，分数在数轴上的含义、分数和小数的互换、带分数的加减法以及简单的分数应用问题。很多问题都不是纯粹的计算问题，课上也没讲过相似的例题，但它们用到的核心原理都是课堂讲解过的，所谓举一反三能力，是在这种训练中才能得到的。

因此，多数同学在没有真正培养出较强的举一反三能力前，做我们的作业肯定会感觉有些吃力。而如果此时心态没有摆正，仍然沉浸在“上完课了作业就应该都会做”的错误想法中，就会产生排斥、反感的心理。

不少家庭迈不过这个坎，很快就中途放弃了。比如家长看到孩子作业不会，总觉得他没好好听或者老师没好好教，认为听完就应该都会做才正常。比如孩子如果长期接受不良的教学误导，习惯了那种只要沿用课堂方法就可以不动脑完成的作业，他们本身也会非常排斥在作业中遇到新问题，不愿意动用大脑去思考。

而事实上，作业中略有一些疑问，并不意味着听课不认真，或者接受能力有问题，这本就是数学老师故意设置的思考场景，数学学习中应该经历的揣摩时刻。大家之前没遇到，要么因为学得太简单，要么因为习题都遵循单一套路，对长期能力的提升反而没有帮助。

在高年级的学习中，如果大家还想取得更大的进步，这个坎一定要及早迈过去。你要明白，比起单纯学什么才能会什么，更宝贵的能力是能用有限的知识去分析解决无限的问题。想做到这一点，需要从当下开始训练自己的思考能力，以正确的态度来看待短期的"不会"。

一方面，不要排斥它，也不要怪自己，理解这是学习过程中的重要一环，不逃避、不急躁、不气馁；另一方面，更要重点花精力放在这些问题上，思考、改错、复习、输出，通过不懈的努力把这些"不会"变为"会"。通过这种方式学到的知识，就不再是死板的知识，而是一种学习的能力。

素质培养与短期应试的矛盾

两种培养路径简介

我们常谈到的兴趣、思维、视野，都是相当底层的素质。它们固然是好东西，能够在很长的时间尺度内帮助孩子持久进步，但它们也有一些问题，就是靠短期培养很难见到速效。用数学图像描述，它们的"收益—时间"曲线应该是这样的：时间越长、收益越大，但一开始确实增长缓慢(图 4-20)。

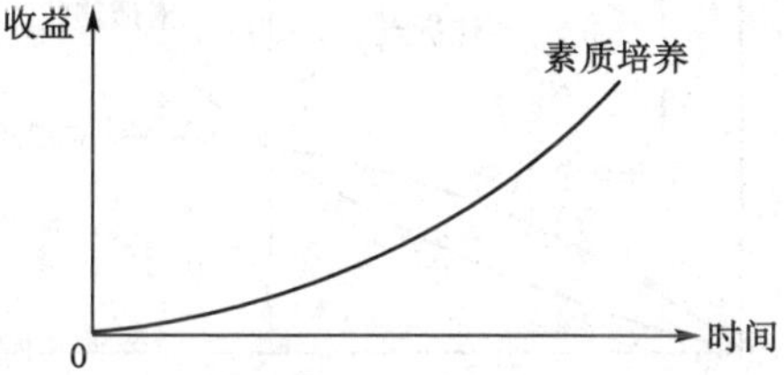

图 4-20　素质培养路线的收益曲线

而常规的应试刷题，主要针对阶段性考试专门设计，以大量的套路学习、重复练习为手段，短期效果非常显著。然而它的长期效果不好，表现在初高中之后学习没有潜力。也可以用数学图像描述出它的"收益—时间"曲线：短期提升大，长期潜力小(图 4-21)。

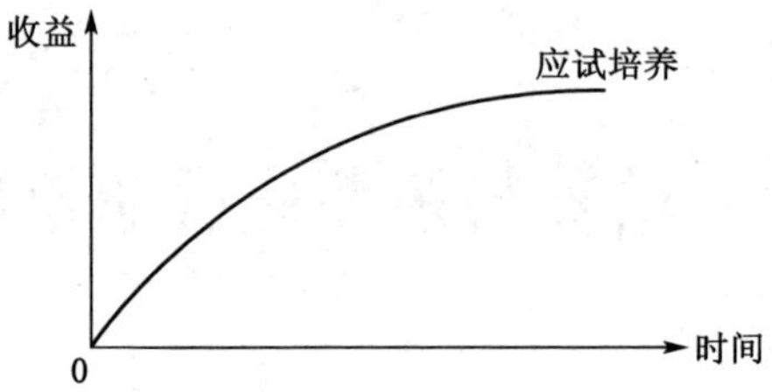

图 4-21　应试培养路线的收益曲线

将二者对比来看，很容易联想到一则流传甚广的民间说法：为什么中国的低年级数学教育碾压美国，但顶尖数学家的数量却少很多？将这两幅图放在一起，就很好理解了（图4-22）。

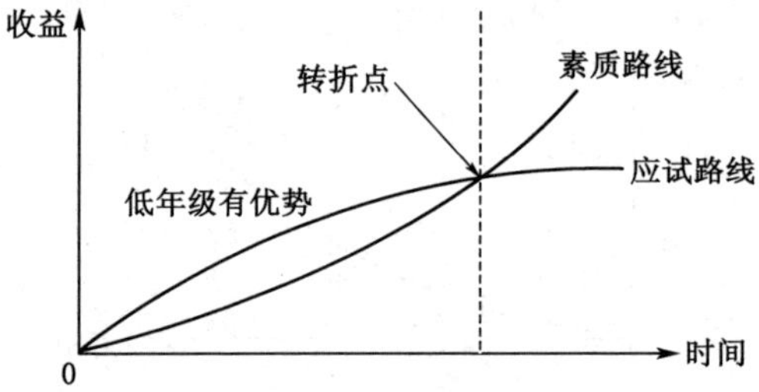

图 4-22　素质培养路线与应试培养路线的转折点

我们在应试阶段的拿手绝活，比如计算速度、套路归纳、解题能力，到了稍高层的数学领域，变得不再那么重要。与此同时，提问能力、推理能力、思辨能力开始发挥作用，实现对应试教育的反超，迎来转折点。

应试环境下的策略悖论

但在当前的环境下，家长并不能只看重长期效果，忽视短期的应试筛选。毕竟，成长不是单一的能力培养问题，还与自我实现、激励反馈等因素有关。只注重培养能力、排斥应试训练的家长，很容易在现实环境中遇到障碍，影响孩子的成长。比如还未等到长期潜力发挥效果，孩子就已经被名校拒之门外，见图 4-23。

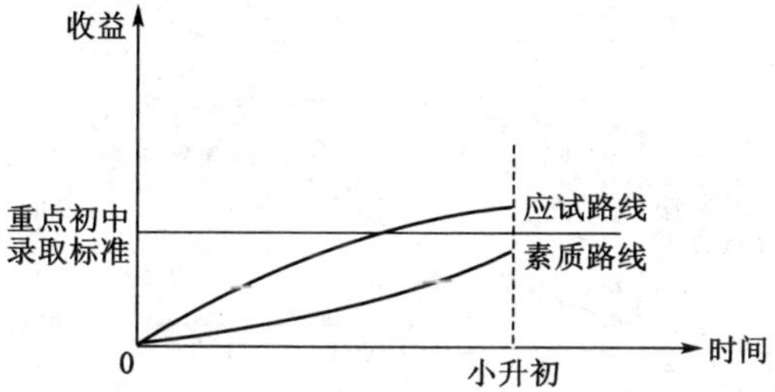

图 4-23　素质培养路线的短期反馈不如应试培养路线

自己的孩子虽然长期潜力很高，但毕竟也要能够通过某些重要的阶段性筛选（比如之前的小升初，以及中考和高考），不然的话，孩子可能根本无法进入自己心仪的学校。这样即便孩子原本有更好的发展潜力，也可能会因为成绩打击，以及随之而来的不良环境反馈，而渐渐荒废了这种能力。

但反过来说，如果只靠应试硬刷进入重点中学，未来的学习之路也会很艰难。长期的应试灌输让人学得不会变通，想在更高层次的竞争中保持领先的优势，也会相当艰难。显然，二者都不是优势策略。

两种优势策略

在一些优秀学生的家庭中，我看到了两种极好的培养策略，这里介绍给大家。顺便感慨一下，很佩服这些家长的视野和执行力。

第一种策略：取两条曲线的优势段落进行组合(图 4-24)。

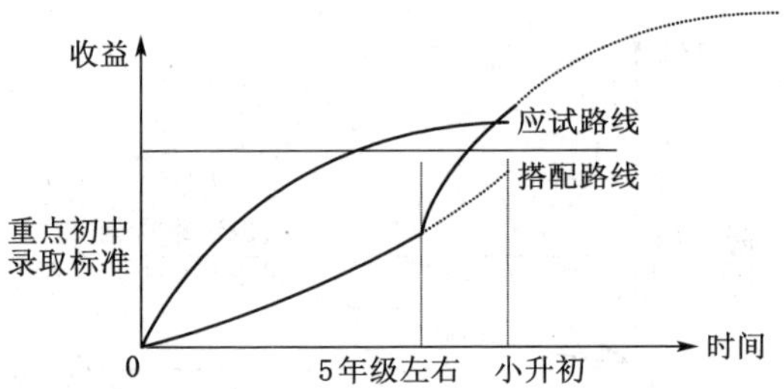

图 4-24　先以素质培养路线为基础，再配合应试方法进行冲刺

这些家长们结合了两条曲线的优势部分：① 素质路线长期增长性非常好，是保证孩子长久成长的根本方法，以此为主路线。② 应试路线的初期效果非常好，所以能否只利用增长最大的初期阶段？这些家长在低年级的时候，以培养孩子的综合素质为主，到了高年级，再针对性地让他们做些应试提升方面的学习。考虑到综合素质较高，且已经是高年级，这些孩子应试训练的效率极高，往往很短时间内就能补齐短板，快速提升反超。

第二种策略：超前综合素质培养，简单粗暴但也更直接有效(图 4-25)。

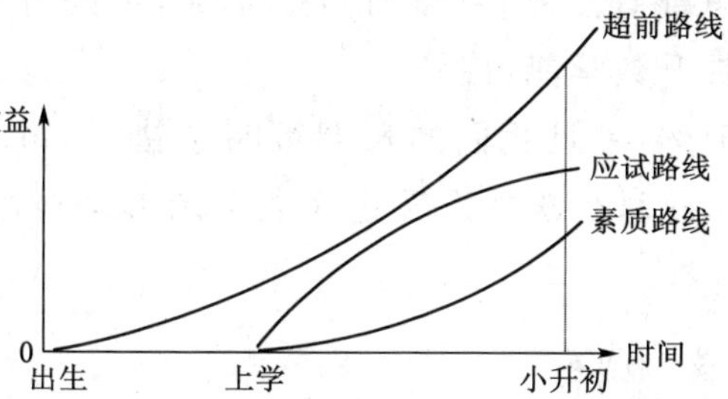

图 4-25 超前进行综合素质的培养

超前进行应试教育的意义并不大，因为它的后期曲线很平，最多也就能暂时领先别人一会，但越跑越慢终究会被追上，所以我们一直说超前教很多知识、做很多题，并没有太多的长远意义。但超前综合素质培养的意义十分巨大，因为它越往后发展曲线越陡，提前度过开始的培育期，后期的潜力不可限量。大家一定遇到过那种孩子，当多数孩子还在苦苦学习课内知识的时候，他们一点就透，领悟力极强。不出意外，他们的父母很早就在潜移默化中培养着他们的综合素质，早在上学之前就度过了培育期，进入到陡峭的发展期了，因此很难不事事领先。

最差策略

在所有的培养策略中，最怕的是这样一种。像是孩子这学期考试考得很差，就想让孩子通过某些短期训练提升思维能力，间接把数学成绩提上去。这种家长通常会这么咨询：孩子数学思维有点差，数学有点学不懂，请问有什么思维课可以快速提升数学能力吗？

很多时候，一旦我们的长期策略选错了，再花钱再努力也没有用。这种想法如果转化为数学图形来描述的话，大致见图 4-26。

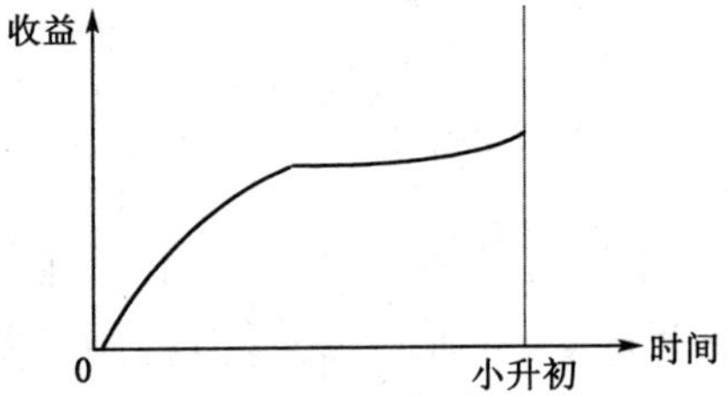

图 4-26　最差培养策略

孩子已经高年级了，马上面临重要的考试。这个时候企图用综合素质的培养，来弥补长期应试教育形成的缺陷，时间上肯定是来不及的。

除非家长能看破这些，暂时放弃短期的成绩，把中高考当作长期目标，从零开始进行综合素质的引导，耐心等上几年待其见效。但这件事情非常难，需要克服大多人性的弱点，以至于极少有人能够长期坚定走下去。而这么咨询的家长，往往最看重的反而是短期成效，也就几乎不可能走这条路了。

如何帮助孩子分析考试错题

我一直在课程里强调，考试不能只看成绩和排名，也不能只批评或表扬，而应该帮孩子就事论事分析问题，这种指导对他们的帮助极大。只是可惜，别说家长了，即便是专业的老师，也很少提供这种视角的分析，因此孩子浪费了不少时间，学习效率却怎么也上不去。

这篇文章，就聊一聊考试分析的细节问题。以下内容，节选于我们的一堂暑期小课。为了保护隐私，图表中的姓名均隐去。

速度与出错率分析

图 4-27 来自考试时对某班孩子做题速度的跟踪。绝大多数同学，一开始的速度都很快，迅速做完选择题和填空题，只有一个孩子例外。

这个孩子一开始做题速度极慢，做完填空选择的时间，几乎是其他人的两倍。但效果也很明显，他的失误率最低，最终成绩也最好。如果不是这种记录，你很难找到做题速度和失误率的关联。课上采访时这个孩子说，他花了特别多的精力反复审题，因为填空题里陷阱很多，以前常在这里栽跟头。这种有意识的调整，值得多数孩子学习。

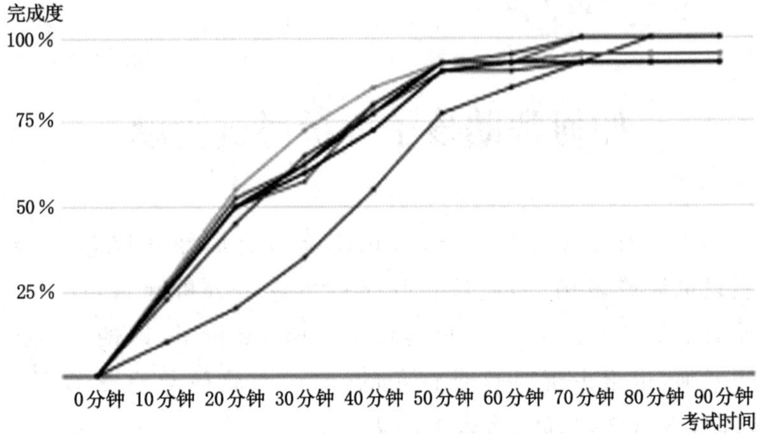

图 4-27 对某班学生考试速度的跟踪

但从另一个角度来说，他的速度又实在是太慢了。对于较为简单的基础卷，这种策略或许可行，可一旦遇到难度更大，题量更多的提升卷，就有可能因速度太慢而遇到问题。这种推理最终也被事实证明，这个孩子在做有难度的试卷时，就屡次因为速度过慢而无法做完，导致成绩始终不理想。

因此最终给出意见：最下面这条线对应的孩子，应在保持审题精确性的基础上，平时需刻意训练答题速度。而其他孩子要在保持速度的基础上，提升阅读审题等各方面的谨慎程度。

至于速度需要提升到何种程度呢？也有一个粗糙的标准（图 4-28），比如粗线是笔者自测的速度。在六年级后半学期阶段，一些特别优秀的孩子，做试卷速度是基本和我持平的。按照这个标准，他们在接下来的一年里，还有不少提升的空间。

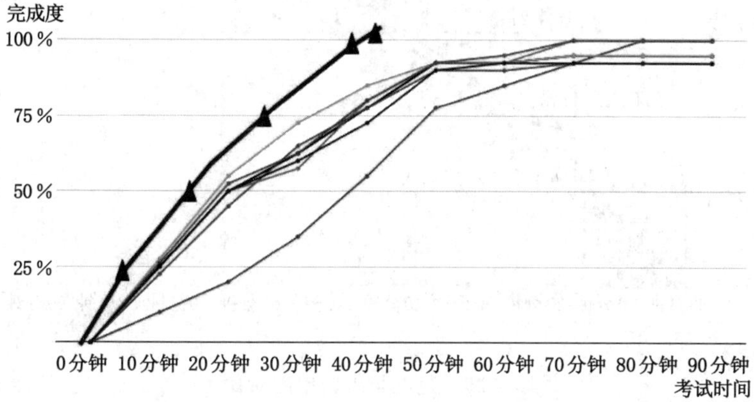

图 4-28　学生速度与老师速度的对比

至于提升速度的方法，这里就先不过多讲解了，主要源于对概念理解的深入、对基础算法的熟练、对题型的熟悉以及对考试节奏的适应。这都需要长期的专项训练才能实现。

除了速度，做题正确率的问题同样值得我们关注。从图 4-29 不难看出，前十分钟填空题的错误点特别多。

深入考察原因后发现，一方面大家刚开始拿到试卷，脑子还没适应就慌张地向后做，对考试中的大脑热身技巧懂得很少；另一方面，填空题本来重点考查的就是概念理解、阅读精准度、陷阱辨析，在这些层面上同学们的能力普遍较弱。

这里就有必要分析一下试卷结构了。大多数试卷，分为四大部分：填空、选择判断、计算、应用。每种题型有各自的

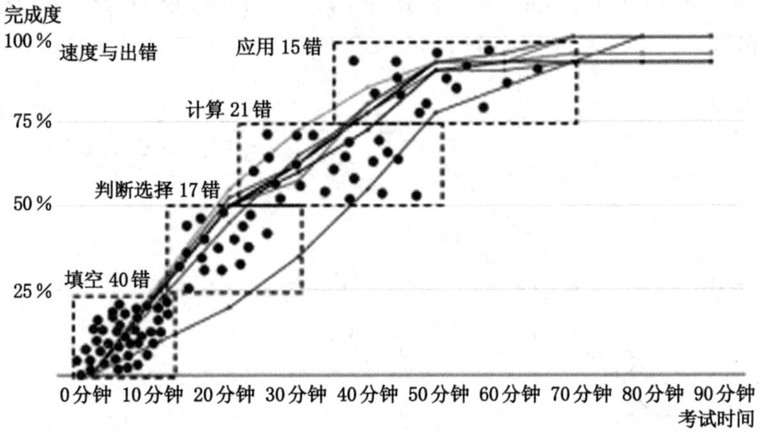

图 4-29 速度与出错率的对比

特点，需要我们采取不同的策略区别对待。学生们需要渐渐熟悉试卷结构，结合自身特点，在不断磨炼中形成最优的应试风格。具体如下：

(1) 填空题。错误密集区，概念多而杂，陷阱多，而且一开始做题容易疏忽，建议放慢节奏，谨慎审题，慢慢加快。

(2) 选择题。因为提供了参考答案，仅需要做出选择，因此难度会降低，建议稍有疑问的题不要凭感觉去选，自己先做出答案再去和选项验证，还可以使用排除法等技术手段帮助锁定答案。

(3) 判断题。基本是概念问题，题不难但陷阱多，需要谨慎思考考点和出题老师的陷阱。

(4) 计算题。基本功区域，需在沉着、谨慎、适当保持速度的前提下稳稳完成。有条件时一定要验算,保证正确率。

(5) 应用题。考察多方面的综合能力。这部分分值较大,一定要留有足够的时间,阅读审题要精细,分析计算要稳步前行。

图 4-30 抽选了五位学生,展示了每个人的问题点分布,我们主要把错题分为三类。

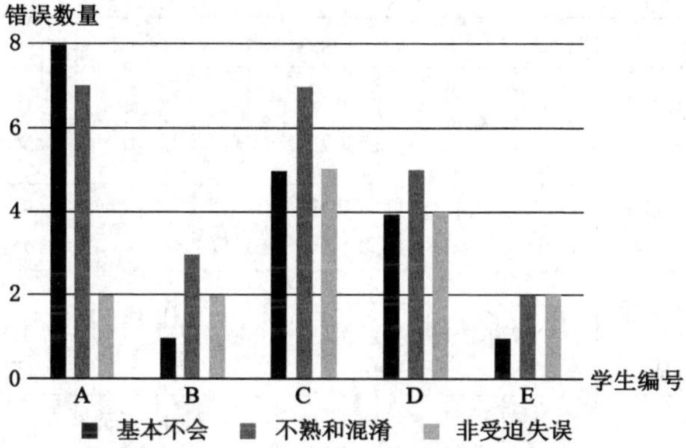

图 4-30　对五位学生的错误原因进行分析

第一类,基本不会:试卷发下来再做也做不对的,属于知识点的硬伤。

第二类,不熟和混淆:可以勉强改对,但因为不熟,在考试状态下出现失误。

第三类,非受迫失误:会一拍大腿说“这都能错!”的问题,属于常规意义下的粗心。

可以看到,不管考试成绩好坏,孩子们都有这三类问题。

对于第一、二类问题，只要理清基本概念，做相似习题巩固，就可慢慢提升，并不是很难解决的问题；对于第三类问题，则需要一些考试策略方面的指导，以后有时间再专门来谈。

为了帮助孩子们定位问题，我们还总结了每人的知识点硬伤区，详见表 4-6。

表 4-6　五位学生的知识点硬伤统计

A	B	C	D	E
1.5 基本单位感知	1.6 两个量相比的基准问题	1.5 基本单位感知	1.5 基本单位感知	1.10 比例尺含义和计算
1.6 两个量相比的基准问题	1.10 比例尺含义和计算	1.7 周长的概念	1.7 周长的概念	1.8 三角形的分类
1.8 三角形的分类	4 分数乘除法	1.6 两个量相比的基准问题	1.10 比例尺含义和计算	3.4 圆锥圆柱体积公式理解
1.10 比例尺含义和计算	5 复杂计算过程的书写	1.8 三角形的分类	1.11 倒数的含义和应用	
1.11 倒数的含义和应用		1.10 比例尺含义和计算	1.12 找规律的精确性	
1.12 找规律的精确性		1.11 倒数的含义和应用	2.7 正反比例的精准判断	
2.3,5.4 分数的单位和概念		2.6 比例的不变性问题	3.4 圆锥圆柱体积公式理解	
2.6,3.3 比例的不变性问题		2.3 分数的单位 1 概念	4 复杂分数混合运算精准度	

表 4-6（续）

A	B	C	D	E
2.7 正反比例的精准判断		3.4 圆锥圆柱体积公式理解	5 体积和表面积概念理解	
4 计算中乘法分配法应用		5 复杂计算过程的书写	5 排水体积的基本原理	
4 复杂分数混合运算及方程		5 排水体积的基本原理		
5 立体几何计算问题				
5 排水体积的基本原理				
5 体积和表面积概念原理				

表 4-6 反映了毕业试卷中表现出的知识点硬伤。有了它，老师布置作业与学生课后补充练习就有了针对性，不至于盲目乱刷题了。

每次考试之后，个人都有必要总结出这么一张表，把知识点盲区在第一时间补上。因为考试的根本目的，压根就不是分数和排名，就是为了找到自己的问题点，只要花大力气解决，就一定能获得持续的进步。

除了跟踪速度，我在考试的时候还跟踪了他们的专注度，不同孩子的差异也很大。有的孩子到 50 分钟就坐不住了，勉强检查了十几分钟就提前交卷。而有的孩子从头到尾连头都没有抬过，充分利用了所有时间。当然，大部分孩子在两者之间，他们看似一直在检查，但效率并不是很高，见图4-31。

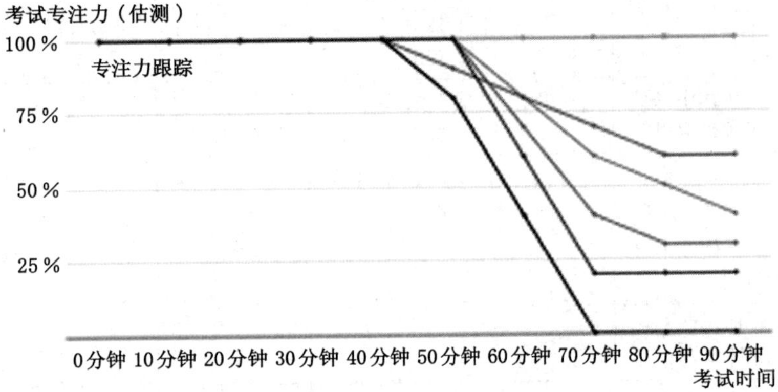

图 4-31　考试过程中的专注力跟踪

在后来的分析课上我给他们看了考试中拍摄的照片，各种走神的情况太多，完全看不出这是一场紧张的考试。不难想象，孩子们在学校考试时类似的问题绝不会少，只是因为缺少记录方法，老师和家长无法分析，孩子们自己更毫不知情而已。

认真不仅是一种态度，更是一种能力。它建立在对考试本身有深刻的理解之上，还要求孩子要通过平时的训练，预先养成良好的考试习惯，不然到了考场上，即便想认真也认真不起来。这种能力的提升对改善考试中的非受迫性失误问题，会有很大的帮助。

有必要得 100 分吗

在很多篇文章里，都反复强调思维和兴趣的重要性，这明显是一种素质教育的路径。而这篇文章，讲的主要是考试中精益求精的技术，某种程度上，算是应试方面的内容。习惯于推崇素质教育的家长可能会问：有必要这么钻研应试吗？孩子能力够就行，有必要追求 100 分吗？

关于这个问题我是这么理解的。我排斥一切有关应试的急功近利，包括背公式、记套路、反复大量刷题等。然而我并不反对研究细节，也不反对提升效率，更希望孩子们做事有精益求精的态度。若干年后，当孩子真正独当一面做事时，显然也需要他们去精益求精，把事情做到最好。

写一本书能有错别字吗？出一份财务报表能算错数吗？设计产品能出现细节偏差吗？抛开应试，追求满分的态度和能力，是无论做什么事情都需要的。

很多关于学习效率的研究都揭示了一个规律，最高效的学习过程，应该包含频繁的自我检测。它能让你第一时间发现问题，把更多精力放在问题点，会显著提升学习的效率。考试不是对学习终局的测评，它本身就是学习的一部分，而且是极为重要的一环。

从这个角度来讲，考试相当于是一种反省。我们通过这种方式，让学生自己发现问题，找到下一阶段的方向。

希望更多的家长和老师，能真正把这些好方法用起来，重视如何帮孩子就事论事的分析考试问题，并解决问题。

高年级数学包含哪些生活常识

高年级的数学中，涉及多种场景下的应用问题，这要求孩子们必须具有一定的现实经验，理解基本的生活常识。但在实际的授课过程中，发现不少孩子因为缺乏生活常识，以至于无法正确理解题意。比如：火车车票上的信息意义，扑克的基本结构，象棋的基本走法，钟表盘的细节……对于这些，不少人知之甚少。严格来讲，这些不算是数学知识，但因为高年级数学会涉及相当多生活场景，如果对这些常识一无所知，会对解题造成极大困难。

生活常识包括但不限于以下内容：

(1) 低年级内容就不在这里详述了(像是货币使用，长度、重量、温度、时间等基础单位的识别和度量等)。

(2) 熟悉地图的基本使用方法，能根据地图找到准确位置，能够精准描述某个位置或路线。

(3) 能看懂地铁或公交的转乘图，并根据始末位置，确定转乘路线。

(4) 理解指南针的基本用法以及与地图的方位对应关系，能在现实中辨识东西南北的方位信息。

(5) 理解火车票、汽车票上的具体信息意义，比如始末站、车次、座位编号、候车室和站台、出发时间等。

(6) 钟表的细节。

电子钟:搞清楚12小时计时法和24小时计时法的差异,am和pm的含义,时间单位的基本换算。

表盘钟:知道时针、分针、秒针的长度差异,能区分顺时针和逆时针,能计算出具体时刻的时针分针角度关系,会推理时针、分针、秒针的运动速度。

(7) 扑克牌的基本结构和玩法。

了解基本结构:总张数是多少,一共有几种花色,几种大小。

了解基本玩法:同花是什么意思?炸弹是什么意思?同花顺是什么意思?几个人一起玩,发牌是怎么发的,手牌的大小比较,基本的出牌方法。

(8) 中国象棋和国际象棋的基本走法。

要了解马(国际象棋和中国象棋相同)、象(国际象棋和中国象棋不同)等关键性棋子的走法。

(9) 投掷筛子和硬币的基本经验。

投1个骰子、2个骰子(求和)、1个硬币、2个硬币、3个硬币,会计算每种结果的基本概率分布。六年级之前不需要准确求解,但需要有投掷经验和简单的总结,为学习精确的概率计算打好体验基础,不然会难以理解。

(10) 生活里的基本费用。

电费水费方面:要知道电表水表(包括煤气表)如何读数,每月用的度数如何求取(差值相减),理解峰谷、限额等按照时间或使用量的分段收费方法。出租车:知道什么是起步费，什么是“每公里 X 元”，最后计价器是如何计价的。

(11) 银行里存款取款方面。

为什么要存钱？为什么要给利息？对这些问题有基本理解。搞懂存取中会涉及的概念：本金、存款利息、存款利率，能区分年利率和月利率的差异、贷款利息和存款利息的差异。

(12) 购买商品方面。

理解打折的含义，比如 5 折、8 折、95 折，分别要如何计算。能搞清提价降价的说法：像是提价 10%、降价 20%等。还有买几送几、满多少减多少、团购拼单等折扣方式，分别是什么意思。

(13) 做生意方面。

结合具体商品的买卖过程，搞懂下面这些问题。为什么要卖东西？商品价格由什么决定？成本（进价）、售价（卖价）、利润、利润率的含义。

(14) 税务方面。

国家为什么要收税？主要有哪些税？收取的方式是什么？个人所得税的分段收费法，这是常考问题。还有利息税、房产税、营业税，这些都是试卷中可能出现的名词。

(15) 股票。

什么是股票？股票赚钱和亏钱的基本原理是什么？什么是佣金？什么是股票价格？

大家可以先对照上表，在孩子成长过程中，适当引导他们接触并体验这些事情，获得基本的感知力和理解力。对今后的数学学习，会有不小的隐性帮助。

第五部分

给孩子和家长的信

写给六年级学生

——高层次学习中持续进步的心法

毕业生们：

有一类学生叫作复读生，他们前一年高考没考好，因此选择重读高三，再参加下一年的高考。在常规的认知中，这些孩子整整多学了一年，应该有碾压的优势才对，可现实情况却并非如此。

在刚开始，因为已经经历过一年的高考历练，复读生比刚升高三的学生确实有优势，比如知识学得多、真题见得多、考试考得多。但等新高三学生也把知识点学完、见一些真题、经历过几轮模拟考，复读生的优势便荡然无存。学弟学妹中的真学霸，会迅速超过大多数复读生（图5-1）。

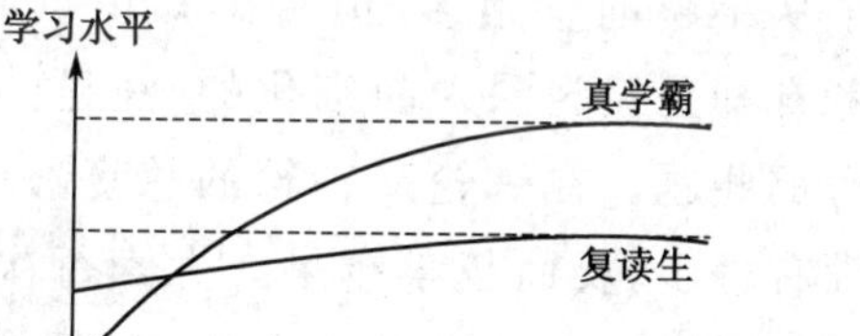

图5-1　真学霸与复读生的学习水平对比

对复读生来讲，仿佛有个透明的天花板压在头顶，并不会因为学习时间长就能突破它。虽然肉眼看不到，这层瓶颈却实实在在地限制了每个人所能到达的最终高度。

真学霸的天花板很高，一般学生的天花板很矮。这样，即便一般学生超前学了一年，短期内有知识方面的领先，但只要稍加时日，学霸们也学习了这些知识，就会迅速超过去，到达一般学生无法触及的高度。

到底是什么决定了天花板的高度？搞清这个问题，对高层次学习极为重要。

这篇文章是写给高年级孩子的。我希望大家尽早认识到高层次学习比拼的并不简单是知识量的多少。

大家小时候特别喜欢超前学一些知识，或者额外学很多奥赛里面的公式和定理，以显示自己懂得多、能力强。但对于六年级的孩子来讲，该掌握的课本知识，都掌握得差不多了，而绝大多数考试，也根本用不到课本以外的超纲内容，此时理解深度和应用能力的差异，就会真正显现出来。

有些孩子从小超前学很多，但每个知识点掌握得很浅。而高年级的考查都是极为深入而细化的，浅显的了解根本不足以让你做对那些题。在一轮又一轮的总复习中，我发现有些孩子非但没有进步，反而越学越呆。大家每次见到类似的题目，都犯同样的错误，老师教的新方法、新思维方式也总被排斥，固守在低年级的有限认知里不肯出来。

所有这一切，都决定了大家会早早遇到上面的瓶颈。大家看似在听课，只不过在混时间而已。那些仍然可以不断吸收新内容、深化理解、纠正以前偏误的同学，会以极快的速度超越过去。

如果不想止步于低层次学习，想尽可能提升学习的天花板，可以简单参考以下几点。

1. 保持开放的心态

不要固守于一种认知、一种理解、一种方法而排斥新的学习。随着慢慢提升自己的学习层次，你最终会认知到，之前所学的所有东西，都有一定的局限性，是难以处理更高级问题的。当遇到的问题更深化、更复杂，原本低年级熟悉的方法，就会开始力不从心。死死抱住它而不愿学习新方法，这就会成为你的天花板。

比如熟悉算术而不愿学方程、熟悉小数而不愿用分数、喜欢脑算而不愿用纸笔辅助、习惯列式而不愿意做标注，这些满足于当下而选择封闭自己的行为，在学习中广泛存在。希望大家不要在如此小的年纪，就被自己学过的、熟悉的那一丁点知识包裹住，变得固执、迂腐、无趣。

要像大海一样开放和包容。学会一种方法，还可以有第二种、第三种。熟悉了低级方法，也会因学习了新的高级方法而欣喜。这样的人，才能获得持续的进步。

2. 钻研稍吃力一点的题

如果被蒙住眼睛，你怎么能知道自己在走上坡路还是在走下坡路呢？我们只能靠自己的感受：如果感觉很累，就是在上坡；如果感觉很轻松，就是在走下坡。

如果你想进步，需要确保自己保持在稍有些吃力的状态。如果一张试卷全都会，如果一堂课听起来特别简单，这种学习的意义就很小。进步来源于那些略微让你感到吃力的地方，这证明你在向上攀登，这也是为什么我们总会给大家一些提升问题的原因。作为一个终身学习者，是不能让自己长时间停留在舒适区的，那意味着你失去了进步的机会。

很多同学意识不到这一点，他们只想做全会的练习，略微有点难的地方，就不愿意思考，这就是在给自己盖天花板。

当然，也不能难到完全听不懂，那样过度提升也会有反效果。稍作努力可以理解但又不太轻松，这是最好的学习状态。

3. 吸收经验教训

高层次的学习，都是在和自己做斗争。绝大多数的提升都来自发现自己的错误和不足，再弥补修正的过程。如果见到错题就心烦，总觉得自己已经很厉害，一点也不想优化自己解题的方法，也就等于在原地踏步，失去了向上的机会。

做题不是目的，通过做题来印证自己的薄弱点，这才是目的。做题就是照镜子，通过各种角度的验证和反复修正，我们最终是想塑造一个尽可能完美的自己。这个过程做得越精细而极致，我们在学习上所能达到的最终境界就越高。相反，如果做题仅仅是做题，错了 8 遍都不知道为什么错，就完全失去了进步的可能性。

以上三点，都不是在讨论具体的知识点，而是在讨论更高级的学习认知与行为。

以后大家慢慢会明白，知识点的缺失，都是极为好补的；而习惯、认知、思想方面的缺失，才是限制一个人所能达到境界的主要原因。希望大家及早认识到这些，并尽可能用行为去实践，这对高层次学习会有事半功倍的效果。

写给天分很高的孩子的一封信

××同学：

如果世界上的所有问题，都像教数学题那样简单就好了，把原理讲清楚，做两个例题熟悉解法，以你的接受程度就不会再有问题。可在现实里，很多问题远比这复杂。对于这类问题，之前通过写信的方式处理过一些，貌似都有奇效。所以今天也想写封信，不是因为它一定有用，而是因为它是我所知道唯一可能有用的方法了。

在我看来，你是聪明的孩子。说说我的依据：

(1) 在几乎没有参加过辅导班的情况下，居然裸考出非常好的成绩。

(2) 在目前课程强度下，课堂上仍然可以很快接受新概念，常给人惊喜。

在你的年纪，应该还只能从自己的视角看问题，因此不会知道，有好多同学上的课远远比你多、课后远远比你努力，但是数学能力和考试成绩都比你差了一大截。

因为你有杰出的天分，在付出极少的情况下，就可以远远超过那些远比你努力的人。客观来说，这真的挺不公平（你自己觉得呢）。

先天禀赋是特别稀缺的。它是人人都想要的东西，你很幸运，最终得到了它。但先天禀赋也是危险的，奥地利著名作家斯蒂芬·茨威格在《断头王后》中有句名言："她那时候还太年轻，不知道所有命运赠送的礼物，早已在暗中标好了价格。"拥有先天禀赋的危险之处在于，它让人产生不努力也能很厉害的错觉，忽视后天态度、方法和习惯的塑造，渐渐失去竞争力。

我教过不少孩子学数学。靠着禀赋，在中低年级是很容易随意碾压别人的，因为低年级问题不需要什么基础，结构也简单，有脑力优势的人稍微想一下就明白了，甚至不需要动笔。但到了高年级，题目逐渐复杂，不掌握分析方法，还想靠纯脑力的优势直接获得答案，就会越来越难。这类教学案例有很多，我就不给你举例了，这里我只想打个比方。

天分好的人，就像是天生丽质的人。靠着优良的基因，在年轻的时候，怎么都会比别人好看。但如果因此就忽视生活中的基础习惯，挥霍着青春年华，比如不锻炼、吃垃圾食品、天天熬夜、不刷牙不洗头，可能 30 来岁开始，就会牙齿变黑、脸色暗黄、身上长满肥肉，和美丽二字彻底绝缘。而那些在很大年纪，依然身材挺拔、干净卫生、让人赏心悦目的人，都是靠着日复一日地自律和学习，才后天慢慢修炼出来的。

你现在还很小，未来有无限的可能。不过在这个年纪，恰好是初步养成学习习惯以及价值观的起点，我觉得还挺重要的。

禀赋这把闪闪夺目的宝剑，你已经有了。下面的核心工作，就是打造剑鞘，它虽然外表乌黑不起眼，但一方面可以保护你不被割伤，另一方面也能更好地保存剑的锋利。眼下这一部分工作，明确而简单。

(1) 保持上课专注性，这是一切学习的基础，这一点你做得很好。

(2) 课后练习要及时交，错题及时改，基础内容搞扎实。这些还有很大的进步空间。

(3) 不会的问题，不要气馁，多花点时间。你以前过于习惯一眼看穿题目答案的感觉，对于高年级而言，那是不太可能实现的。你要尽快适应这一点，投入一些耐心、学会一些方法，去慢慢搞懂问题。

写给上课因做不出题而哭泣的女生

××同学：

上节课讲方程的时候，你因为不会做题，一个人默默掉眼泪。那种情形下，不管是老师还是家长，都没有什么好方法可以安慰你。不过，现在已经过去几天了，我想你的情绪应该平复下来了。我想简单说说这件事，不然你也许不会意识到它的意义。

我见过不少做不出题的孩子，但在没人批评训斥的时候，默默哭泣却还拼命做的，真的很少。这里完全没有批评的意思，相反我是想让你意识到，促使你哭的东西，是一种特别宝贵的品质。

等你长大一些就会明白，决定个人成就的因素，无非就那么几个。你因为做不出题而哭，这背后的精神恰好是其中最重要的一条。说是对自己不满意也好，说是不甘心也好，总之这种强烈渴望让自己变好的品质，它本身是很稀有的。

你可能觉得这很自然，可事实上多数人并非如此，他们做不出来也无所谓，一边偷懒一边嘻嘻哈哈，希望把问题掩盖过去。所以你的眼泪，证明你积极进取，努力向上。如果方法得当，你会是个很有潜力的孩子，这是我想让你明白的第一点。

第二点想说的是，在不甘心的哭泣之后，你的选择很重要。

打个比方，你的不甘心是一股很强大的动力，好像汽车的发动机。在强劲的动力之下，如果选好方向，会在大路上快速进步。但如果选错方向，也会让人加速开向悬崖，陷入危险。如果陷入长期的低落，进而自我否定，觉得自己笨、能力差，甚至因此排斥数学，这就选错了方向。

那什么是正确的方向呢？决定数学水平的是长期功夫，今天的落后往往和今天没有太多关系，它主要在于以前。比如别人超前学了你没学，比如学习方法不对导致基础不牢，比如频繁改变学习环境导致衔接不好……如果之前有这些问题，任何人不可能靠一两节课追赶上来。你需要放平心态，接受短期的落后，给自己时间。

而且在课堂上的表现，与数学能力的关系并非很大。不少学习非常好的孩子，课上并不是很活跃，甚至有些接受能力不是很强。但他们在课后所下的功夫，足以弥补课堂上的这些小问题。

所以我想说的是，长期的课后功夫，才是最能帮助你进步的行为。相反，一时的情绪发泄，帮助并不会很大。

简单总结一下：

(1) 你是个非常有潜力的孩子，要有自信。

(2) 你需要给自己时间，并多在课后下功夫。

除此以外，如果你想把事情做得更好，你可以参考以下细节：

(3) 遇到问题尽量别着急，试着深呼吸几次，调整情绪。人一旦急了，被情绪占领大脑，就不可能做出题了，数学尤其需要冷静。

(4) 给自己一些时间，不要想着一下就领先。你要理解学习是个慢功夫，即便你非常努力，也要在半年、一年后才会慢慢显现效果。

(5) 平时功夫的细节：认真听课、改好错题、有不会的就问、时常复习。这些行为都不难，难的是日积月累的坚持。好学生都是长期主义者。

最后我还想补充一点个人感想。其实每个人都会有缺点、有不足，即便再努力，也很难在所有领域都成为优秀者。但个人的价值，并不只取决于最终结果，而是取决于有没有斗志、有没有坚持、有没有努力到无悔的程度。

大树固然很高，但它脚下一棵于夹缝里成长、迎风开放的小花，也会闪现出耀眼的光彩，让人忍不住赞叹。真正让我们绽放价值的，是那颗向上的心和长期努力的过程。

写给因习惯性优秀而过于自律的同学

××同学：

你妈妈那天和我沟通，说了一段话："她太听话了，我特别希望她能多点自己的想法，多遵从自己的内心。"我听了之后，开玩笑直呼凡尔赛。可我知道你妈妈说的是真心话，你就是这样一个太听话的同学。

上课从不迟到、听讲从不走神、作业从来都高质量完成，这是我观察到的事实，而这还是对待你并不太感兴趣的数学学科时的表现。我由此不难推断，你对待英语、语文、练琴以及其他一切正在从事的事情，应该都是这样高标准、严要求、绝不自我松懈的态度。即便在大人看来，长期在所有事上都精益求精，也着实有些太累了。

从学习的角度来讲，这种性格是极有优势的。如果所有人都如此，老师教学的负担会减少80%。没有老师不喜欢这样的孩子，至于学习成绩优秀，是理所当然的事情。但任何事情，都会有正反两面。在学习角度是极品品质，从其他角度来看，就会多多少少有一些代价。学习方面的建议，确实能说的不多了，今天就说说学习以外的建议。

坦率来讲，我的性格与你非常相似，你现在的表现，我小时候都有过感同身受的经历。所以下面不妨把叙述的口吻换成“我们”，代指我们这一类性格的人。

我们本能地在乎别人的评价，因此渴望优秀，让自己安心。

我们非常努力地去学习，但依然时常紧张，总怕自己答错问题、怕自己上黑板写错答案。

我们不太喜欢举手，更怕老师主动来叫，我们更喜欢在下面默默努力。

我们一偷懒就会有负罪感，更怕老师第二天会检查，因此容易惴惴不安。

长大之后，我们时常会羡慕那些洒脱的人。比如到哪里都能和人主动聊天自然熟的人，比如非常有主见总能带领大家一起行动的人……

而我们可能总会小心翼翼地隐藏在人群里，渴望被发现又不敢出声，心理活动太多而犹豫来犹豫去，以至于自己都觉得自己太胆小……

所有这些，我都长久地经历过，相信你也正在或终将体验到。我也读过关于改变的书，最后却发现帮助不大。因为这些性格属性，很大程度上来自先天气质，来自我们神经系统的独特性，是“我之所以为我”的一部分，强行想改确实很难。我所总结的对待它们的更好的态度是：了解、接受、调整、合理使用。

了解：先明白自己性格属性的优点和缺点，并且也要明白，每种性格都有两面，大家都有自己的优势和无奈。

接受：平和接受自己的性格，接受自己的优点，当然也要接受自己的缺点，不用过度追求完美。

调整：针对性格的劣势，在接受的基础之上，做一些辅助工作来帮助调整。这点稍后会给你几个建议。

合理使用：把自己的优势用到最擅长的领域，选对了方向，我们这类人不难做到出类拔萃。

在我个人的经历中，其实走了不少弯路，才慢慢寻找到一些平衡。有几个特别简单的建议，我想如果年轻时的我能了解的话，会对我帮助很大。

1. 健身的习惯

虽说健身对所有人都有用，但它对我们这类性格的人有更独特的意义。我们的先天交感神经过度活跃，体现在心思重、爱思考，这有好也有坏。好处在于做事周密、精益求精、让人放心。坏处是会压制肠胃功能，导致消化系统不太好；而且容易引起焦虑、失眠等问题，对生活质量有一定影响。

运动对这些都有显著的改善作用。它会让你的基础体力增加，更能抗压；它能增加食欲，提升消化系统的动力；它能适当缓解大脑的高负荷，令人更容易获得平衡，也更容易入睡。

2. 承担责任，提升水平

很多焦虑都来自犹豫。一旦没有选择，心理负担反而会低很多。比如，如果不确定自己要不要回答问题，我们会为举手还是不举手而纠结一节课，下课后还会为了刚才没有举手再自责半小时。但如果你确定这节课必须要回答问题，心神就被解放出来了，不再用于反复犹豫，而是用于专心提升水平。

有一个比较简单的方法可以帮助我们做到这一点，比如担任某科的课代表。这样，至少在某一门课上，我们那超强的责任感会逼迫自己，必须要回答一些问题，以履行课代表的职责。更会努力提升自己的水平，以便能在无人回答问题的时候，帮老师解围。责任，会推着我们跨过犹豫的沼泽，迈入行动的康庄大道。

当我们习惯了小范围的举手发言后，可以尝试申请做班长、团支书等。这每一件事都不容易，都有种把自己抛出去的感觉，但它们真的有利于提升行动力，使我们从过多的思想负担中解放出来。

3. 追求卓越，而不是完美

人不可能擅长所有事情，强行逼自己事事完美，会额外增加很多负担。擅长数学很厉害，可擅长语文也同样厉害；会唱歌挺好，但会演奏乐器也是不错的。我们真正要追求的，是做事情时踏实努力、问心无愧，而不一定强求结果。

4. 找到一点放松的途径

在其他性格的人看来，我们好像很累，一天到晚都很自律。但作为这种性格的人，亲身的感受并不是如此。我们感受到的并不是压抑和束缚，而是稳定执行计划带来的安全感。如果你也这么感觉，可以跟妈妈沟通交流，让她放心，因为她总觉得你太累了。

不过，当自己病了、状态不好或者遭遇其他事情打击了，这些时候也完全可以先抛下那些，找到一些小小的放松通道。比如在99%的时间里，曾经的我都是自律的好学生。但偶尔，我也在下大雪的冬天凌晨，爬过三米高的足球场铁网去踢球；也曾经逃过晚自习提前坐车回家补觉；也在重要考试之前，熬夜刷过动画片。

偶尔心身放松一下往往能释放长期自律积累的疲劳，帮你开启一个更加高效的学习周期。而且在多年之后，它们也会偶尔跳出来，让你会心一笑，成为有趣而珍贵的童年记忆。

写给因放纵而成绩下降的孩子

××同学：

暑假最后的小测，你的成绩有较大的下滑。细细分析一下，提升部分做得不错，说明能力还在。但前面计算、填空部分反而错了不少，这些基础类问题，成为影响分数的核心。当然，一次考试成绩是相当小的事情。别说这种小测，即便是期中、期末考试成绩，也都不过是一个数字而已，并没有什么决定性的意义。

而我今天想聊的，也根本不是分数，而是分数背后可能反映的问题。个人感觉，这对提升个人认知有重要意义，比分数重要得多。

成绩下降的原因是什么？粗略来分，会有两种。

一种是自然波动。在一个合理范围内上下波动，这是事物运行的基本规律。如果某次考试略有失误、成绩略有下降，而总结分析发现自己在学习、复习过程中没有任何问题，那确实不用过于纠结，交给时间就好。

而另一种，因为某些特定原因导致的成绩下降，就需要用心对待，及时总结。否则，将影响我们的后期学习。

在我看来，这次成绩的大幅下降，并不完全属于自然波动。不只是你，不少先前成绩优异的同学，都产生了大幅下滑。经过上课时的观察，我认为这是或早或晚的必然。因为放暑假、疫情、双减，大家近期的学习环境产生了巨大变化。比如，全部改成线上课堂、作业只能网上提交、只能收到电子反馈、老师无法检查大家的二次改正情况等。

总结为一句话，原来的强监控环境，一下变成了弱监控环境。原来靠老师督促着大家完成的事情，现在需要靠自己来主动完成。大家不妨自检一下课堂的基本要求：① 上课能全程专注听讲吗？② 作业能高质量准时提交吗？③ 错题能高质量改正反思吗？④ 不会的题，是否投入了额外的精力去思考吗？

中国有句话，见微知著，意思是见到事物刚露出的一点苗头，就能知道其本质和发展的趋向。成绩下降是小，但如果能从小问题中迅速捕捉到有价值的东西，并把问题扼杀在苗头阶段，这种能力会让人一生受益。

目前的成绩下降，就是这样一个小苗头，但“双减”对学习环境的影响，会极其深远。也许，你们再也无法回到以前的补习环境了。原本很多靠老师推着、逼着做的事情，渐渐都需要自己完成。及时找到适合自己的学习方式，这点特别重要。

你是一个很敏感的孩子，对自己的要求也很高。相信通过这次小小的教训，可以很快找到问题点并调整好自己，走好未来的学习之路。

值得一提的是，在聊天过程中得知，你妈妈很早之前就观察到，你暑期后半程的学习状态并不好，却一直忍住没有批评你。因为她明白，有些东西需要自己亲身体验甚至是犯错尝到小小恶果之后，才能有切身感受，才有想改变的动机。而且你已经大了，她及时考虑到了你的自尊心，愿意给你选择甚至犯错的机会。

你应该感谢自己有一个好妈妈，她一方面在密切关注危险，一方面又在可控的范围内让你独自面对危险。未来有一天，你会慢慢变成一个理性、强大、自律的青年，这种成长跟妈妈的这些努力着实是分不开的。你可能嘴上很难说出感谢的话，但心里应该存有一份感激，这也将成为未来奋斗动力的一部分。

最后，送你一句话“失败是成功之母”。但我需要把这句话略做补充，不然它显然是有问题的。

对于从不总结调整，遇到问题就责怪他人和环境的人来讲，失败永远只是失败，而且会导致一连串更多的失败。在这里，失败没有任何意义。只有对于那些能在失败中总结经验教训、提升认知、及时调整自己的人来讲，失败才是伟大的财富。在这种前提下，我们每经历一次小失败，都相当于是在自我升级，我们因为失败而越来越优秀，这让我们走向成功。

这次成绩下降，就是这样一个小小的挫折。希望你能从中感受到些什么，及时适应“要靠自己学习”的形势。如此，它就是跳板，让你提升到更高的层次。那时回头来看，你会感激这次小失败，是它塑造了那个未来更加优秀的你。

写给不想上辅导班同学的一封信

同学们好：

寒假开始了，但估计大家都会很忙，你们有很多的辅导班吧。大家心有怨言，都是可以理解的。写这篇文章，不是为了劝导你好好上课，而是想和大家探讨一下：有没有不上辅导班的可能呢？

当然，我们要从立体成熟的角度来讨论，所以对你的个人能力和思想见识，都有一定的要求。让我们开始吧。

1. 辅导班的代价

首先你要明白，你的辅导班是有代价的，你的父母花了相当多一部分钱给你报班。多少钱呢？

我给你简单算一下。以“语文、数学、英语”各报一门来算，按照目前的市场来看，一年的费用应该不会少于三四万元。如果再加上其他兴趣班，比如钢琴什么的，那就更多了，一年5万元，甚至10万元的都有。

你没赚过钱，可能不太明白，这个最少的三四万元意味着什么。如果你读书读得不太好，高中毕业直接去打工，当个餐厅的服务员，或者考上一般的大学，毕业后当个普通的办公室文员，这些工作一年的收入也就这些。辛辛苦苦干一年，不吃不喝，刚刚够报辅导班的。

这么说如果还不直接，再换个比方。如果选择去资助贫困山区的学生，一个学期的生活费和学费加在一起只要660元，但相当多孩子因为拿不出这660元而辍学。30 000÷660＝45.45。你一年辅导班的钱，够45个孩子一年上学和生活的花费。

三四万元钱是一笔不少的钱，如果不花，你的爸妈可以带着你去国内旅游十来次，如果想出国游玩，一次也很难花完。你妈妈可能很久都没买过新衣服了，爸爸可能每天努力工作给你赚辅导费。这就是你现在上辅导班的代价。

2. 可不可以不上辅导班

如果可以，你爸妈也不想花这个钱。道理不难理解，省出来这么多钱，能显著提升家庭的生活质量。但问题是，他们知道（你现在可能还不知道，但每个毕业走上社会的人都将知道），你的学习成绩极其重要。如果你能有机会上一个好大学，对未来的帮助是极大的。

在这种两难境地下，如果你有能力做到不上辅导班成绩还很好，无疑就是最优解。但这个相当难，所以咱们一开始就说对你的见识和能力要求都很高，不过这应该是我们努力的方向。

事实上，辅导班真的能提升成绩吗？这其实取决于你怎么用它。我们最推荐的一种用法是，如果你目前成绩较差跟不上进度，那就先一对一跟老师好好补课，争取把水平提升到可以跟上大班课。如果已经能跟上大班课，就再尝试努力向前，并刻意培养自己的自学能力，慢慢达到脱离辅导班也能保持领先的境界。除了奥赛等特殊路线的拔高课程(这种很难自学,老师很重要),对于常规的课内教学体系,教材、配套练习可谓应有尽有,只要你有能力自学,完全可以靠自己达到优秀水平。

老师认识一些真正的学霸,他们有很强的自学能力,有很强的不靠辅导班也要学好的斗志,当然也很刻苦。他们偶尔也去辅导班,但上不了多久就把辅导班的精华都学会了,自然就不再上了。因为他们发现,结合自我情况的自学提升,永远是效率最高的。没有人比你更了解你自己,所以如果你有能力自学,效率会秒杀一切辅导班。

说说大家对于优等生的误解

人们对于优等生，有相当多的误解，认为他们各个智商超群，学习好只是因为智力优势。

今天不妨以一位小学霸（T 同学）为案例，给大家讲讲她平时学习的细节。这一方面是为了鼓励这位孩子克服现阶段的困难，另一方面也是为了帮大家破除对好成绩的误解，学会脚踏实地地努力。

T 同学三年级的时候，就在辅导班里拔尖，后来因为太优秀，被破格提升到四年级，居然在很短时间内又名列前茅。最终跳了一级，直接进入高年级天苗班。天苗班进度又快且难度又大，一年的时间里，他们学完了六年级全部内容，并完成了第一轮总复习。T 同学跨两个年级参加了初一的新生测试卷，试卷很难，T 同学的得分也在全体新初一学生中，超过了 80％的参考学生。而现在，她才刚刚四年级毕业。

显然 T 同学是多数家长眼中的典型学霸，几乎不会有任何质疑。

然而，优等生是否真的纯靠天赋异禀？是否所有知识一听就会？是否真的一路没有任何障碍就获得这种成绩？显然不是的。事实上，T 同学在最近的学习中，一直都不算顺利，反而要比一般同学艰苦得多。只不过除了老师和孩子的父母，其他家长是根本看不到的。

艰苦在哪里？我可以具体说说。虽然基础和脑力都很不错，但毕竟跳级进的是最顶尖的班，年龄的劣势在这里表现很明显。对于高年级不少需要多方面综合辨析能力的问题，T 同学做起来会很吃力。

在不少次的班内考试中，T 同学的成绩都比较靠后。因为担心长期如此会影响学习积极性，所以我时常与她的家长进行沟通，了解到以下细节：

(1) 经常一个题要花半个小时才能搞定。

(2) 在屡次考试靠后，很多题都要花半小时才能解决的前提下，T 同学仍然一边咬牙努力，一边战胜自己。

案例就介绍到这里吧。通过 T 同学，我想跟大家分享几点，那些看起来成绩很好的同学，除了脑子好用一点之外，更为根本却常被大家忽视的细节。

1. 习惯于吃力

他们学什么都很轻松吗？这是对学霸群体最大的误解。事实上，他们中的多数都被不少问题困扰着。无论是深层次的书籍、扩展的难题还是疑难的生活问题，他们大脑被各种问题困住的时间，都远远多于成绩一般的同学。

但他们与一般同学的核心差别在于，对于“被困住”境况的态度。一般同学非常不喜欢被困住，一遇到困难问题就容易逃避抗拒。对于实在躲不过去的，也会拖延、求助，反正很不情愿主动去思考。而他们则很享受这种被问题困住的感觉，甚至会主动寻找能困住自己的问题，在和问题长期纠缠的过程中，思考能力得到了极大的提升。

2. 效率极高

很多家长问，刷题好不好？无脑刷题当然不好，但只要能吸收、会总结，多做题当然对学习有促进作用，这点毋庸置疑。不同的学生每天学习时间差异不会很大，但效率的差异，说有十几倍甚至几十倍，应该都是不夸张的。

以T同学为例，我本来鼓励她利用暑假时间把今年的错题再认真复习一遍，没想到暑假才过去几天，她就把所有错题都整理重做完毕，哪一页有不会的问题都标得清清楚楚。

梳理巩固错题，是我一直在各个班级里重点强调的学习方法。但很长时间过去了，绝大多数孩子也很难坚持执行，而这个4年级毕业的孩子，居然只用了5天，就以极高质量完成了5～6年级两年的作业复习。这个效率差异，用天壤之别来形容也不过分。

3. 持之以恒地坚持好细节

学习是个长期反馈的过程，一两天、一两周、一两个月的发力，并不会给长期水平带来什么效果，最难的是持之以恒的细节坚持。

T同学在从小到大的学习生活中，已经养成良好的学习习惯，所以在各科学习中、在长期的时间尺度内，她总能获得不断进步。

总　结

T 同学这类学生，与普通学生之间很难产生 2 倍的智商差异。但论做题量，他们至少会比普通同学多三倍；论错题整理效率，估计会有十几倍；论主动努力克服困难的意愿，也许会有几十倍。

在中小学课内学习中，智力并不是决定因素，你不难看到不少看起来很聪明的孩子，学习并不很好。究竟该在哪些方面用力，希望这篇文章能给大家一些启发。

最后，想对 T 同学单独说两句：

作为老师，我一般极不建议学生跳级学习，尤其是那种脑子聪明、学东西很快、基础不扎实、学习习惯不好的学生，这很不利于长期发展。但对于你，考虑到基础好、习惯好、学习扎实、认真努力，这方面并不会有什么负面影响。而且从某种角度来讲，为了跟上这种吃力的高强度学习，你现在所额外付出的时间和心力，其实已经在塑造着更高层次的学习能力。一旦我们习惯于走吃力的路，不以为苦，反以"充分调动一切方法努力跟上"的过程为乐，就已经走上了更高层次的学习之路。

今后，不管是语文、数学、英语，还是各种新的学科，它都能帮助你以极高的效率名列前茅。我唯一担心的，是长期的班级末位会影响学习兴致。这里我给两点建议：

(1) 充分利用暑假时间，补补自己的薄弱点，争取一些进步。

(2) 扩展自己的认知，以低年级身份在高年级顶级班，即便落后也不用有任何思想负担。只要跟上老师的节奏，学到对自己有用的知识、方法和价值观，不断发现问题改进自我，就能取得持续进步。

祝健康成长，学业有成。

第六部分

教 育 随 笔

课后延时服务在帮助谁

有钱花昂贵的择校费进知名小学的家庭，有钱参加暑假素质夏令营的家庭，有钱雇保姆接孩子送辅导机构的家庭，有钱请一对一高端家教的家庭……这些家庭对课后延时服务的评价，普遍不会太高。

是的，和付费的商业服务相比，说它效率低、形式单一，是有理由的。而国家之所以克服重重阻力，付出高昂代价也要推行这项政策，是为了大多数普通家庭的孩子。如果任由教育市场化，比的都是课外辅导班教的内容，确实有失公允。

生活在江浙沿海地区，我们很容易产生一种错觉，认为贫困家庭的孩子应该是极少的，因为无论是在同学圈子、同事圈子、生活圈子里，哪个孩子不是一年花几万元甚至十几万元报各种补习班？但在我们的视野之外，在城市的夹缝中、在广大的乡镇农村、在中西部地区，还有不少生活贫困的孩子。只不过，这些家庭处在隐形的状态中，要么知识水平不高，要么忙于生计，没有精力在网络上发声，因此无法被我们看到。

如果上一代的落后，会直接导致下一代被淘汰，这个世界未免就有些太过残酷。孩子是无辜的，他们应该有尽可能公平的竞争环境。像我们这一代，重点中学、重点大学里不少人是农民和一线工人的孩子，大量类似的阶层跃升对整个社会的活力至关重要。如果哪一天，重点中学、重点大学里全都是高知家庭的孩子，全都是从小一年数万元培训费培养出的精英，这样的世界将失去前途、失去活力。

最近的双减政策，包括课后延时服务等举措细节，本质上都是在帮助金字塔底座的多数家庭。富裕家庭认为很低效的自习环境，也许对于后者来说就是难以奢望的学习环境。毕竟，相比较菜场的嘈杂、电动车上的颠簸、路边石台的刺骨，明亮的灯光、平整舒适的桌椅、安静的教室，就已经是极好的学习环境了。

双减政策的价值，也许并不在于(也不可能)解决所有问题，而是做了一个明知很难为却要为之的选择。

这条路，践行了那句“代表最广大人民的根本利益”，也给“不忘初心，砥砺前行”的口号，做了最坚实的注脚。

为啥小升初可以摇号，但高考不能摇号

之前不止一次表示支持小升初摇号入学，有不少家长留言："既然高考必须考试，小升初摇号有什么意义呢？"

我们这里不妨打个比方，用一个例子来类比理解现实问题。假如你有一万颗品质差异很大的种子，可你的资金不充足，只够培养 2 000 棵左右的果树。那么对一个果农来讲，应该怎么栽种呢？

第一种方法：无差别播种。

很多人喜欢拿北欧发达国家的高福利政策来对比中国，却忽视综合国力的差异。以瑞典为例，这类国家人口少、收入高，有实力让全民接受高等教育。也就是说，他们不存在我们所面对的"只够 2 000 颗种子的培养费用"这种难题，自然更能够选择普惠的教育政策。

但如果我们也把所有资金平均分给一万颗种子，这样每个种子只能得到约 1/5 的资源供给，这看似很公平，实际上却异常残酷。因为资金的限制，每颗种子生长约 1/5 时，就面临水肥枯竭的危机，最终没有一棵能够长大成树，结出丰硕的果实。

第二种方法：小范围耕种。

既然没有足够的资源播种所有种子，有人提出，那就选

2 000 颗种子好好耕种，剩下那 8 000 颗扔掉就好了。但关键是种子在未种之前，不知道谁好谁坏，这时候该怎么选呢？父母之爱子，则为之计深远。因此，所有父母都想为子女争取到受教育权。

作为有着悠久历史的中华民族，不难联想到春秋战国的封建贵族，两汉魏晋的门阀士族，就是这样一种制度。只有权贵阶级才有资格接受教育，平民百姓能有幸识个字就不错了，根本没有机会向上攀登。

而这样做的弊端非常明显，一方面，很多世家大族里不学无术的人，也能走上很高的位置，如南北朝时期糜烂的宫廷作风就是当时社会现状的真实写照；另一方面，广大民众的上升途径非常狭窄，杰出的人才被埋没民间，阶级冲突较大，社会根本无法稳定。

第三种方法：组合耕种。

那就只有第三种办法了。先花一部分资金耕种所有种子，让它们自由生长；到某一阶段，筛选出其中长势特别好的（资质优秀），进行优先的培养。

这就是我们国家把教育分为义务教育和高等教育的原因，它们的目的是完全不同的。

义务教育，其根本宗旨是公平，目标有二。其一，让全中国所有的孩子，都获得基本的文化知识，能够在社会上获得基本的立足点；其二，通过义务教育阶段的公平培养，让真正有资质的孩子脱颖而出。

而高等教育，其根本宗旨是效率。它的目标也很简单，把在义务教育阶段表现突出的苗子，进一步培养为国之栋梁，成为各个行业的领头人、创新者和支柱人员。

说得更直白些，义务教育要让所有人都识字、会基本的算数、会简单的英语，到社会上有能力谋生；而通过高等教育，我们需要小部分人能搞懂量子力学、生物工程、人工智能、哲学历史等领域，成为发展的引领者。

因此，在义务教育阶段，最重要的不是提前教很多高端知识，而是要尽可能保证每个孩子接受平等的教育，让他们公平竞争。如果客观条件差异很大，一些好苗子就会因为环境恶劣而失去竞争力，一些质量不过关的种子，反而因为肥料甚至激素的堆积，短期内被拔得很高。这样就丢掉了义务教育的初衷。

近些年的义务教育领域，类似现象有越演越烈的势头。农村孩子、贫困孩子，因为教育资源缺乏，导致很多好苗子被埋没；一二线城市富裕家庭的孩子，则被各种课外辅导班拔苗助长。

这几年国家出台政策，取消小升初的点招，改为全部摇号，就是为了遏制这种势头。无论贫富，大家都有机会进入同样的小学初中接受教育，如此，才是公平的，才能让真正有资质的孩子获得平等的机会。

至于为什么高考不能摇号呢？如果大家能理解上文的逻辑，这就显而易见了。在公平教育的前提下，高考就是为了筛选出真正的人才，送到高等学府里深造。这时候再摇号，真把一个数学只考 30 分的孩子摇到北大数学系，这非但对孩子本身不负责任，是对国家的高等教育经费不负责任，更是对这个国家的未来不负责任。

懒惰与勤奋，同一个人的天壤之别

我一直想写一本书，详细介绍小学数学的基本原理。

但四年过去，电脑里已经零零碎碎累积了 800 G 的视频素材，公众号里也写了 70 万字的各类随笔，课程体系都更新三遍了，而那本书的手稿仍然只有之前写好的十几页。时间越久，我就越觉得这件事很难完成。每次鼓起勇气想去继续写，就会被它宏大的体量、遥不可及的完成日期瞬间击败。

时至今日，我仍然认为那将是一本好书，但这本好书只存在于我的脑子里。一旦想把它写出来，我就感觉自己真是有心无力。好了，说到这里，有价值的问题自然就出现了。

为什么同样是输出内容，做课程、做视频、写公众号如此勤奋的我，就是在写书这个领域如此懒惰呢？四年里，我反复以第一视角感受、思考着这个问题。写书和其他工作，看似都只是输出，但有两个核心的差别。

1. 书籍体系的宏大性，让人望而生畏

写文章，可以轻松做到周更甚至一周两更、三更，其实并不需要什么毅力。因为一旦找到写文章的诀窍，你无非只要抓到一个小的感触点，围绕它填充文字即可。此外，文章和文章之间几乎没有任何联系，写作时只要考虑这篇文章的思路，这会比较轻松。

写书就完全不同了，要考虑整本书的体系，要考虑章节的划分、内容的安排。今天写的文章，非但要承接好上一篇的思路，还要给下一篇留下合适的引子。这样一来，写书时脑力负荷就特别大。你仿佛始终要考虑大问题，无法专注于当下这篇文章的写作。

所以想要写书，或者想要做比较宏大的事，必须要学会化整体为部分，通过合理的切分把大脑从“整体的艰难模式”切换到“当下的简单模式”，这对人的要求是很高的。

2. 在书籍完成之前，缺乏任何反馈

写公众号、制作视频，这些输出虽然也很辛苦，但好在第一时间就有反馈，这使人不断获得动力来继续。

但写书不同，在书稿完成之前，这本书基本只在你一个人的视野中，不会有任何的反馈。你需要在无反馈的情况下持续投入一年、两年甚至更长时间的努力，最终才会获得一个大反馈。

我们普通人，如果想在长时间内保持努力，就需要频繁的外界反馈来支撑。据我所知，不少知名作家也都想过某些办法，帮自己克服缺乏反馈的困境，比如通过连载方式去完成写作，因为有读者的反馈互动，就会有更强的动力坚持下去。

弄明白这些之后，尽管拖了四年有些遗憾，但我并没有真的很自责。理性告诉我，我只是还没有建立起这些系统，而单纯靠主观的毅力是很难完成这种大任务的。

比起羞愧自责，更应该去构建良好的系统。比如通过合理的切分，把大目标转化为小模块，这样更容易下手；比如可以通过连载或其他方法，获得一定的正向反馈。然后慢慢习惯这样一种创作状态，把一切推向正轨。

类似的问题并非是我个人的问题，也是家长工作、孩子学习中常见的问题。我们经常给孩子设定长远的学习目标，但很少考虑他们因为缺少上述环境的支撑，也同样很难长期坚持。

不少孩子即便想学却不知道该怎么学，想补落下的内容也不知该从哪里入手。虽然也想努力、也在努力，但收不到任何一点反馈，毕竟老师只表扬成绩靠前的学生，而家长只爱盯着孩子的缺点。

经过四年的切身体会，我深感这些东西是如此重要。别说一个孩子，即便是作为成人的我也很难突破人性的限制，最后拖稿足足拖了四年时间，而这还是我自己发自内心想做的事情。

但我并不是懒，我只是还缺少些东西而已。我相信多数孩子，也是和我一样的。

辅导班老师的出路

国家出台“双减”政策后，许多课外辅导机构纷纷倒闭或裁员，势必会影响每一位课外辅导老师的前程，搞得人人焦虑不安。

在改革过程中，虽然大量辅导机构会有大量的裁员，但我打心底里还是支持这种改革的。如果再不改革，教育市场会在资本的裹挟之下，进入营销焦虑—抢占市场的恶性循环之中，和真正的教书育人理念越偏越远，这是每个老师都不愿看到的。

再详细说说教师这个职业的特点。教师吃的不是青春饭，需要很强的专业技术，能够深耕的地方特别多。

首先，你要在专业领域里深耕。很多外行人认为，小学老师特别好当，因为题都特别简单，只要都会做就行，这就是一种大大的误解。如果只做到这一步，根本连门都还没入。

提升一点要求，你要明白每个题目的考查点，能拆解开来给学生讲解明白。

再提升一点，你还要能换位体察，看看学生究竟是因为哪个知识点不会，才导致这一题做不出来。作为老师，要理解别人“为什么不懂”，才有讲课的切入点和抓手。

再提升一点，你需要对每个知识点中的难点、易错点都了如指掌。这需要有相当多的教学经验，认真分析反思教学中遇到的各种问题，才能慢慢搭建起这个系统。

再提升一点，通过几次讲课、几次练习，就能精确把握孩子的知识、学习风格、性格特点，以调整讲课的侧重，达到最好的吸收效果。这是真正意义上贴近因材施教的教学方式。

能做到这一步的老师，已经是凤毛麟角。如果你在学校里，一定会被家长赞颂；如果你在市场中，一定会有大量的生源。

其次，你需要了解各方面教学相关的知识。

学习看似是学知识，但知识却最表象，下面还有动机、思维、方法、习惯等多方面的配合因素。比如动机，这显然是心理学方面的研究内容，有关人格心理学、动机心理学等心理学著作，会对你有相当多的帮助。比如思维，这牵扯到遗传、生长发育和脑科学等方面，有关认知心理学、脑科学、遗传学以及各种儿童生长发育方面的书，有必要多了解。再往上，学习方法与习惯，这涉及学习科学，有关学习究竟是什么、如何学习等类似系统研究如何提升学习效率的书，要读要用。

这些还只是直接相关的领域，除此以外还有不少有间接价值的领域，比如管理学、经济学、历史学、系统学、哲学，里面都有数不清的对教学有帮助的思想和方法。作为老师，一方面有大量一手的教学经验，另一方面又有相当宽泛而深厚的理论基础，将这两方面结合起来，会产生极为有趣的教学反应，极大提升教学效果。能做到这个程度的，本身就是终身学习的榜样，不但专业技术一流，还会自带人格魅力，很难不成为一位名师。

最后，你还要躬身践行，用心教书育人。

教育是很辛苦的行业，一方面，连续上课、认真备课、亲自批改反馈作业，这些都是日复一日的体力工作，相当繁琐且没有尽头。另一面，教育面对的是活生生的人，在教书育人的过程中，感受到自己的努力能带给他人显著的成长，这种心灵上的满足也是其他职业难以比拟的。

在国家的大力整治之下，课外培训行业的野蛮发展势头已经宣告结束。从短期来看，课外辅导老师的收入会有所下降，甚至面临失业的风险。这会让相当一部分只是为了赚钱的"老师""助教""课程顾问"逃离这个行业，这并非是一件坏事。

现在资本逃离、营销受限，教育要重新回归教书育人的原旨。教学水平、尽心程度、学生口碑，将再次成为广大课外辅导老师的首要追求。课外辅导老师不会再是赚快钱的职业，而是一个有底线、有情怀、需要专业素养和长久深耕才能胜任的技术行业。作为专业老师，这才是我们喜欢的方向，也是我们擅长而有优势的地方。

大雨中奔向课堂的孩子

突然下了一场大雨。男孩从窗子向外看去，有个难题困扰着他：下午的作文课，究竟还去不去呢？

他不想去，因为路途太远，雨又下得太大，即便穿着雨衣，骑到那里也要浑身湿透了。况且这么大的雨，估计大部分同学肯定不去了，课肯定上不成，去了也是白去……

心里数不清的理由，在劝说他放弃吧。但不知道为什么，这些东西并没有完全说服他。身体的一小部分在反驳：这些理由只是不想去上课的借口而已。

时间一点点流逝，心里越来越纠结，必须要有抉择了。男孩一咬牙，穿着雨衣冲出房间，跨上了自行车。他感觉自己很傻，可是抑制不住这股傻劲，艰难地向学校骑去。在路上，他生平第一次发现，原来雨点砸起人来是可以很疼的，碰巧砸在眼皮上，有种小棒敲击的感觉，疼得睁不开眼。他还明白了为什么会有“雨帘”这个词，为什么人们会用“倾盆”来形容大雨。

原来书里的一切，都是真切的存在。

将近一个小时，才艰难地跋涉到少年宫。身上湿透不说，果不其然，只来了几个同学，教室基本上空空如也。没有衣服换，只能勉强坐下来，瑟瑟发抖。

刚坐下不久，老师来了，也是一副落汤鸡模样。同学们哈哈大笑，老师也哈哈大笑，笑声仿佛驱走了寒意，屋里开始温暖起来。为数不多的同学聚坐在了一起，不知道是不是伴着响亮的雨声，老师这堂课显得格外与众不同，大家听得格外舒心。

下课了，雨也停了。原本不认识的同学，因为这特殊的经历也熟悉起来，大家三三两两结伴而行。男孩不知道的是，在这场大雨里他结识了一个同学，后来大家一起上初中、一起上高中，到现在还是很好的朋友。男孩也不曾想到，那个因被暴雨洗刷而显得格外透绿的下午，在20多年后的今天，依然深深印刻在他的记忆里。

这个小男孩，当时也只有四年级而已。他就是20多年前的我。

那场大雨，至今历历在目。我甚至还能感觉到眼睛被大雨砸疼的感觉，记得骑行的路线，记得教室的样子。科学研究表明，很多年后依然历历在目的童年经历，一定对自己有着极为特殊的意义。而这对我的意义，究竟是什么呢？

多年之后的今天，我才渐渐感觉到，如果在成长过程中挑选一段记忆，作为成长的启蒙点，这场大雨会有特别的意义。

说得直白一点，它就是这么一种感觉：突发特别恶劣的情况，预定计划遭到严重影响。心里很犹豫，很想放弃，可经过心理斗争，咬牙决定坚持完成。在最终克服困难实现目标时，感到了精神的升华。

这就是最初的责任感，为计划和目标负责，为自己负责，为成长的诺言负责。在反复经历类似的体验后，责任感会慢慢长大，成为为人处事的习惯，嵌入到你的人格中去。

在书本中、课堂里可以学到东西，在烈日下、暴雨中也可以学到东西。前者为知识，储存在大脑里；后者为精神，储存在心灵中。二者都不可缺少，且无法替代。

现在的孩子，往往很侧重前者，超前学各种知识，但他们貌似少了生活的历练，缺乏越挫越勇、百折不挠的精神。

我明白现在大家条件都好起来了，也没必要再这么艰苦了，但我真正意指的其实是一种混杂了求知欲、责任心和上进心的奋斗精神。如今的孩子多在家长的逼迫、督促下，或者鼓励、培养下学习，但很少再有机会能顶着逆境去学习。而这，恰恰才是最持久、最健壮的学习力。

如何才能培养这种精神？

抱歉，这是课堂教不来的。给孩子提供优越的环境、和蔼亲切的老师，反而只是在营造更有利于学习的顺境。我们并不知道，一旦遇到特别的打击或变故，这样成长起来的孩子，是否在逆境中依然还能挺立？骄阳的暴晒、大雨的冲刷乃至生活的磨炼，才是难得的磨炼这种品性的机会。

提供类似服务的机构目前也是有的，比如徒步夏令营之类。但归根结底它们没法提供真正的考验，只能算是在温室中模拟一下严酷条件而已。因为在一个积极的环境里，在同学的陪伴、老师的鼓劲下，孩子面对少许逆境，是比较容易坚持的。

但真正稀缺而可贵的，是孤身一人突然遇到问题，在可以轻易放弃的情况下，依然去选择坚持。这是最难的部分，也是无论在学习上，还是在生活工作中，最能筛选出人的部分。

我想到这一切，均来自昨天晚上的一场大雨。在突如其来的大雨下，仍有几个孩子克服重重困难来到课堂，这是很让人鼓舞的事。很多可遇而不可求的素质，其实都在小事中生根发芽。

20 多年后，我早已忘了那个暑假学的究竟是什么，但对那场雨，那个在大雨中奔向课堂的孩子，仍然记忆犹新。

那年高考前，我看了七天动画片

高考是一件很久远的事了。

关于高考，我除了记得化学试卷一大堆不会的，坐在考场上有点懵，基本上也记不得什么了。至于紧张的高三，也只剩下朦胧的色调，想不起具体细节。而今天要说的这件事，却至今想起仍记忆犹新。

高考之前的几轮模拟考，我考得一次比一次差。找不到原因、找不到方向，努力也没有效果，我被这种无力的感觉笼罩久了，真的很不舒服。有压力，很压抑，但又无法倾诉、无法破局，又感觉渐渐滑向高考的巨大深渊，没有任何反抗的余地。

六月初高考，时间跳到了五一，这是高考前的最后一个长假，七天的黄金周（当时的五一假期是7天）。理性告诉我当然应该好好复习，但我还是决定先放松半天。约同学是不可能了，在那个关键时间点找人出来玩相当于毁人前程，只能一个人来到网吧，想找点电影看看，稍微排遣一下。谁知，点开了一部动画片《火影忍者》。

这部动画极为吸引人，无论是配乐、战斗场景还是剧情设计、主人公刻画，都让人看得热血沸腾。在第一集末，鸣人就发狠放出千倍影分身之术，那汹涌澎湃的感觉，对一个高三学子有足够的吸引力。

怎么好看不是重点，重点是本打算看几集就回去复习功课的我，直接一口气看到了天黑，才依依不舍地回家。离开的时候我看了看更新进度，那时已经更新到一百多集，当时就感觉不妙，心想这下怕是要完蛋了。我过了极其纠结的一个夜晚，在绝对应该做的事情和特别想做的事情之间，展开了拉锯战。

高考是多么重要，固然不用再解释了。但最终我真的看了七天动画，书碰都没碰一下。在第七天下午看完最后一集后，我心中充满了复杂的情感。当然有愧疚和不安，但也有动画带给我的血性和斗志，还有一种重要的完结感。完结感是指在完全按照自己的意愿过完一段放纵的生活后，内心涌起强烈的想要重回正道的愿望。

带着这份复杂的情感，我拼命复习了一个多月，成绩反而又开始回升，最终如愿考上了一所“985”大学。

如今回看这段经历，颇有种险象环生的唏嘘。如果因为这种放纵耽误了高考，那将是怎样的一种遗憾？但从另一个角度看，我又感觉，能打破成绩瓶颈的诅咒，在最后阶段慢慢回升，最终考上好大学，这件事可能也有它特殊的作用。

坦率来讲，对于高考复习多几天和少几天，真的有什么差别吗？对于有一定水平的学生而言，知识点早已掌握清楚，题型也早就心中有数，甚至对自己的考试风格、强项弱项都了如指掌。真正决定最终成绩的，与其说是水平，不如说是心态和发挥。能吃好睡好，能保证把会的题都做对，不出现大的情绪波动导致严重失误，才是决定最终成绩的关键。

站在事后的角度，常觉得那年五一假期我通过放纵的方式提前放空了自我，打破了原来不好的状态循环。带着歉疚、斗志和完结感，我反而心无旁骛地做好了最后一个月的总复习，就像俗话说的不破不立。近几年我读了不少关于学习科学与脑科学的书，其中也多多少少提到阶段性放空对长期工作的正面意义。

今天为什么要说这件事呢？昨天提到目前小学生学习时间长、压力大，导致了一些心理问题，部分留言表示，自己当年压力也很大，为什么没事呢？没错，当年高中的时候，每天 6 点起床，一直学到晚上 10 点下晚自习，几乎全程高强度，论学习时间，远比现在的小学生辛苦多了。但即便在那个时候，我依然觉得自己是个自由的人，状态好的时候就全心全意学习，状态不好的时候也可以自己选择去放空一下。比如高考之前看动画，如果我不说，至今可能都没人知道，因为那时我可以完全自主地决定去做什么，没有任何人干涉。

你可能会说，那是因为长大了，小时候可不行。

事实并非如此。从小到大，都没有人管过我的学习，不单是我，一起玩的小伙伴，几乎都是自由身，大家经常自己组团出去玩。小学五年级开始，我就开始每周六早晨 5 点去踢球，结束之后还要去某地打游戏机。初中的时候，依然是每周六早晨去踢球，然后中午吃点，继续去打游戏，只不过升级为电脑游戏。高中的时候，虽然课内学习极其紧张，但隔三岔五的下午，也要拼命抽时间去踢一两场球。当然，周末回家玩玩游戏、看看电视，都是解压放松的好手段。

我的意思是，从小到大孩子都是需要阶段性放空的，不太可能像机器那样没日没夜地按照流程运转。而放空的关键，不在于方式多么健康，不在于多么科学，而在于有自由选择的权利。

当然，话分两面说。如果上面这些是写给家长的，下面这一段就是写给孩子的。

放空与沉迷，是两码事。放空是指阶段性的点缀；可一旦沉迷，人就失去了主业和方向，原本很好的业余放松就变成了玩物丧志。就好似高考之前看动画，这虽然风险很大不值得推荐，但我至少做到了明确的切割。七天之内尽情玩耍，但七天之后，就绝不再纠结于此，反而要以更大的努力去学习，以弥补这七天玩耍带来的亏欠。

从小到大，我几乎玩过所有同时代的最让人沉迷的游戏。玩的时候很投入，确实是人生最具幸福感的巅峰体验之一，这些我都承认。但无论玩什么游戏，都要做到明确切割。玩的时候好好玩，一旦超过时间了，就要放下设备，更要放下你沉迷的心，投入到自己的主业中去。

如果你一玩就几乎忘掉一切，不让玩就心怀怨念，或者无时无刻不被这些东西牵动心神，以至于压根无法好好学习。那只能说明，游戏这种娱乐方式，压根不适合你。

良好的切割能力，优秀的自控能力，能让人更好地学习和工作，也能更好地调整人的心态，使人活得更潇洒而健康。这是从小看动画、玩游戏教给我的东西，它们让我从很小的时候，就需要靠自己的力量在“正邪”两端拉锯，表面看来，它比完全断绝“邪”危险很多，但只要能不被“邪”一下吞噬，而能靠自己的力量，勉强维持住正邪两端的平衡，这就是在锻炼珍贵的把握自由的能力。

这个世界没有纯粹的环境，人需要同时面对正道和诱惑，要在完全独立的情况下做出抉择。小时候循序渐进锻炼出的这种能力，也许在未来的某一天有至关重要的意义。

根治慢性问题的心法

我有与两种疾病搏斗很久的体验，一种是肩颈酸痛，另一种是过敏性鼻炎。

我从大学毕业就反复遇到肩颈问题，时好时坏，总体朝着严重的方向发展。患病期间尝试过各种方法：贴膏药、吃药、按摩理疗、拔罐、间歇性运动等。综合来看，每种方法都有一定的短期疗效，但和我想达到的“根治”目标还相去甚远。直到最近，我开始重视并思考这个问题，抛弃了那种“有什么办法可以药到病除”的治疗理念，开始反思自我。真正做到的有以下两点：

(1) 等红灯、等电梯间隙时间，不再掏出手机，而是拉伸一下脖子。

(2) 每周至少去健身房(当然家里或小区楼下也行)做两次肩背力量训练。

我甚至做不到每工作一小时站起来活动活动身体，因为一旦思维专注起来，常常一上午转瞬就过去了。但即便这样，我也已经很久没有感觉到肩颈难受到影响工作和休息了。

另一个大问题是鼻炎，前段时间突然很严重，外用内服也没什么效果。痛定思痛，最后记录分析了鼻炎复发的各种数据，终于发现某些规律：都在秋天换季的时候复发，对秋寒比较敏感，对室内外灰尘特别敏感，对外力特别敏感。

因此，也从生活细节方面更注意起来。首先是不让自己受寒，只要入秋，半夜起身给孩子冲奶时都会披上一件外套。其次，外出或在室内打扫卫生时，一定戴上口罩。再者，坚决不因任何原因触碰鼻子，有时候忍到想剁手。最后，加强锻炼，增加身体抵抗力。

现在我依然在和鼻炎抗争着。因为有了某种试验性质，虽然辛苦倒也充满乐趣。至今为止，鼻炎还未完全康复，但比之前有了很大的好转。

肩颈问题的起源，可以追溯到儿时养成的不良习惯，伏案时间长（学习），酷爱打游戏（娱乐）。而鼻炎的逐渐严重，一方面因为随着年龄增长，体质越来越弱，另一方面也怪自己没有在问题刚出现时就重视，拖到了今日的境地。

人至中年慢慢就能意识到，任何问题的出现都只是漫长因果链条的最后一环，很难怪罪到运气的身上。而我们之所以还有问题突然出现的错觉，是因为既没有反思过去的习惯，也没有推演未来的能力。

对于此类慢性问题，并没有什么立竿见影的刚猛之法，真正的解决之道恰恰在多数人都忽略的地方。

（1）真正能静下心来，好好反思问题的根源。

（2）根据分析的结果，于根源所在的细节处下持久力。

（3）保持强大的定力，努力维持细节处的调整。

（4）不要频繁更换方法，靠时间缓慢而根本地解决问题。

(5) 提升智慧和视野，不要等问题出现之后再解决问题。

谈疾病的治疗不是根本目的，主要是有此经历再反观目前的教育问题，会有不一般的感受。孩子的教育问题，显然是一个慢性问题，但很多家长把这当成急性病来处理，试图在问题出现之后，获得立竿见影的治疗。类似的例子有很多。

比如为了方便看护从小给孩子看电视消遣，上学后发现孩子不爱思考，到处求医问药解决孩子不爱动脑子的问题。

比如指导作业经常发怒打骂孩子，高年级之后到处求医问药解决孩子对学习没兴趣的问题。

慢性问题，由于它特殊的延迟性(今天的问题是很多年前的行为导致的，今天的努力要很多年后才能见到结果)，令很多人难以理解。大家习惯了药到病除的速效思维，突然要去解决这种延迟问题，会显得很不适应。

人生真正重要的问题，都有慢性特质，像健康、事业、亲情、爱情、子女教育、个人成长……在这些领域里，你很难凭借刚猛之力短时间改变现状。在我们尝试了也失败了足够多的次数后，不难发现，真正有决定性影响的并不是某个秘方，而是人人都明白却无法坚持的细节。

比如健康，最好的方法只是合理膳食、规律作息、坚持锻炼、放松心态，难道有谁不知道吗？真正困难的不是如何获得这些方法，而是如何在长久的时间尺度内，用超越一般人的自律坚持好这些细节。当我们晚上回到家瘫在沙发上看电视、刷手机到凌晨却不想睡觉的时候，另一些人却去健身房挥汗如雨，晚上10点多准时入睡。这是人和人的根本差别，绝不是打什么针、吃什么药所能扭转的。

说回教育，目前的教育书籍可谓种类极多，教育机构也是五花八门，通过便捷的网络，家长们也能更方便地交流教育心得。然而，这一切非但没有提升教育的成果，反而只是增加了家长的焦虑和孩子们的负担。

真正有效的方法，并不是方法本身，而是执行的深入性和持久性。而市面上如此多的教育书籍，却通过展示过多的方法，让大家越走越偏。这如同在一堆老年人中宣传各种保健品，让人一边焦虑，一边争先恐后去吃，却让大家连最基本的锻炼都忘了。

对于教育而言，我不认为需要看那么多的畅销书。坦言之，这类书给人的启发有限，比起百年之前的《杜威全集》《蒙台梭利教学法》等相去甚远。现在广为流传的各种"蒙氏"书其实只是参照了蒙特梭利思想中的某一点，做了或对或错的现代包装而已。

如果想要增加一些现代视角的理解，有关发展心理学、人格心理学、兴趣心理学等学术著作，也能帮你更好地理解、引导孩子。

即便读了这么多书，如果在和孩子交流的过程中，克制不了自己的脾气，没有转换视角的基本能力，就不可能做到平和而坚定、平等而尊重，那一切仍只是泡影。

行到最后你会发现，一切如王阳明先生所言的知行合一：真正重要的不是懂多少，而是可以将其转换为持久的行为。

因此，真正的教育究竟是什么？无非是了之三两真智慧，贯之二一持久行。

你不能像《银河补习班》那样培养孩子

那天下了课，饭都没来得及好好吃，就去看了《银河补习班》这部电影。我很喜欢邓超这位演员，也喜欢这部电影所传达的“理念”。但从教育学角度来看，这部电影忽视了不少细节。如果有家长想要模仿马皓文去培养孩子，根本得不到电影里的结局。我觉得它更像是一部童话，一部写给成年人的童话。

放手前要先培养习惯

马皓文接走孩子的第一天晚上，就给孩子讲了句话——你自己的事，永远不用问我——堪称全剧的点睛之笔。我很理解编剧想要表达的理念：要给孩子足够的自由和信任，让他们自己承担起成长的义务。

这当然是正确的方向，但实现它的道路，从来不这么简单。在孩子最终有能力完全自我负责之前，家长需要花大量的时间，帮助他建立起基本的学习和生活习惯。有没有之前的铺垫工作，会对放手之后的结局产生巨大的影响。

一些优秀的孩子，独立能力确实很强。就我身边的例子来讲，有小学四年级就自己事情自己做主的，有初中就独自坐飞机外出游玩的，类似的孩子多是综合能力极强的学生。

而他们的父母，确实很早就逐渐放手了。

但如果你去了解另外一些孩子，他们的家长也多是常年不管不问，甚至连每天吃饭都要自己想办法解决，但多年下来他们却成绩垫底、行为不良，成为问题孩子。

二者之间的差别在于，前者的父母会在儿时极其细心地培养孩子的基础素养，包括学习生活习惯、思考问题方式、人生观价值观，在这些渐渐成型之后，才逐渐以独立性作为收尾。这是一个特别长久的过程，从孩子出生开始最少要持续近 10 年。而后者的父母，啥都没有铺垫就直接放手，这种放手方式，怎么可能培养出成熟上进的孩子？

回到影片中，马皓文的孩子在成长的关键时期被忽视，成为典型的问题学生，身上难免会有不少恶习，自控能力更不可能很强。这时候直接来一句“你自己的事，永远不用问我”，等同于让他靠一己之力完成个人的蜕变，别说孩子，对于成年人都难如登天，他们只会沉迷于手机游戏中，再也出不来了。

只有动力还远远不够

电影《银河补习班》从头到尾都在告诉我们，只要唤起一个孩子底层的学习动力，他就一定能学好。可问题是，这是真的吗？

这个世界上有特别多底层的动机。想减肥、想健身、想早起、想年薪百万。但多数人压根没法把这种动机转化为高效的行为，就是因为缺乏科学的方法。早些年，大家都信奉习惯养成的“21 天法则”，认为坚持 21 天就可以养成习惯，结果发现第 22 天就功亏一篑。后来大家信奉 1 万小时理论，认为只要坚持 1 万小时就能把一个技能练到顶尖。后来才发现，拼命学了 12 年英语，居然连和外国人简单交流都做不到。

经常运动的人都能明白，如果运动不讲方法，非但出不了成绩，反而会落下一身病。所以运动类的电影，都会特别强调教练的意义，他的专业能力可以把运动员的一腔热血高效地转化为成绩。既然运动都需要科学的方法，学习这种脑力劳动，难道只凭一腔热血就行了？这只是电影的虚构而已，真实的情况远不会这么简单。

关于科学的学习方法，已经有相当多研究给出了精确指导。如何制定和分解目标？如何听课？如何复习？如何调整睡眠？如何保证营养？如何复习备考？如何调整压力……这些技术层面的指导，能大幅度提升孩子的学习效率，不能不说极为重要。

家长不需要在这些层面给孩子指导吗？即便自己水平不够，不该给孩子找一些有专业技能的教练吗？你让一个基础很差的孩子去硬啃高中物理，他确实真的搞不定，就像你再想拼，也不可能不经过系统训练就跑下马拉松。

动机固然重要，它像是一台满负荷运行的发动机，提供源源不断的前行动力。但把车子操控好，只会踩油门显然不够。在技术能力不够的情况下，过高的车速反而更加危险。

凭什么比学校内的孩子学得好

电影中的马飞，考前半个月去旅游了，只在旅途的间隙学习一下。即便这样，成绩依然从年级倒数第一上升到年级前十。看到此处，我无语了。

影片特别反对学校里的应试教育法，鼓励素质教育法。这当然也是我所提倡的，也是希望在自己孩子身上实践的。但它严重忽视了素质教育和应试教育各自的特点，以至于编写的剧情脱离实际。

具体来讲，应试教育的优势其实就在于短期的学习成绩。不然学校领导难道一方面想要学生的高考成绩很好，一方面又用对提升成绩效果很差的方法？我们应该相信，在高考制度的大门前，经过这么多年的竞争筛选，应试教育之所以能成为主流方法，完全符合了达尔文的优胜劣汰法则：它就是提升考试成绩的最优方法。

大家之所以摒弃应试教育，并不在于它对成绩无效，而在于另一个方面。过高的学习强度，让孩子厌恶学习，后劲不足。但即便你说它竭泽而渔，从短期来看，它确实是可以得到鱼的，而且会比素质教育得到的多。所以，影片中的马飞，没有理由通过旅行间隙的偶尔学习，轻松超越一大批应试教育的孩子。

至于素质教育，是以长期的成长性见长的，它没法在短期内，让很差的孩子实现大反击。但素质教育用得好，压根不需要大反击，它的优势就在于让孩子一直领先。真正好的素质教育，显然对家长的要求很高，你得从孩子很小的时候，就从生活的各个角度，帮助他积累底层能力。

通过应试的方法，别的孩子花一个星期可以快速学会10以内加减法，你如果不想让孩子靠盲目刷题来掌握，就要提前让他在生活的各个场景中理解数量的意义。别的孩子花两天，就可以背下一首长诗词，你如果不想让孩子死记硬背，就要提前于生活中让他去感受诗词，让诗词像儿歌一样滋润着他的生活。

素质教育下的孩子靠长久的时间取胜，靠细节的滋养取胜，靠深入的理解取胜。但这需要花更多的时间才能缓缓见效，是以整个人生为尺度的学习策略。家长一定不要以为它是应试教育无效后的速效药，事实上如果应试方法都无法保证成绩，转而再想用素质教育来弥补，显然效果会更差。

电影是一种感性的艺术品，但生活是现实的，某种程度上甚至可以说是残酷的。家长们如果不了解真实世界的规律，模仿电影去培养孩子，会产生毁灭性的后果。

第七部分

常见问题回答

到底要不要超前学

小学阶段学习很像是榨橙汁，如果把每个知识点比作一个橙子，那每个孩子就是功能各异的榨汁机。虽然橙子完全一样，但榨汁机的出汁率却不同。

这种差别主要来自榨汁机的设计结构、材料等因素，可以统称为质量差别。不同价格榨汁机的榨汁效率差异较大。但与直接购买成品榨汁机不同，孩子显然是“半成品”，未来的学习能力很大程度取决于后天的教育。换句话说，家长和老师就是一个半成品榨汁机的优化者和改进者，最终的目的是要尽可能优化这台机器的各项性能，为出厂做准备。

为什么要说这些呢？因为有些成年人不理解教育的核心目标是什么，容易被很多表层指标误导。目前最容易误导大众的指标，就是“已榨汁的数量”（已学的知识量）。

任何指标开始出现时都有其合理性，试想两个榨汁效率不同的机器，如果同时榨两个相同大小的橙子，通过比较榨汁的多少确实能比较出性能的差异。但随着时间的推移，指标发生了变化。机器不行，就偷偷多塞几个橙子进去，出来的汁不就多了吗？这就是提前学风气的根源所在。这种风气的肆虐让很多人忽略了“优化机器性能”的根本目的，而只盯着榨出了多少橙汁，导致机器生产厂家变成追求产量的橙汁商，最终产生一系列的问题。

首先，大家只知道拼命塞橙子，机器优化的工作却无人管。这种方法在小学中低年级很有短期成效。

比如幼儿园就学加减乘除，二年级学和差和倍，四年级学分数小数，这些知识都很容易掌握，基本一学一背就会，因此会在同龄人中感到优势。但据我观察，很多孩子的学习完全只是把各种大橙子随便挤一挤，里面还有太多有价值的东西，根本没有触及就直接扔了。“单个橙子的出汁率”，这个最能反映机器能力的指标完全被忽视。

长期下来，孩子通过提前学，也许能保持一点优势，但到了高年级，小学知识学完了，优势很难继续保持。

这并不仅仅是比喻，实际中观察亦是如此。我在教学中发现，有不少孩子在中低年级时都会提前学，但都学得很浅，无非一些皮毛和套路。可一旦能力强的孩子也把这个知识点学了，大家一起做些略有深化的问题，后者就直接碾压前者。

回到榨汁，这好像普通机器只能榨表层的一点汁，与那种一遍就能把橙子榨干的高端机器，在性能上有天壤之别。

当然，还有另一个问题需要解释，不然很多家长难以释怀。学霸们确实都提前学很多啊！他们都很厉害的！这怎么解释？

这里涉及简单的因果错位，大家一定要理清楚。学霸是因为机器已经太好了，榨汁速度和效率都很高，早早就把低年级橙子榨干了，空转又实在可惜，才顺其自然地把高年级橙子拿来用的。你可以看看他们榨过的每一个橙子，几乎都完全榨干，效率极高。

如果只看学霸的学习速度，而不看学霸的学习质量，就会造成盲目攀比。当你拼命追赶他们的时候，有没有看看自己榨过的橙子，里面还有多少残渣、多少水分？这暗示机器本身有多少问题？不关心这些只关心速度，就是本末倒置。

小　结

只有很少的提前学，是“真提前学”。这些孩子有饱满的兴趣、强大的思维、良好的学习习惯，他们能快速学习，同时又有很高的吸收率。

而多数的提前学，都是“假提前学”。他们根本没有充分吸收，只是依靠不断超前，占点时间差的优势。当所有人都学过相同知识点后，所有的优势都会清零。

学习的根本优势是吸收率，不管学得早还是晚，学完就能深入理解、扎实掌握、变通应用，这才是核心竞争力，远比短期进度重要得多。

而想要判定孩子的吸收率，需要通过深化问题来检验，不能只做一些表层的套路习题，这些都属于橙子最表层的汁，对数学能力的提升帮助很小。那些内部的“汁”，无不是需要理解、思考、推理得来的。

为什么吸收率最重要呢？大家考虑一个现实，为什么小学生多数提前学，中学生少数提前学，高中生基本没听说提前学呢？这是因为小学榨橙汁、初中榨苹果汁、高中榨甘蔗汁。随着知识的提升，理解难度越来越高，正常学都学不动了，提前就几乎不可能了。这时候才会发现，倘若机器本身的质量不过关，小时候提前榨的那点橙汁几乎毫无用处。从长期视角来看，小学的橙子是多么宝贵而有限的资源，又是多么好的训练学习能力的素材，为了比速度就草草提前学，实在是太可惜了。

正确的方法应该是，改进一下机器，用一个橙子试试，榨汁率是多少。不太好，再改进机器，再拿橙子试验，如此往复。通过每一个橙子获得反馈，慢慢改进机器的性能，让孩子能够在 6 年时间内，成为一个高品质榨汁机，这才是合格培养者该考虑的方向。

很多中学家长都会事后反思这些问题，但小学家长总在重复犯着相同的错误，这不得不说是一件令人感到遗憾的事。

孩子不爱回答问题怎么办

许多家长特别关注孩子的课堂表现，他们认为，课堂活跃的孩子听课认真，成绩自然不错。

据笔者统计，在历年教过的 5 年级孩子中，分别按照大考成绩与课堂活跃度两个维度排序，以 50％的分界线分为两组。成绩排名前 50％的同学，定义为成绩优秀同学；活跃度排名前 50％的同学，定义为上课活跃同学。最后的统计结果却显示，上课活跃同学中，只有43.4％的同学属于成绩优秀同学。换句话说，如果孩子上课很活跃，成为优秀生的概率是 43.4％；如果孩子上课不太活跃，成为优秀生的概率反而是 56.6％，超过一半。这个结果提醒我们，活跃度可能不是影响最终成绩的关键。

课堂上比较活跃的孩子，有可能存在以下问题。

(1) 追求表现自我。

有些课堂上比较活跃的孩子遇到问题时只要有一点想法，就不再继续思考探究，而把精力放在问题抢答上。比如老师给 3 分钟时间思考，却只思考 30 秒，浪费了很多宝贵时间。

(2) 在意速度。

有些孩子因为过于在意答题，考虑问题往往不够全面深入。这种行为在考试中比较吃亏，因为考试比的不是速度，而是思考问题的深度和严谨性。这些孩子平时答题的风格，让他们很少进行这方面的训练。

(3) 很少用纸、喜欢用脑。

有些孩子反应很快，因此低年级建立了一种“我聪明，只要想一想就能知道答案”的不良答题习惯。高年级时面对复杂问题，如果仍然固执坚持这一套方法，正确率会很低。同时，因为常年脑算，缺少画图、列表等多种书面辅助方法的训练，在后期的复杂大题里往往会很吃亏。

(4) 过于自信。

有些孩子往往很自信，这一方面体现为积极答题的勇气，另一方面表现为做题时的莽撞和粗心。做题过于自信，会带来不少问题，比如不严格审题，以为自己看懂了就脑补条件；比如不进行验算，因为从不觉得自己会算错；比如考试做完了从不检查，觉得自己考得很好。

相反，有些上课相对沉默的孩子(应是专注而沉默)，他们不太举手、不爱发言，显得并不活跃，但在数学这个学科里，反而有一定优势。他们会认真听老师和同学的每一句话；他们会仔细审题、扎实计算、充分思考；他们也许反应不是很快，但正因为如此，形成良好的学习习惯，严谨、细致，能够保证稳定的发挥。

考虑到以上这些，其实家长真的不用特别在意孩子的课堂活跃度。孩子的课堂风格，受先天性格影响，不易改变，但它对数学成绩并没有直接的影响，家长真的没必要因此过多纠结。

学习解题套路有什么坏处

我曾经带了一个小班，里面都是很优异的孩子。一天有位家长跟我说，孩子在各大机构顶级班都上课，很难的奥数都能听能做，只有每次做你作业的时候感觉很难，要考虑好久还有不会做的。

我回答说："我教的还都是课内知识，可没涉及什么偏题怪题。"

"是的，就是觉得奥数再难，听完这个套路就会了。但是课本知识看似简单，想要灵活应用到很深境界反而要难多了。孩子分析应用能力并不够。"

"这也就是为什么很多孩子，学了多年奥数却做不好课内综合卷的原因。"

聊到最后，我更确信了之前的一贯观点：要警惕那些一学就会的数学套路。

什么是一学就会的数学套路？现以案例来说明（图 7-1）。

不止一家网络教育机构，把该题当作案例广告，宣传其教学方法的快捷和高效，解题技巧是直接套用公式：3＋2＋1＝6（个）。但这是一种不知所以然的套路，完全锻炼不到孩子的阅读分析能力。弊端相当明显，这种教法显然只能应付最基本的套路问题，到了小学高年级之后，连课内变化问题都无法解决。现以案例来说明（图 7-2）。

下图中有多少个三角形？

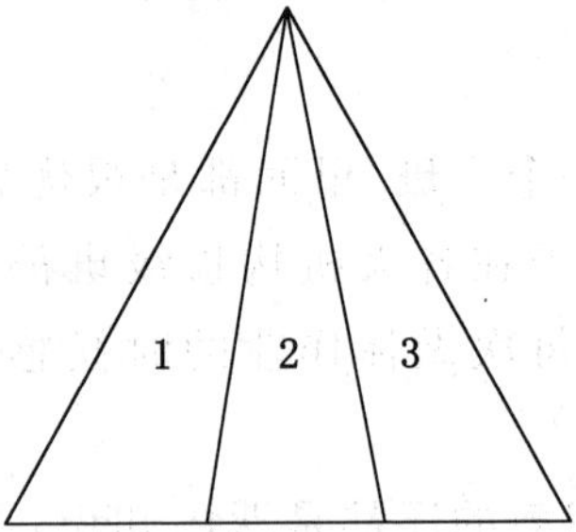

图 7-1　简单枚举问题

下图有几个长方形？

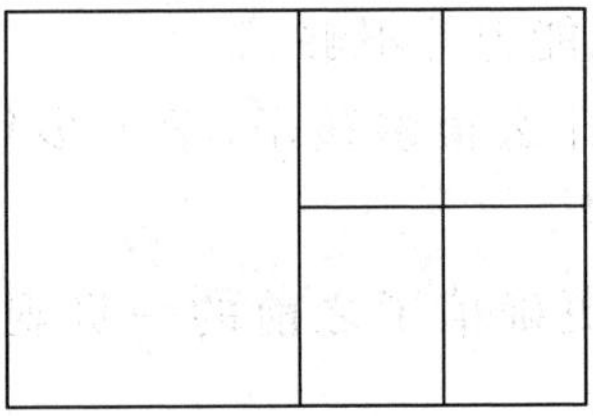

图 7-2　稍变化枚举问题

有些孩子，照搬套路用“5＋4＋3＋2＋1”来计算。问其原因，只说之前就是这么学的，具体也解释不出深层原因。这种教学方法用适应性极窄的公式，取代了普适性和延伸性极广的有序枚举法，看似学得快，实则一点意义都没有，原因有以下两点。

（1）做题层面：以固定的套路，掩盖本该好好练习的有序枚举法，到了小学高年级根本无力应对这一大类问题。

（2）学习层面：让孩子以为学习就是背公式和套路，总想走短平快的捷径，却不知数学的核心是阅读、分析、推理、归纳等底层能力，长此以往形成思维惯性，会影响孩子的长远发展之路。

“知识都学过，但没有固定套路，分析起来很困难”的感觉，才是数学训练所应追求的目标。家长不该在这时候催他们、骂他们，真正的数学能力，是在这种缓慢的思考中培养起来的。而一听就会的课堂和习题，带不来长久的成长。

如何选择辅导班

随着经济发展人们越来越关注下一代的教育问题，这也促成了当下教育市场的火爆。以数学为例，凡是经济条件尚可、对学习有一定追求的家庭，孩子几乎不可能不上课外班。问题是钱和时间都花了，效果如何呢？我想这该是每位家长应该考虑的问题，毕竟钱浪费了事小，孩子的时间却无比珍贵。今天就谈谈不同层次的孩子，究竟该怎么选辅导班的问题。

学习能力较强的孩子

学习能力较强是指学习欲望充足、习惯好、理解力强、课内知识能够完全掌握，还有余力可以拓展。这部分孩子的学习欲望和基础素质都是上乘，因此不需要老师盯得特别紧，也不需要通过大量刷题才能掌握一个概念。所以，教学管理严格、刷题量很大、讲解特别缓慢细致的机构，不应该是首选。

对学习能力强的孩子来讲，以下几个方面比较重要。

(1) 老师在拓展提升方面的水平和路线规划。

这类孩子基本上教什么都能学会。此时，教什么从长远看更有意义？以什么方式教最能开发他们的潜质？这两个问题显然更重要。

教什么从长远看更有意义？在提升线路的规划上，如果想走专业奥赛的，应该寻找专业的奥赛教练；如果只是为了将来中高考，那更要合理规划小、中、高衔接。总之要有体系，需要详细对比课外机构的学习内容与小、中、高课本知识的关联度。

用什么方式教？这对老师本身的授课能力要求很高。对学习能力强的孩子，需要刻意抛给他们一些有难度的问题，多传授原理、多结合生活，讲得深入而扩展，开发思维和兴趣，逐渐培养他们自学的能力。相反，不该手把手把各种成熟的公式、套路直接教给他们，也不该盲目刷很多重复类型的问题。他们有思考的能力，该让他们多思考，这是高级数学学习者应该走的路线。

(2) 拥有一个开放的、竞争性比较强的环境。

在班级里，应该有一些同水平的孩子一起学习。对于强手而言，水平相当的孩子相互竞争，有利于他们的共同进步。同时，教学环境最好要开放一些，多让大家交流和讨论，分享思维的火花。毕竟都是很高水平的孩子，脑子里会有不少有价值的问题，老师不该把课堂弄得过于严格而沉闷，阻断了这种高水平的交流进步。

(3) 老师的专业素养。

孩子的学习能力强，对老师的要求也会很高。如果老师只是讲讲解题方法、对对答案，对好学生帮助并不会很大。因此家长应该考察老师的水平，如果没有足够的专业积累和知识储量，很难给这类孩子特别大的帮助。

学习能力一般的孩子

学习能力一般，是指学习欲望和习惯都一般，课内虽然能够学懂，但存在一些知识漏洞，学习新知识的时候也需要较多练习才能慢慢理解掌握。对这类孩子的培养策略需要改变，他们的首要目标不是拓展和发散，而是把课内问题巩固扎实。

(1) 建议小班教学，老师能给予及时的指导和反馈。

这些孩子时常会出现知识点问题，而且作业跟踪、改错跟踪、课堂互动方面，都还需要老师的提醒督促。这类孩子不适合几十个人的大班教学，因为如果老师不能兼顾到每个孩子特殊的薄弱点上，无法给他们及时的反馈和指导，凭这些孩子自己的能力和自觉性，并不一定能及时把坑补上，时间长了会形成知识漏洞。

(2) 不要过于超前，不要专攻难题。

这类孩子的首要目标，是把课内问题巩固扎实，同时养成良好的学习习惯。考虑到孩子的接受能力有限，如果直接加入高难度的奥数，学一些远远超越课内的知识，会对课内学习造成很大干扰，形成知识点漏洞。

学习是以质取胜的，盲目求量意义不大。一定在有限的能力之内，先把分内的工作做好；如果感觉在普通班级学得很轻松，再去进行拓展提优也来得及。

学习能力较弱的孩子

学习能力较弱是指学习欲望和习惯都不好，课内学习都存在很多问题，跟不上学校的课程进度。对这类学生，一般不推荐跟随课外机构进行辅导学习。因为课外班提供的主要是提优课程，不会详细讲解课内的基础知识点，同时还会布置额外的作业。这些额外的作业，只会成为孩子学习的负担。

对于这类孩子，如果想做一些提升，建议如下：

(1) 一对一补习。

如果能找到有经验的老师最好，找不到的话，找有耐心的家教也可以。对这类孩子的辅导，在拓展规划方面要求不高，但一定要有耐心，帮助他们总结、回顾学校里出现的各种问题。一对一的辅导方式，才能真正以“发现并解决孩子的当下问题”作为第一教学目标。

(2) 辅助习题，给予时间。

这类学生理解力不好，很难做到举一反三，甚至一道题做过三五遍还跟没做过一样。这时务必要有耐心，错一遍讲一遍，错两遍讲两遍，不怕重复不怕累。讲题的时候，切莫抱有讲一遍原理就能理解的幻想，因为受理解力限制、空讲意义不大，还要配合相关习题，通过做题经验的积累形成侧面理解。

(3) 养成良好的复习习惯。

理解不深入，本身兴趣也不大，这类孩子学完之后遗忘较快，因此良好的学习习惯，尤其是定期复习习惯极为重要。一对一辅导可以根据遗忘规律，定期给孩子做各个知识点的复习巩固，帮助他们将短期记忆转化为长期记忆。通过这些努力，逐渐帮孩子把课内知识理解牢固，建立学习数学的基本自信，长久坚持之后才有可能慢慢提升为中等生，进入到高层级的学习。

小　结

学习能力很强的同学：对班级人数要求不高；对同学水平和教学环境要求高；老师要有较强的专业素质和个人魅力；要有难度、要引导他们交流和思考；关于拓展的路线规划要明确。

学习能力一般的同学：小班教学，人数不能太多；老师要能及时给予问题反馈且需要督促孩子第一时间完成；侧重课内基础，别忙着拓展加难度。

学习能力较弱的同学：推荐一对一辅导，根据自己的问题点上课；教师需有耐心，反复讲解；不能空讲，配合习题来巩固提升；理解力不够，用良好的复习习惯来弥补。

最后补充一点，这篇文章是在“双减”政策实施之前写的，虽然在目前政策下，参加课外班的机会已经很少了，但文章提到的基础原则和理念，也同样适用于家庭教育。大家可以根据自己孩子的水平，合理调整教学和引导方法。

为什么“别人家的孩子”这么爱学习

近几年，近距离接触了几百个孩子，其中一小部分有很强的自主学习能力。如果遇到这些孩子，多数家长会对自己孩子说：“看看人家，你怎么就是不知道努力呢？”

自主学习的行为只是结果，背后都有一个或数个动机，它们才是主动学习行为的根本原因。本文尝试总结这些孩子身上几种常见的学习动机，帮大家对照参考一下，自己孩子究竟有哪些缺失。

纯粹的兴趣

一小部分孩子对某些学科有极强的兴趣。有的孩子没上学就抱着 10 厘米厚的数学大书，津津有味地读两个小时以上；有的孩子课上提前问初中问题，没得到老师的反馈，非要课后研究明白；有的孩子每天很快做完作业，不看电视不玩游戏，就是为了能有时间阅读一些历史书籍。

纯粹的兴趣，是顶级的动机，因为它不受任何外在因素的影响，能使一个人的专注力长久停留在某个学科上。如果我们想判断孩子在某个学科有没有天赋，兴趣应该被视为第一标准。

那这种兴趣是怎么来的呢？相信会有一定的遗传因素，

但同样不可缺少的，是良好的环境与适度的启蒙。如果从小就熟悉适应这个学科的思维方法，并且非常擅长，就能够从学科中体会到非常强烈的自我效能，进而感受到其中的美感。

习惯性优秀

孩子可能对某个学科并没有什么兴趣，但又很难接受自己学不好，通俗的说法就是有点“偶像包袱”。习惯性优秀这一动机，后天环境的影响较大。因为既然是习惯性优秀，首先得让孩子长期处于优秀的状态才行，这要求孩子在一入学，就在各方面表现比较突出，获得老师的青睐，得到同学的认可。

这些孩子一般在学校里会担任某些“职务”，并且是老师和家长经常提到的正面人物。比如：“你们看×××听课多认真。”“你们看×××这次又考得这么好。”长期获得此类评价，这些孩子就会把“优秀”视为自己人格的一部分。一旦成绩有略微的下滑，就会像手指被砍掉那样，产生极强的疼痛感和危机感，此时主动努力学习就是一种自我保护，是不得不做的事。

但这种动机会有一些问题，比如一旦进入新环境（转学、升学等），这种优秀生身份可能会短期消失，这个时候孩子就会比较焦虑，但同时也会非常努力。一旦重新获得优秀生身份，这种良性循环就得以延续。但如果周围同学都很优秀，再怎么努力也达不到较高名次，他们会产生极强的挫败感，甚至会丧失学习的动机。

良好的习惯

一些孩子对学习并不太感兴趣，也不是顶尖的优秀生，但由于从小习惯很好，也会给人一种认真学习的感觉。因为习惯一旦养成，不做就不安心。像是刷牙，习惯养成之前是负担，可一旦养成习惯了，不刷反而很难受。

学习也是一样。预习、复习、认真书写、第一时间完成作业、错题改正，这些都是基础而重要的学习习惯，一旦养成相当于载入了标准化的学习流程，少做一个就会感觉心里不踏实。

例如，之前有位学生成绩中等，非常贪玩，经常出现审题错误甚至漏题之类的问题。但他的计算题做得很好，单看卷面甚至会认为这出自一个认真细致的女生之手，书写极为工整，抄写整齐、格式完整，堪称模版。后来了解到，因为调皮，很小的时候家长就刻意抓了他的书写问题，对此有很严的要求。长期下来，这已经成为他的习惯，只要一写字做题就很认真，这就是良好习惯的强大力量。

强烈的通过学习改变生活的动机

目前，这个动机在多数城镇家庭里已很难出现，因为大家的生活环境，即便不说非常富裕吧，至少能让孩子吃饱饭、睡好觉，不做繁重的体力活。因此他们无法提前体会到生活的艰难，也就不可能有强烈改变现状的动机。

然而不少偏远山区孩子，他们每天吃不好、睡不好，繁重的生活负担让人感到绝望，这时候他们会把读书当成改变命运的唯一希望，这种想法会浸入身心，成为一生的动力源泉。这种孩子能够扛得住环境的折磨，会比习惯性优秀的孩子具有更强的韧性。

温顺型性格＋严格管理

前面四个动机都属于相对长远的强烈动机，对人的一生都影响深远。而下面要聊的这些，就属于较为短期的环境动机，与周围的人和事密切相关。“严格管理”就属于其中一个。

在一些家庭里家长会制定细致严格的要求，完不成就会遭到惩罚。在孩子很小的时候，这种方法肯定是很有效的，因为家长权威毕竟会令孩子惧怕，即便是应付，孩子也会按照要求完成任务。但到了中高年级，孩子有了一定的自我意识之后，一味强调严格的管理往往会有反作用。比如孩子性格倔强，就会出现亲子关系的问题，任务的完成水平也会显著降低，直至最后产生明显的反叛，再也管不了了。

如果孩子性格比较温顺，那么这种模式还能持续。表面上来看，孩子仍然比较努力，比如很多孩子六年级报 3 个数学班、2 个语文班、2 个英语班，依然毫无怨言，按照要求完成作业，成为别人家长口中的榜样。但随着学习的深入，对效率的要求越来越高，被动管理起来的孩子，一缺兴趣、二不主动追求优秀，如果家长又忽视科学的习惯与方法，那么即便再努力效率都很难提升，竞争力会越来越弱。

早期的严格管理并不是坏事，但家长一定要注意，最好是能通过管理，帮孩子渐渐建立主观动机（兴趣、对优秀的渴望、学习的好习惯等）。然后逐渐放手，让他们成为具有自主学习能力的人。

一些人的强烈影响

有的老师不仅课讲得好，还有很强的人格魅力，能够得到孩子的全面认可。同时，老师还对孩子的表现寄予厚望，以至于让孩子觉得，自己学不好都对不起老师的关照。这时候，很大可能会激起主动努力的欲望。类似的，如果能遇到几个志同道合的同学或伙伴，大家学习都很好，热衷于讨论学习问题，那么为了融入这个集体，孩子也会跟着集体的步伐，主动去学习一些东西。

当然，男女组伴所带来大动力同样不能忽视。这种动机会在特定时间段内给人提供源源不断的奋斗力量。这比家长每天唠叨、老师苦口婆心也许更有用。

因此，我们的态度应该是，如果能遇到固然更好，如果没有也不用抱怨，还是要把培养重心放在前面几条。

变故导致的认知升级

当生活环境产生巨大变故的时候，人会重新反思自己的生活。在这种时候，孩子如果基础良好，一旦意识到自己需要做一些事情，很可能会爆发出一定的潜力。类似的案例不多，但确实也是一种可能。

小　结

纯粹的兴趣、习惯性优秀、良好的习惯、强烈改变生活的愿望、严格管理、一些人的强烈影响和变故导致的认知升级，是从几百位孩子的观察中提取的学习动机种类。

当我们夸赞别的孩子主动，批评自己孩子懒散的时候，多只是情绪的发泄，并没有什么实质意义。如果真想努力帮孩子做些改变，要深入分析他们是否具有以上动机，尽量帮助他们慢慢积累自主学习的根基。有些优秀的孩子是有可能兼具以上几点的，但更多的孩子可能连其中一点都没有。这时他们表现出很大的行为差距，就不足为奇了。

大家可以对照想一想，自己的孩子拥有以上几点呢？以及如何帮助他们建立起更多的学习动机？比起责骂，去思考这些问题是困难的选择，但也是真正负责任的选择。

为什么一题讲了好多遍还不会

当过老师都有过类似的经历，孩子错了某道题，给他讲了一遍，懂了吗？懂了。第二次又错，再讲一遍，懂了吗？懂了。第三次又错……如此循环5遍之后还是错，问他到底哪里还不会？他也说不出原因。

造成这种问题的原因有很多，决不能用"不认真、态度问题"简单解释，更不能通过打骂来解决。过度的责骂会影响孩子的态度和情绪，造成更为严重的学习问题。

反复讲解还是错，是什么原因呢？又该怎么解决呢？如果孩子基础良好、态度认真、作业和复习都能完成，却仍然感觉吸收效率很低，那么可以参考本文提到的方法。

吸收效率低下的原因

学习和运动很相似，一个是锻炼脑细胞，一个是锻炼身体肌肉。但监控身体训练很容易，只要监督他完成训练计划，比如引体向上20个、俯卧撑100个、跑步10公里，就会对肌肉产生刺激，达到锻炼的效果。而大脑在身体内部，外人无法看到，孩子究竟是不是在思考？这是外人无法监控到的。

当然，家长不会放弃监控的欲望。首先，监控时间。比如孩子从晚上 6 点做作业到 10 点，他学了 4 小时，感觉很努力。但大脑像一个封闭的“健身房”，只监控时间的话，知道孩子在里面，但他具体在干什么，家长是不清楚的。

其次，监控行为。家长看着孩子写作业，看见他有小动作乱动，就提醒他。但即便这样，行为也不能真实反应大脑的运转水平。几乎没人能真正分辨一个孩子是在思考问题，还是只摆了个思考问题的姿势，实际在磨洋工或走神而已。

效率高的孩子，只要进入“健身房”就在锻炼，因此脑力发展很好。效率低的孩子，虽然也受制于大量的学习任务，每天必须把自己关在健身房里很长时间，但如果一天到晚只是被动躺着，就会出现脑力逐渐迟钝，听 5 遍还跟没听一样的情况。毕竟，讲题是老师在讲，只是通过声波刺激他的耳膜，进而转化成电信号进入大脑。老师讲得再好，如果传输道路有问题或者听进去不被消化，也是没有意义的。这好比教练在外面大声喊今天的健身任务，就算喊得再响、动作指导再到位，里面的那位就是躺着不起来，外人是一点办法都没有的。

如果大脑的阀门关闭了（图 7-3），外面的东西再好也无法进入，无论怎么监控他的时间、行为，都无法直接打开大脑的阀门，这是造成吸收率低的根本原因。

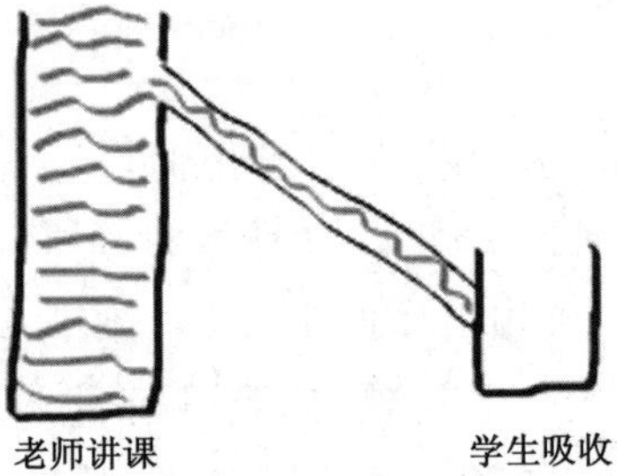

图 7-3　老师讲课内容无法传递给学生

解决的方法

大家千万不要觉得，这就一定是孩子态度的问题，就是不想学。其实有相当一部分孩子还算认真，问题是即便他自己也想学，都不知道该怎么打开大脑的阀门。

这是因为有些孩子从小习惯了机械记忆，如果讲类似计算方法这种纯操作类的问题，给他们一些训练就不难掌握。可一到解决抽象问题的时候，因为要动用真正的脑力去推理，那就真是力不从心。核心问题在于，他们从小就没有被培养过，究竟怎么去分析、思考、推理，他们只会死记硬背。他们觉得听一遍老师的答案，甚至背下解题过程，就是努力学会了，但稍微换个说法就又跟完全没遇到过一样。

对于这些不想动脑筋，或者压根不知道该怎么动脑筋的孩子来说，被动学习的效果极差。无论外界输入有多强，都很难真正被大脑吸收什么。问题是他们学习时间还真的很长，以至于给自己造成已经很努力、听懂了很多的错觉。

目前我所知道的解决办法，就是变被动学习为主动学习。这个“主动学习”，并不是教孩子高大上的道理，让他突然发愤主动学习，而是利用特殊的方法，使他们不得不主动学习起来。

主动学习的方法是：讨论、实践、教授给他人。这三种方法与听课、阅读这些传统方法最大的差别就是，如果大脑不动起来，就会愣在那里，说不出任何东西。而听课就不一样，只要保持安静、眼神直视、不做小动作，即便大脑没有随着老师转动起来，也算是完成了听课任务，很少有人能发现。

有了主动学习方法，相当于多了一种监控大脑活跃度的外部手段。听课是单方面输入，孩子接收多少不知道；但如果让孩子自己输出信息，就可以从输出质量上，看出他们的内部水平，也能帮助他们运转自己的大脑，以达到持续输出的目的。

如果需要输出一个还算合格的内容（比如讲一题的思路），就必须把自己的水位提升到一定高度，否则没有高度差是流不出来的（图 7-4）。大人在听孩子讲解的过程中，可以适当提出一些问题（比如关键性的点、孩子解释模糊的地方），引导孩子进一步动脑筋把这个概念想透彻。

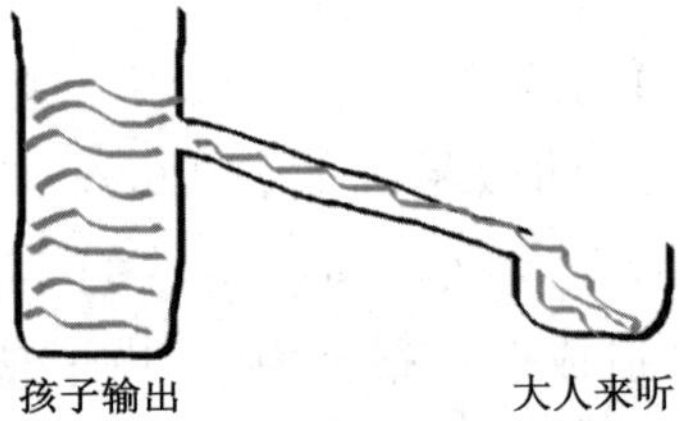

图 7-4　孩子想要输出，必须提升自己内部的水位

这就是著名的费曼学习法。千万不要以为听懂就是懂了，你可能只听懂了皮毛，也就 10%不到的水平；而真要能用自己的语言，通俗易懂地把一个问题详细解释清楚，才能说理解了 90%以上的内容。对于那些学习效率很低，想努力却

不知道该怎么动脑的孩子来说，建议家长少讲一些，引导孩子多讲一些，这样才能强迫他懒散的大脑慢慢运作起来。当然，这个过程需要极大的耐心以及长久地坚持。

孩子为什么老是粗心

期中考试刚过去没几天，已经陆续见到不少关于粗心问题的大战。多数是因为粗心而挨揍挨训的。

我们之前做过小范围的统计，有将近90%的家长认为孩子存在粗心问题。而这篇文章的目的，不是替家长出气，也不是替孩子辩解，而是客观分析粗心问题本身，并提出解决之法。

粗心是人脑的自然特征

1. 遗漏信息

人的大脑，无论是带宽还是存储量都是有限的，为了最有效率地利用它，我们生理上就会选择忽视一些信息。类似的例子有很多，比如眼睛只能看清视野最中间的位置，而余光只对物体有朦胧的感觉；又如大脑会选择性遗忘绝大多数事情，只保留饱含意义的作为记忆。不如此的话，我们就会被过载的信息淹没。

2. 行为和思维谨慎度不够

谨慎度是考试的必备素质，却不是先天素质。相比较汹涌的感性驱动，谨慎的理性分析显然离我们本性更远。想想在野外突然遇到一只老虎，你是谨慎分析一下死亡的可能性，还是瞬间肾上腺速飙升拔腿就跑呢？显然后者会带来更大的生存优势，不断在幸存者的基因里得到加强，而这幸存者就是我们。

理性而谨慎是需要后天刻意学习的，而理性分析的主要功能区是大脑前额叶，这是人类大脑最晚发育的部分，大概会到 20 岁左右才完全成熟。因此孩子的谨慎分析能力弱于成人，如同身高体重不及我们一样理所当然。

3. 检查不出明显的问题

人是主观性非常强的物种，这是自我意识的来源，是人之所以为人最重要的特征之一。但主观性强也有一定副作用，其中之一就是我们很难学会转换视角看问题。

类似例了有很多，看不出自己文章里的明显错字（尽管别人一搭眼就能看出来），看不到自己行为里的问题（在别人眼中却毛病一大堆）。所以圣人才会强调“三省吾身”，但少有人能做到，因为归根结底这是反天性的。平凡的人，尤其是孩子，不可能有这种觉悟，所以看不出自己的错误，符合他们的人生境界。这在他们学会真正的自省（然而有些孩子天性里有自省属性，大家普遍不太喜欢的谨小慎微和不自信，反而是考试里莫大的优势），学会转换视角看待问题之前，很难有大的改善。

以上三点，是从多数家长可以理解的层面，来阐述一下粗心的合理性。它蕴藏在人类的基因里、大脑的结构中、主观的意识里，更是人之所以为人的基本要素之一。

认清客观规律，是尝试去解决问题的基础。在此基础之上，才能够以心平气和的态度去看待粗心，才能对此报之以同情与理解，才有可能提出建设性的修正方法，而不至于总是诉诸无用的情绪发泄。

导致考试粗心的主要原因

有了上面的认知基础，就可以进入到数学考试的具体环境中，来分析影响孩子粗心程度的因素了。

1. 对于快的奖赏

不管是在一两岁的幼教班、三四岁的小托班、五六岁的幼儿园，老师和家长们，都对积极举手的小朋友称赞有加。即便在小学里，第一时间争抢回答问题的孩子，也总会得到老师更多的夸奖。这些行为都是在强化我们的快速反馈系统，鼓励孩子们在只有一点思路的时候，就尽快对问题做出回答。而考试要求的谨慎度，则是完全不同的素质。它要求我们不要只追求速度，还要有耐心，全面读题、发现陷阱，深思熟虑。

课堂里有很多无法抑制举手冲动的孩子。快速兴奋的脑回路，令他们只要有想法就停止接收外界信息，也不再深入思考，一心只想着发言。不难想象，他们在考试中会有类似的行为模式。

长期的数据统计证明，这类孩子绝大多数都被粗心问题困扰着。相反，那些看似比较沉默的孩子，对举手的积极性不是太高，但反过来说，他们更耐心，获取的信息更完整，思考的时间更长，因此在考试中能表现出更好的严谨性。

2. 阅读习惯的培养

故事阅读和数学阅读，是两种完全不同的阅读。我们目前所着重培养的，都是故事性的阅读，无论是绘本、童话书、故事书、小说，都在这个范畴里。对于这类阅读，字斟句酌的严谨性从来都不是重点，通常讲究的是趣味性、体验感、联想力等。

讲到这里，突然想到一种"快速阅读法"(也叫全脑阅读法)。它强调把整页内容当作一个模块来读，能极大提升孩子的阅读速度，真正做到一目十行，因此深受家长们的喜爱。可是大家想过没有，即便这是真的(这当然不可能)，孩子们在一目十行的时候，其阅读的严谨性如何培养？他今后在数学试卷里也如此审题，导致错误的时候，这锅该家长背还是孩子背呢？

数学审题是字斟句酌的阅读，更改一个字都会让题意产生极大差别。习惯了故事性阅读的孩子，猛然要求他们仔细审查每个字的意义，深入挖掘隐藏条件和陷阱，确实有难度。这好似铅球运动员突然去练习冰壶，二者看似都是抛东西，但一个强调力量，一个强调精确性，是截然不同的两种运动，要一下就适应是不可能的。

天赋好的孩子，年纪小小就掌握了诀窍，读到陷阱会心一笑，深知班里又有很多人要遭殃了。天赋差的孩子，6 年级还会在题目里自己增加条件，被反问的时候，回答说"我感觉这就是个直角"，像极了读小说时说"我感觉这就是个坏人"。

很多孩子题目读到一半就做题，也是出于这种故事性的阅读习惯，他们以为自己理解了题意，却不懂得数学里充满了陷阱和曲折，少看任何一点都会让整个故事来个大反转。

3. 注意力资源不够分配

读到这里，有些家长会说："不对呀，孩子平时单独做这些题都会做，试卷发下来之后，自己也立马都能改出来，这难道还不是态度问题吗？"

这个问题覆盖面极广，很多家长都深受困扰，因此有必要详细解释一下。先说个有趣的现象：左手会画圆，右手会画方，为什么就是很难同时做到呢？大家不信可以试试，如果你关注了左手，右手就会画一个乱七八糟的东西，反之亦然。

如果只盯着某只手的结果，一定会出来质问："你也太不认真了！一个简单图形都画不成？"孩子也很委屈，但他们也想不通原因，找不出辩解的理由。在父母的监督下，他们又单独画了一个，这次当然会画得很好，那岂不证据确凿，就是不认真呀！可下一次左右手同时画，肯定还会是类似的结果，当然也就还会被责骂。

这个案例，本质上和"一考就错，一问就会"的现象非常相似。单纯把原因归结为孩子态度会有失偏颇，不但错怪了孩子，引起亲子关系的紧张，更对解决问题没有实质的帮助。

问题的关键点是注意力资源的分配。具体来讲，做对一道题的能力是有的，但前提是注意力很集中，没有什么其他干扰。改错题就属于这种情况，一次只看这一题，而且又知道自己错过，专注度一定很好。

可一旦考试，要求在有限时间内快速做对很多题，这就对注意力的分配提出了很高要求。多数孩子在专注力总量、持续时间两方面都有很大的欠缺，不足以让自己全程高质量完成试卷。

体验感十足的例子是，你做一个引体向上很容易，但如果让你10分钟内做100个引体向上，大部分人都无法完成。想完成这个任务，肌肉强度是一方面，肌肉耐力也同样重要，否则无法确保在这段时间内持续稳定发挥。

在考试领域，肌肉强度就是知识水平，而肌肉耐力，比的就是人的注意力资源。大部分孩子，根本没有足够的注意力总量，更被很多本不该占据注意力的枝节问题（后文会讲，不熟练、紧张、心理负担重、不会书写辅助等都属于此类）占用精力。剩下的一点注意力资源，被平分到一个半小时和几十道题里，因此发挥得比单独做一题的时候差很多，实在是理所当然的。

4. 书写的大问题

不少孩子到了高年级，依然没有养成良好的书写习惯，这有几个方面的体现。

最基础的问题是工整度，书写非常随意，有时横着写、有时竖着写、有时斜着写，字也时大时小，看不清楚。这造成两类最基本的粗心问题：抄错数及计算失误。前者，有些孩子抄着抄着就把数字抄飞了，自己写的都不认识；后者，如果涉及竖式计算，他们极有可能对不齐数位，或者分不清数字是结果还是进位，尤其是进行超多位小数运算时，书写对计算正确率的影响很大。

而纸面书写能力的缺失，还会带来一些高级问题。很多高年级孩子不会利用演草纸帮助分析问题，而只会在脑海里空想，最多只是在演草纸上列个竖式计算一下，丝毫没有画图、列表、数量关系分析等高级方法的使用痕迹。

结果就是，一方面纯思维解题本身错误率就高，另一方面因为没有任何过程，他们在检查的时候很难发现思路中的问题。这些都会对考试发挥的稳定度造成很大影响。

5. 过重的精神压力

稍有人生体验，就不难理解这样一件事情：自己默默背诵一篇文章，与在大礼堂里当着一千人的面脱稿朗诵，其难度有天壤之别。当众朗诵里出错了，你让孩子私下里再背一遍，他能轻松完成，稿子固然是一样的，可这真的能说明他在礼堂里不认真吗？

把如此明显的现象类比到考试里，我们应该不难发现，平时在讨论考试粗心问题的时候，总刻意忽视了考试过程中精神压力的影响，这显然是不合理的。

事实上，很多孩子所承受的精神压力超乎我们想象，有考试前痛哭流涕的，考试时全身发抖的，考试后声称要跳楼的，更不用提普遍存在的紧张和失眠了。而对于这些问题，家长们提供的帮助几乎为零，甚至很多精神问题本身就是家长造成的。

不要以为只有威胁和暴打才会带来压力，安慰和鼓励同样可以。一些家长嘴上说不要在意分数努力就好，可言谈举止中流露出的殷切希望，着实让我这个外人都无所适从，感觉少考一分都对不起全家人。这是在给孩子减压吗？

对于考试来讲，适当的压力有助于发挥，但超出孩子承受范围的压力，极有可能带来毁灭性的崩盘。考到一半就精神崩溃、手忙脚乱，几乎忘了一切，这种体验不少人都曾有过。

解决粗心的技术方法

对应上面的问题点，我们逐个阐述解决方法。

1. 对于快的奖赏

培养孩子的时候，不能只对回答的踊跃性和速度有奖赏，随着年龄的增加，要渐渐多引导他们耐心倾听、全面考虑、反思答案。

在平常的交流中，不能只盯着反应速度和答案准确性。答案并不是目的，思考的过程才是，家长跟孩子讨论问题的时候，可以时常引导他们多从不同的视角分析问题，增加对问题的立体理解；孩子说出自己的想法后，多和他讨论一下可完善和优化的部分，帮助他形成反思结论的习惯。

不少游戏也能增加思维的谨慎度，其中首推棋类游戏。“落子无悔”是一种特别好的实战锻炼，孩子经历冲动带来的错误，就更容易理解严谨思维的意义。

另外，需要让孩子多承担自己行为的后果，家长不能总是包办一切。人的成熟来自独立承担责任，从小就对自己行为负责的孩子，其思维的全面性会好很多，考虑到他们要为自己的失误承担后果，必然逼着自己养成好的思考行为习惯（比如外出旅游自己带好自己的东西，少了什么就只能自己不舒服了）。

2. 阅读习惯的培养

不能只读故事性的文字，需要同时读一些比较精确、比较费力、需要咬文嚼字去理解的文章。古文、诗歌是可以的，但需要给予一定的指导，体会遣词用字的妙处，而不能只是无脑背诵。说明性、论述性的文章也很好，像是读说明书去组装东西，读攻略去搞懂新游戏的玩法，或者读旅游攻略去安排自己的假期行程，都是很好的锻炼。

一些非故事类的书籍也很好，像是逻辑类的书籍，会有一些关于句法关系的训练；一些稍有难度的观点论述性书籍，比如《人类简史》《魔鬼经济学》这种，虽然对于成人来讲非常通俗易懂，但对孩子来说仍然有很大难度，生活体验和专业知识的缺乏，迫使他们无法一目十行，只能字斟句酌地去理解分析。

当然，难度和趣味性常常成反比，如何让孩子感受到难度还能读得下去，这是考验家长功力的地方。良好的亲子关系、开放的讨论环境、深入浅出的解释引导，都有助于孩子养成字斟句酌式的阅读习惯。

3. 注意力资源不够分配

注意力资源的提升和分配，是粗心问题的重中之重，因此多说一些。

一方面，这里面有很大程度的先天因素。观察一两岁的婴儿都不难发现，一些孩子属于好静型的，可以比好动型的孩子更持久地专注于一项事物中，这是家长需要接受的现实。

但另一方面，后天的教养方式可以适当提升注意力，比如不要轻易打断孩子的活动等。

关于注意力资源的分配，这是阐述的重点，因为相比较先天的部分，这一项可供提升的空间实在太大。例如，想要左手画圆、右手画方，最好的方法是什么呢？其实只要分别把两项工作模块化，如各做一个印章，双手各拿一个直接卡在纸上就好。

这个比喻的意义在于，可以把一些比较低级却占用思维带宽的东西模块化，变成不需要再思考的肌肉记忆，然后抽出更多的注意力资源，分配给更高级的思考内容。具体到考试，则需要通过一定练习把低级内容模块化，熟练到再也不用耗费脑力。比如对于低年级，低级内容是指数字的识别，高级内容是数字的计算；对于中年级，低级内容是数字的计算，高级内容是计算的应用；对于高年级，低级内容是所有计算、公式和定理，高级内容是分析题目逻辑关系，选择合适的模块来组合应用。

很多孩子的粗心，其问题是到了一定的年级，没有及时把低级内容模块化，总还需要耗费脑力去思考，这导致他们额外耗费太多的注意力，影响整张试卷的发挥。我就见过做

6年级试卷，却连解方程还不熟练的孩子，试卷明显会扯碎他的注意力，令他手忙脚乱。

另外，平常要多模拟高强度的应试训练，把做作业当作考试，不仅能节省写作业的总时间，还能让孩子在平时就熟悉考试的压力和节奏，不至于在考试中自乱阵脚。这很像球队大赛之前都要组织热身赛，让队员提前熟悉大赛的环境和氛围，到真正比赛的时候，就不会因为观众呐喊、场地更换等问题感到不适，能专注于比赛打出好成绩。

4. 书写的问题

培养良好的书写习惯，不是说要把字练到几级，只要做到最基础的清晰、工整、大小一致就可以。在此基础上，从小引导孩子多在纸上进行思维的书面化训练。可以是绘画日记、思维导图、逻辑流程，甚至只是简单的注意事项记录。

接触到数学之后，非常重要的一点是，不能让孩子只摆弄实物去理解问题，也不能只用多媒体学习，更不能什么都强调脑算(思维训练可以，但对于考试这绝不是好方法)。要培养他们纸面化的思维梳理能力，利用纸笔完成对抽象问题的解析，因为高年级的复杂问题对这种能力的要求很高。

5. 过重的精神压力

这个就无须多言了，尽管他们是孩子，却是家长最无法骗过的人，家长本身的焦虑，毫无疑问会影响孩子的精神状态，即便再掩饰也没有用。

想要做到真正的豁达，只能提升自己真实的人生境界。

在此基础上，有一个小小的技术方法个人觉得还是有用的：焦虑的时候，尽可能多地就事论事分析问题本身，不要扩展太远，更不要诉诸情绪化的指责和批判。

小　　结

这篇文章算是我对于粗心问题的总结，希望能对家长有所帮助。

想要解决问题，首先是理解，然后才是分析、尝试解决，最后是总结反思。很多时候不是孩子不愿做，而是家长无法换位理解，而无理迁怒于孩子。一旦理解，就会多一些宽容和善意，这才是解决问题的起点。况且粗心其实只是学习过程中旁枝末节的问题，没有必要把如此多的精力放在这个地方，为了一点小错误给孩子那么大的压力，这也许是不值得的。

如何规划孩子的长期学习

这篇文章，谈一谈心中相对完美的学业培养之路。

首先要定义一下这里的完美：并不是耗费巨资很早就让孩子读私立学校或提早规划出国留学，也不是从小学初中开始，把孩子迁往“教育高地”，家长全程陪读。前者对家长的财力和视野要求太高；后者更是需要背井离乡，甚至长期两地分居，完全牺牲家长的事业和生活。以上两种模式虽然都有不少优秀孩子的案例，但要求高、代价大，并不值得一般人效仿，也很难效仿。

本文所说的完美，应该是指这样一种策略：花钱不多、压力不大、代价不高，并希望在应试体制下走好高考之路的策略。这条路虽然要求也不低，但相对前两种模式，对于一般家长的借鉴意义会更大一些。特别说明一下，本文谈论的主要方向是高考应试，所以会集中谈谈学科培养方面。

英　语

对于语言学科，应遵循听、说、读、写的基本顺序准则，越早涉及越好。幼儿时期多进行英语听力的输入（儿歌、童谣、绘本），多在生活中进行简单的互动交流，让孩子对英语产生基本的熟悉感，今后系统学习就会容易很多。

细节这里不多说，推荐盖兆泉所著《做孩子最好的英语学习规划师》(外语教学与研究出版社 2015 年版)，里面有详述。这种学习和一般大家理解的“学习”，有相当大差别，不是背单词，不是读课文，也不是每天布置任务要求记忆背诵，只是多听、多交流、多使用，像是小婴儿学习中文的感觉。

虽然这里讨论的是英语，但大家可以记住一个通用准则，对其他学科也适用：好的超前，只是一种铺垫，重视环境输入，忽视短期输出，尤其不会给孩子明显的任务压力，让他们在不经意间理解掌握。

英语的早期铺垫做好，对课内学习会有相当大的帮助，这类孩子的听力和外文阅读能力相对好一些，只需长大后补补语法知识即可，课内英语基本通关。不过，考虑到英语对语言环境的要求较高，一般家庭很难提供，在孩子有足够的听力积累基础上(用好点读笔等电子设备)，可以考虑报个专业的英语机构。

数　学

数学的培养，要遵循“直观体验—原理揣摩—知识学习”的基本路径。前期没有任何铺垫，上学直接背课本，这类孩子很难学好数学。另外数学对理性思维的要求较高(这部分大脑发育较晚)，一定要遵循学科规律。

在幼儿期，数学要以生活体验为主，比如分糖、拿筷子、数画片、买卖游戏等，多在生活中让孩子接触数学应用，体验先行。推荐由美国罗莎琳德·查尔斯沃斯所著《3～8 岁儿童的数学经验》(第五版)一书,书中详细介绍了如何在幼儿期帮助孩子在生活中增加数学体验。至于真正的书本学习,强烈建议不要选择常规机构,因为当下家长普遍过于在意短期反馈,而为了顺应广大家长的需求,机构们都直接讲解套路和公式,不利于孩子的思维发展,更让他们对数学学习方法产生误解,弊大于利。至于奥数,本身是好东西,前提要配合“不学套路、自行思考推理”的学习方法上,才能发挥真正的作用。

建议营造良好的学习环境(保护好兴趣、不排斥错误、多平等探讨、多给予思考时间),可以每天在家里抽出十几二十分钟,在小黑板上讨论一个有难度的小问题,长期坚持下来,比上什么班都有用。

语　　文

语文的问题,根本不是上什么机构能解决的,尤其是目前的语文培训市场,缺乏相对统一的底层培养路径,整体来看非常混乱。对语文影响最大的,有以下几个方面。

1. 家庭的阅读环境

如果家中有大书架,有几千本书,家长也很少看电视刷手机,一家人没事就读读书作为饭后消遣,这当然对孩子帮助很大。

2. 深入阅读和讨论

阅读不能只是泛读,要深入下去,最好的方法就是读完之后与孩子多沟通。在孩子较小的时候,这件事情只能由家长来引导完成,渗入生活的点点滴滴。沟通的内容没有标准答案,也不是目的性很强的读后感,就是针对某个章节、某句话、某个新闻、某件生活小事,大家平等地各抒己见。这是培养认知深度的最有效方法,也是日后阅读理解需要的核心能力。

3. 多创作多输出

如果有充足的阅读养料、多彩的生活体验、富足自由的课余时间,就有了创作的基本条件,配合一点契机,就容易引导了。契机是指在合适的时候引导出人的表达欲,并给予正面的反馈。从这个角度来说,讨论就是最好的创作,它比写作的成本更低,更有互动性,反馈也更及时。

说得多了想法多了,慢慢才会有更深刻的表达欲,但仍不必是命题作文。比如拍照、做视频,也都是非常好的刺激表达欲的方法,虽然写的部分不多,但必须要构思,要体会琢磨,要充分调动五感,最后还要精益求精地输出作品,这都是创作的基本功。

目前的公众号、视频号都是很好的反馈系统,孩子写了、拍了东西,帮助他们寻找读者,受到赞扬和褒奖,慢慢就能体会到输出作品的价值,进而慢慢喜欢上创作。

整体培养路径

基于以上,其实真正需要报班的只有英语,因为语言环境普通家庭确实提供不了。至于语文和数学,目前市面上机构功利性太强，从长远发展来看，通过观察、阅读、思考、讨论等融入生活的细节则更为重要。配合初中衔接方面的练习（如市面上的重点中学考卷），可以靠自己搞定，而且真的建议自己搞定。

相比较学科知识，学习动机、学习习惯、查错反思能力、自学规划能力，这些才是更底层、更有长远意义的能力。目前来看，极少有辅导班侧重培养这些能力的，几乎只能指望家庭。

当然，不报辅导班不代表不学习。语文多阅读、多讨论、多写作表达，数学多思考、多改错、多扩展延伸，甚至更进一步，可以让孩子提前把高年级课本当课外书自学，再辅助一些加深的练习册，以培养自学和查错能力，这样一路走来的孩子会更出色。

小学阶段只有一科辅导班的孩子，课余时间会比其他孩子多出一大把。除了可以用作语文和数学的自学、扩展、深化，还可以提前为初中的多学科学习做储备。比如历史、地理、政治、物理、化学、生物等学科，如果阅读量够广够深，其实小学阶段就可以拥有相当扎实的储备层，这样中学学的就不是枯燥乏味、需要死记硬背的字符信息，而是可理解、有来龙去脉的知识体系。这样，中学"小四门"学习的负担就会很小，因为多数内容都已经理解，只需要增加一点精确记忆即可。同时英语水平早已超过课内，不需要花太多精力；数学和语文，因为基础能力培养得好，也会渐渐显露出优势。如此，整个中学的学习，会有倍感轻松却效果加速的感觉，这一切都得益于底层能力足够扎实、长远规划做得好。这种状态下，整个初中会节约出大量的课余时间用来阅读、讨论、思考、输出，进一步为高中的高级学科学习做储备。

从目前高考改革的方向来看，不管是文是理，不管是哪一个学科，基本都是朝着“让你带着课本进去也很难多考一分”的方向迈进。它根本不再是死记硬背、盲目刷题那一套，想在高考有更好的发挥，需要真正扎实的基础知识、卓越的阅读分析能力、广泛而深入的见识、充满逻辑和洞察的思辨力。在小学和初中的储备期，如果能够通过长远规划和学习效率，腾出大量时间在这些层面用力，后劲才会越来越足。

小　　结

目前，多数家庭和辅导班过于在意短期效果，缺乏长远而统一的规划。具体来说，在小学里，大量人去学奥数套路，去学写作套路，去盲目为了小升初刷题，提前榨干孩子的一切时间，完全放弃底层能力的培养和长远学习的储备。在中学里，又过于沉浸在死记硬背“小四门”的传统路径里，根本不关心中高考的试卷改革方向，耗费大量时间却产出有限。

这一方面当然是坏事，会拉低整体的教育水平，另一方面也可以看成好事，因为在整体水平还如此低的环境里，一旦家长顺应了真正的教育规律，就可以让孩子少做很多无用功，相对轻松地获得领先优势。总结如下：

(1) 英语培养尽可能低龄，但要注意听、说、读、写的规律，重视长期储备，不求短期结果。

(2) 语文要关注广泛阅读、深入讨论、创作输出等。

(3) 数学在低龄要重视“直观体验”和“原理揣摩”;上学后扎实课内知识,多思考如何解决未知问题,拒绝套路灌输。

(4) 培养学习动机、学习习惯、查错反思能力、自学规划能力,胜过一切辅导班。

(5) 剩余时间关注中学学习的储备,广泛阅读讨论,可以提前把中学课本当课外书来读。

(6) 中学不能死记硬背和盲目刷题,中高考改革的趋势,会让这些方法的收益越来越小。

一方面,淡化知识层面的超前培养,为了超前学高年级知识而榨干一切课余时间,是极为不推荐的短视行为;另一方面,要强化底层能力的超前培养,具体可以分为以下几个层面:

长远层面:以高考的考察方向为目标,从小学以此为规划,别被乱学之风扰乱阵脚。

深度层面:以动机、习惯、效率、科学方法为核心,这些是长远有用的底层能力。

操作方向层面:不管是小学还是初中,以提升效率为核心指标,尽量抽出自由时间,让孩子自主阅读、讨论、思考、输出,为今后的学习做好储备。

究竟要不要刷题

关于刷题,有两种不同的观点。一部分家长认为,刷题并无任何意义。他们想让孩子培养兴趣、开拓视野、锻炼思维,成为一个爱思考、有终身学习习惯的人。另一部分家长认为,在目前这种应试体制下,不刷题就会落后于大部分人。

很长一段时间内,我对刷题是反感的。想要培养孩子的底层学习素养,刷题是一种急功近利的方法。然而,随着教学经验的增多,以及阅读了不少关于脑科学、学习科学方面的资料后,我越来越感觉到,先前自己对于刷题的偏见,缺乏充分的理论基础和实践依据。

刷题并不一定就是无脑硬刷,也可以用脑去刷,也可以高效地刷,更可以配合其他方法一起,极大提升孩子的学习效率。这篇文章,就是要介绍有关刷题的新见解。

刷题的两大意义

刷题有两大核心意义,是其他方法无法取代的。

1. 寻找知识体系的漏洞

我们每习得一个概念,都会按照自己的构想,在大脑里进行个性化的理解。但我们怎么能知道,这种理解有没有问题呢?把书重看一遍,意义并不会太大。人是非常主观的动物，一旦得到一种认知，就不会愿意主动去怀疑、反思它本身，所以即便再看很多遍，也很难得到什么不一样的理解。

幸运的是，做题是相当好的反馈方法。通过做题，我们能从实践的角度，验证自己对知识的理解有哪些错误，体会到多种原本想象不到的应用场景。它像是脚手架，虽然不是我们最终的目标，却是我们建设高楼的辅助，缺了它在过程中的支撑，高楼无法达到你想要的高度。

再打个比方，如果说理念本身是一尊完美的雕塑，我们大脑所能直接理解的，只是大致的轮廓。在此基础上，需要很多精细的打磨，才能把瑕疵、粗糙的地方处理掉，尽可能逼近理念本身。而做题所获得的反馈，就是这种精细处的打磨。

2. 把需要思考的过程，变成肌肉记忆

很多孩子非常聪明，一说就能理解，甚至可以通过启发，自己搞懂推理过程，这当然是非常好的数学天赋。但如果缺少适当的练习，这些孩子在高年级会有明显不足，表现为做题速度比较慢，失误率较高，有时会莫名其妙卡住。在做复盘的时候，你会发现他们基本过程都能理解，可一旦需要把复杂过程组合应用，就会略显吃力。

我总结的原因是，他们过于依赖自己的思维天赋，却没能通过足够的练习，把基础模块升级为肌肉记忆。这样，在做复杂题目的时候，需要用脑的地方太多，以至于显得带宽不够，错误率也就会提升。

具体来讲，你不能在做高年级复杂应用题的时候，再花脑力去思考如何解方程，如何进行分数加减法之类的问题。大脑应该把全部注意力都放在分析题目逻辑关系、构建出合理解法上来，至于低层次的基础问题，必须要靠肌肉来完成才行。

就像人在学骑车的时候，必须全神贯注去学；学单手抛两个小球，也必须全神贯注去学。但如果要学边骑车边抛小球的杂技，就必须先把骑车和抛小球两个动作变成肌肉记忆。不然，如果还要花很多注意力去关注基础动作，就没法兼顾两个动作的平衡了，而这才是更高层次问题的重点。人的学习，其基本轨迹就是不断把思维上的懂得，变成肌肉上的记忆，然后依靠肌肉记忆，去攀登更高的“山峰”。

刷题的技术要领

通过上面的讲解，我们明白了刷题的核心意义。但有些家长可能会存在误解：“看吧，就是要大量做题！”然后给孩子大量的习题去刷。

现实并不是这样的。刷题的效果，取决于多个参数的综合调整，不能只关注刷题的数量。

1. 第一个关注点：练习量

关于练习量和学习效果的关系，多年前就有了比较明确的研究结果。研究结果显示，并不是练习量越多，效果就越好；超过一定的限度后，效率会越来越低。严重过量的练习，会让人产生厌倦、排斥、疲劳等负面情绪，直接影响学习效果（图 7-5）。

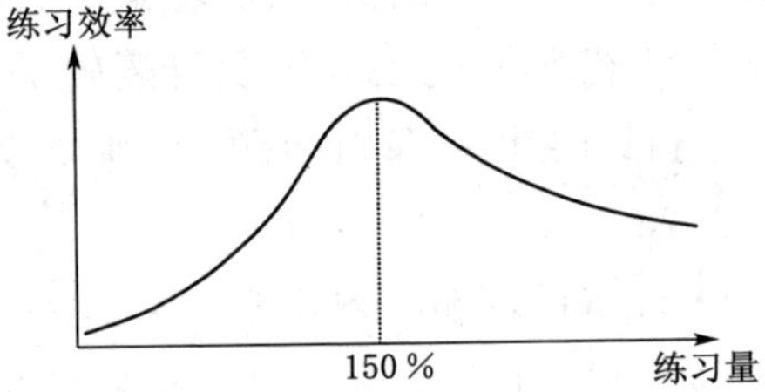

图 7-5　练习量过多，效率显著降低

最佳的练习度，应该在150%左右。即如果一个定理需要做10道题才能基本掌握，那么最好再多做5道题巩固一下，这样能让人掌握得更扎实，会有一部分融入肌肉记忆里。再多做，比如做100道，非但会让孩子更厌烦而疲倦，从收益率本身的角度来看，也是极其低效的。

这要求家长或老师，能大致测量出孩子的最佳练习量，然后科学地布置习题。但是，我们目前在练习量管理方面，仍然很粗放，只是凭感觉、凭经验甚至是凭心情。如果能在这个方面稍微精细化管理一些，相信学习效率还能有很大的提升空间。

2. 第二个关注点：练习的多样型

说完了练习量，很容易就想到另一个问题：练习什么呢？

这个问题貌似有些无厘头，不就是找题目做吗？书店里就有海量的习题！但如果真的随意抓来就做，就又犯了过于粗放的错误，会明显影响最终的学习效果。关于练习的选择，至少要综合考虑以下两点。

(1) 要有多种类型的题目。

作为教育者,要想尽办法帮助学生立体深入地理解核心原理。而想要实现这个目的,需要综合匹配有差异性的习题,让学生能从不同角度、不同场景去立体理解概念(图 7-6)。例如,学习加法的时候,不能每天只做枯燥的数字计算,还应该配合不同应用场景的综合问题,帮助他们建立对加法意义的立体认知。

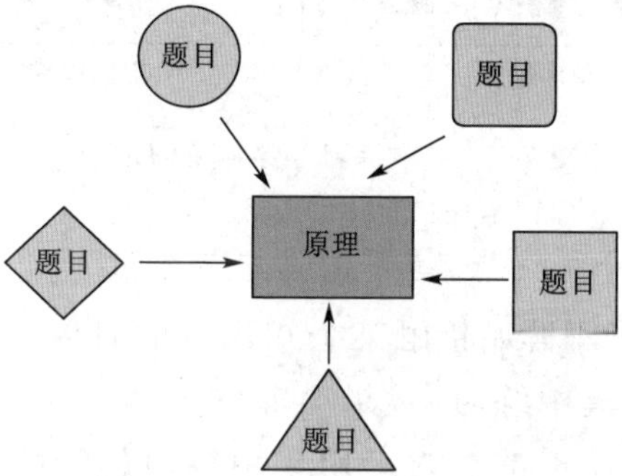

图 7-6 用多种类型题目问题帮助学生理解核心原理

(2) 要有不同知识点的穿插练习。

在课堂里,我们经常做单元试卷,这对短期内巩固单项知识点很有用,但想要让孩子把短期记忆变为长期记忆,把解题方法演变成原理认知,还需要在此基础上,做一些不预告的穿插综合练习,既包含当下学习的知识点,也包含不同知识点的组合问题(图 7-7)。这能够让孩子时常回顾稍久之前学的内容,在遗忘曲线的适当位置被重新加强;其次,还能够让孩子理解知识是成系统的，并没有严格的界限，所有知识点可以自由灵活地组合成综合问题，需要我们动用理解力分析解决。

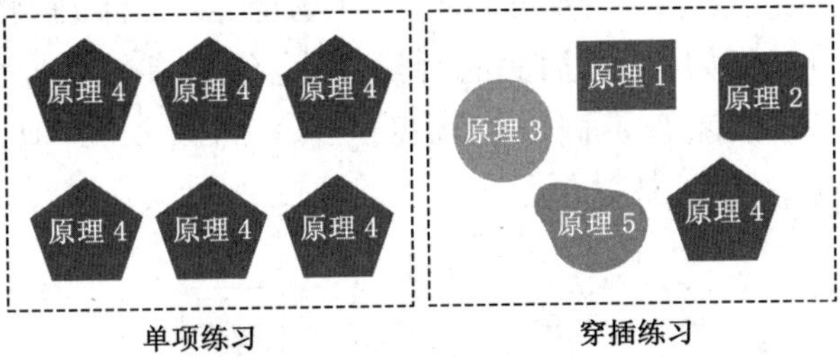

图 7-7　单项练习与穿插练习的对比

3. 第三个关注点：练习的集中与分散

一个孩子刚开始接触某个知识点的时候，记忆会非常深刻，这时候的集中练习，效果会非常显著。正是因为这个效应，学校和辅导班都喜欢运用集中练习的策略，这能让家长看到教学的快速成果。在学习的初期，这种方法确实高效，因此是不可或缺的步骤。但如果没有持久而分散的练习持续跟进，对信息的记忆很快就会被清除。

在集中练习之后，继续一段时间的分散练习，这是保持记忆的关键。如果能配合上面提到的“穿插综合练习”，让他们时不时回顾之前学习的各种知识点，就更有利于加深对原理的反思和理解，进入到长期记忆中去(图 7-8)。

4. 第四个关注点：练习难度

当试卷难度太低的时候，学生做起来提不起兴趣，收获

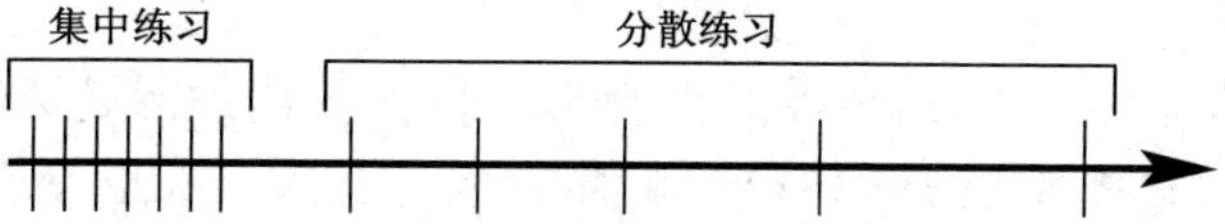

图 7-8　集中练习与分散练习

也不会很大。当试卷难度太高的时候，学生做起来过于吃力，以至于会产生畏难情绪。60 人左右的班制决定了，老师布置的作业，只能照顾多数人。

家长想帮助孩子提升练习的效率，就需要自己多用些心，根据孩子的水平，匹配难度合适的课外练习。从这个角度来讲，顶级学霸的辅导班和练习册，一般人不该去碰，因为对他合适的东西，对于大部分同学来说，都是不合适的。

学界对于最佳难度层次，也有基本统一的意见：85％的基础内容＋15％的提升内容，最有利于激发孩子的学习欲望，达到最佳的学习效果。因此，如果家长真的想要帮助孩子，试着去找跟孩子水平匹配的内容协助他进行练习，比起训斥和督促，这是更实打实的帮助。

5. 第五个关注点：练习的反馈

对于孩子的练习，需要给明确的反馈。尤其是针对那些错的、搞不清楚的地方，需要把不会的问题点挖掘出来，及时纠正或补足。

在这一点上，我们欠缺的太多了。课内老师布置了很多作业，但受制于班级人数太多，且大家的水平良莠不齐，很难针对每个人的问题逐一详细反馈。再说辅导班，很多辅导班的考试卷，连孩子自己都看不到，只能得到一个分数。那么这种考试，对于提升孩子水平而言，基本就是毫无意义的。它唯一的作用就是给孩子目前的水平排个名，重新分班而已。最后来看家长，多数家长很关心孩子的考试得分，却对失分细节缺少重视，只偏爱训斥孩子。很少有家长能真的仔细看卷子，和孩子分析每一个失分点的具体原因，把相关的问题解决掉。

小　结

以上，就是近些时间的教学心得和读书体会。其实，无论是练习还是考试，本质都只是一种过程。家长所能给孩子学习上最好的帮助，不是训斥和压力，不是无微不至地照顾，也不是虚无的鼓励。我们只需要像教练一样，在孩子想努力的时候，提供切实可行的帮助即可。多数孩子确实是想努力的，只不过不知道该如何做，不知道正确的路在何方。